天理人情

郑顺佳 著

团结出版社

图书在版编目（CIP）数据

天理人情／郑顺佳著．—北京：团结出版社，2011.9
ISBN 978－7－5126－0658－6

Ⅰ．①天… Ⅱ．①郑… Ⅲ．①西方哲学－哲学思想－文集
Ⅳ．①B5－53

中国版本图书馆 CIP 数据核字（2011）第 192730 号

出　版：团结出版社
（北京市东城区东皇城根南街 84 号）
电　话：（010）65228880　65244790（出版社）
网　址：www. tjpress. com
E－mail：65244790@163. com
经　销：全国新华书店
印　刷：北京盛兰兄弟印刷装订有限公司

开　本：16 开
印　张：17. 5
字　数：143 千字
版　次：2011 年 9 月　第 1 版
印　次：2011 年 9 月　第 1 次印刷

书　号：978－7－5126－0658－6/B. 141
定　价：36. 00 元

代序

伦理学在哲学范畴中占了非常重要的位置，郑顺佳博士在过去几年间一直致力于伦理学的探讨，为华人学术界提供了新的思考路向。伦理学不能离开人的行为，但它与社会学不同，社会学只探求行为的现象，对已出现的行为作统计、分析及描述，却不问行为之对与错，也不会追究对错的根据。例如：娼妓导致的社会问题（性病、贩卖人口等）。但娼妓的行为是好是坏？什么是人的尊严？什么是人被商品化？这些都是伦理学的范畴内所探讨的问题。

伦理学最大的挑战落在语言分析学派，他们视伦理的语言不能验证为真或假，所以判为情绪语言，没有意义可言。又或者在多元相对主义之下，没有道德标准，人作为道德主体但不需负责，这都是现代伦理学所面临的困境。

郑顺佳博士对中西方文化有深入认识，本书为他多年的研究心得。他指出基督教伦理植根于超越的大道，即基督教的上帝。他藉奥古斯丁及阿奎那展示上帝的本质就是善，人与上帝联合就是善行，在上帝之中人就能最完满实现自己。实现过程体验上帝的恩典，这种以“他力”为主的伦理观，是典型的中世纪伦理学说。

路德从中世纪完全倚赖他力所作的功德，一跃而成就主体自由，以自我的信心，否定宗教教条的束缚，直趋上帝。但这种主体自由切勿与自我意志混淆，因为人的真自由是在真理中及在主的恩典才显然出来，人的自由是因上帝而生发出来，无惧世上君王，撒旦权势，而又甘于服侍众人的无滞而洒落的境界。

加尔文荣耀的神学使他建造了非常逻辑的伦理体系：对上帝真正的敬虔必然产生道德行为。国家是上帝所设立用来维护自由与和平的，人是顺服掌权者，但政教必须分家。末两章即解放神学及侯活士的伦理观念，本书从积极的角度探讨解放神学。其中的精义包括践行（praxis），包括神学方法，提高意识及意含价值，是一个整全的伦理实践方案。因此，我们不单去“救济”穷人，更要问为何有贫穷？把赒济的主客关系提升为邻舍关系，包括了整全的关怀，如政治和社会，人的自我捆锁和自私等。救恩就是解放过程。侯活士把伦理核心归回道德主体，这样，伦理的善与上帝的本体结合，伦理不再植根荒漠，乃在至善的泉源下生根建造。

基督教的伦理不仅肯定人的价值判断能力，更肯定人的道德行为、人的良知与上帝的至善相通，但人的行为却往往偏离至善，因此基督教以恩典、律法等使人的行为归回至善。郑博士在课堂上讲解严谨而幽默，深得学生爱戴，他专攻伦理学，本书博大精深，为好哲学思辨者提供极佳的阅读材料，也为今日沉于后现代主义、消费主义，或对人生举棋不定者展示真正自由的途径。书中的图解十分精彩，对很多艰深的问题得以一目了然，本书各章章末的参考书目提供了入门和延伸阅读不可多得的指引。

本人有幸先拜读全书，心中十分畅快，深信本书必对学术界特别基督教友有所贡献！

杨庆球

中国文化研究中心

中国神学研究院

2004 年 12 月 25 日

自序

大国崛起，身为香港的中国人，心里着实高兴。面对伴随崛起的一连串问题，却又感到忧心。

有学者列出目前中国面对的多个社会课题，包括社会公平、城乡差距和农民经济、贫富悬殊、公共卫生和食品安全、失业下岗、腐败贿赂、拆迁纠纷、克扣工资、信用崩溃、溺爱子女、社会治安、婚外情和家庭暴力、人口流动与户籍管理、老人赡养、医疗制度等诸多问题。① 除此以外，还有房价高涨、环境污染、上访无门等等。

每个社会问题均涉及实践层次的政策厘定和落实推行的问题，以及理论层次的道德价值和伦理原则的考虑。本书的关注在后者。盼望藉着道德伦理的反省，为个人以至社会带来启迪和更新。本书并非直接讨论每个社会问题，却在更基础的层次进行思考。基督教的伦理思想源远流长，着实是一个宝库，也有份于建构当今的西方文化和人文素质，绝对不容忽视。本书对基督教的伦理传统追本溯源，综览在古代、中古、宗教改革和近现代四个历史时期举足轻重的人物，展释他们划时代的伦理思想，以期鉴古知今，引发读者的伦理反省。

---

① 魏焕伦、柯夫主编：《老百姓关心的 17 个社会问题》（北京：中国戏剧出版社，2002）。

目 录

第一章
从《满城尽带黄金甲》说起

张艺谋的影片《满城尽带黄金甲》，票房收入达 1.3 亿，相信看过的人不少。电影采用了夸张的手法，把现代家庭的悲剧倒过来，放在五代十国的后蜀，置于帝王家庭中。看起来这个家井然有序，威严的皇帝强调“事物与病愈有其自然、顺序、规矩”，可是治病药物却混进了慢性毒药“西域草乌头”。当今的食物、药物和行政机制，又混进了什么？

片中宫女如云、宦官如云、药师如云、杀手如云、菊花如云、军队如云、死亡如云、鲜血如云、金甲如云，夸张地突出了这帝王家庭的派头、排场、装璜，影射某种病毒在体内无声无色地流着，也许可称之为面子吧！仿佛外表像样，内里也会好起来。以外在美轮美奂的包装，遮盖内里的污垢腐朽。何时才能脱离面子的牢笼？

平息叛变后，上万的宦官步下台阶，不徐不疾地清理染满鲜血的地面，上万的宫女步下台阶，把菊花铺在地面，掩盖了历史，一场浩劫从此了无踪影，这是何等可怕、何等可悲、何等可笑的事啊！历史中的浩劫多的是，多与违反道德有关，掩盖是最佳的处理吗？

也许事情该追溯至小都尉，经过艰苦经营，以及元配夫人的协助，竟登上大王的宝座。所谓“飞鸟尽，良弓藏；狡兔死，走狗烹”；如此定律，否定公义、淘尽恩情、嘲弄道德、讽刺伦常，也把为大王诞下太子的元配，逐离皇宫。人际关系，难道只余下互相利用的价值？

帝王家庭，意味家与国本不分离。在家庭中发生的，也在社会中重演，剧本稍经修改而已。昔日的“论功行赏”已经不再，若“杯酒释兵权”，已是仁至义尽。辞退出生入死的功臣，只属“迫不得已”，为的是向投资者交待。还可美其名为自由经济的市场定律，堂而皇之地把它合理化。也许这就是“事物有其自然、顺序、规矩”吧！

当然，帝王家庭挑战“自然、顺序、规矩”，远不止于此。母子乱伦、兄妹乱伦，弟弑兄，子图弑父，夫妻反目，只有情欲泛滥与利益盘算，人伦秩序荡然无存。至亲又如何？提供家庭温暖的安乐窝，看似遥不可及。

过去的“一诺千金”或“一言九鼎”，只能在成语词典中找到，在现实生活已成为稀有珍品。承诺给元配家庭留下生路，却派杀手灭口。是轻许承诺？是轻如鸿毛的承诺？还是心所想的与口所出的，二者的关系已彻底割席？承诺只沦为被利用的工具。曾几何时，揭开承载它的容器，原来已空无一物。构成社会的黏合剂——人与人的互信——又如何可以建立起来？社会正朝着什么方向进发？

好一句：“天地万物，朕赐给你，才是你的。朕不给，你不能抢。”挟着凌厉的气势，道尽恋慕权力的嗜欲。大王施行权力，见诸皇后重复又重复喝药的镜头，一口也不能少。皇后也不遑多让，宫中遍布了她的眼线。宫女与谁鬼混，都不能逃过她的耳目，第一时间被她撞破，沦为她的傀儡。御药房也有她的眼线，查出大王着人下毒，也构为合理的理据，以受害者身份，迫使儿子（二王子）在父与母之间作出抉择。对于她与太子有染，却只字不提。三王子对权力唾涎欲滴，更不在话下。权力带来自我陶醉，不单行事随心所欲，更可掌握别人的命运，使别人成为自我满足的阶梯，同时也赚得别人的“尊重”。难怪滥权比比皆是。还是把公道和正义，留给理想主义者！

看来男女老幼、贫贱富贵，都不能摆脱权力的桎梏。大王成功守护权位，保障权力丝毫无损，却代价不菲。事业成功，家庭崩溃，这代价又岂是人能以承担呢？森林定律下的权力斗争，成功是事实，可是重阳节之宴，只余下孤身一人，又如何向先祖交待？这种毁掉全家的成功，断绝亲情的成功，是成功还是生命的枯萎？

其实在稍纵即逝间，仍可窥见人性的光辉。电影之始，虽然大王不满二王子的反叛，亦难掩珍惜爱护之情。知道太子与皇后通奸，却仍疼爱太子。见到三王子刺杀太子，愤而责之。大王并非铁石心肠，只是在面子和权力面前，亲情和爱情都得让路。皇后连番嘱咐太子穿上绣有菊花的衣服，对这非己所出的儿子兼情人，总算有点情义。可是在剧烈竞争的现实中，在你死我活的厮杀中，人内心的善和美，却显得苍白无力。这个家，为道德退隐的社会把脉，也成为当今社会现象的写照。

深愿在寻找道德指南针的神州大地，可以栽植真、善、美的人文素养。笔者深信基督宗教的伦理，能在中国的道德寻索中，对社会文化作出贡献，一同建构和守护共同的善（common good），而不是在现代性和后现代性的困局中绕圈。

在启蒙运动以前，压根儿没有独立的“道德”领域。抽离形而上学的道德反思并不存在。自古以来，基督宗教伦理并非独立科系。它是座落在基督宗教神学之内的。以基督宗教伦理作为独立学科，也是近代的发展。不过从古到今，神学家不乏对道德问题的讨论，却未必把实践性的论说或系统性的反省从信念中抽出来，自成体系。早期基督宗教的神学家，从来没有为伦理自身撰写文章，却是因着他们对神学的理解，塑造他们对道德生活的看法。①

按侯活士（Stanley Hauerwas）的理解，詹逊（Robert Jenson）拒绝让神学成为纯理论，因为他坚持若然有关上帝的论说出错，信徒的生命也无可避免地出错。侯活士认为伦理并非在神学之后的工作，当信徒在挣扎，尝试准确地论说上帝时，他们已在“做伦理”（doing ethics）。因此基督宗教伦理绝不可沦为最低神学比重的伦理。基督宗教伦理必须具备神学的核心——福音，而理性须在正确敬拜之下运用。在这脉络之内，基督宗教伦理是神学性学科（theological

① Stanley Hauerwas, “On Keeping Theological Ethics Theological”, in *From Christ to the World: Introductory Readings in Christian Ethics*, ed. Wayne G. Boulton, Thomas D. Kennedy and Allen Verhey (Grand Rapids: Eerdmans, 1994), P. 133.

discipline），从其独特的假设和立场出发，为社会的共善努力。[①]

本书的目的在于为基督宗教伦理中的神学伦理学（theological ethics）作引介。基督宗教伦理的范围甚广，必须有所筛选。本书按时代选取具代表性的人物或运动加以介绍。在教会历史中，有早期的奥古斯丁（Augustine），中古的阿奎那（Thomas Aquinas），宗教改革的路德（Martin Luther）和加尔文（John Calvin）。近现代的神学巨人巴特（Karl Barth）[②]，二十世纪中叶的拉丁美洲解放神学，以及二十世纪末至今的后现代时期之侯活士（Stanley Hauerwas）。兹把他们铺陈如下：

时期	人物	参考
早期	奥古斯丁	第二章
中古	阿奎那	第三、四章[③]
宗教改革	路德和加尔文	第五、六章
二十世纪初期	巴特	另参别书[④]
二十世纪中期	解放神学家	第七章
二十世纪晚期	侯活士	第八章

若数点千古风流人物，这小撮人当然挂一漏万。这丝毫没有贬低他们在历史上的重要性。例如与阿奎那取向迥异的巴斯噶（Blaise Pascal），闻名遐迩的亚西西的弗朗西斯（St. Francis of Assissi），近代的哈立克（Adolf von Harnack），当代早期的雷茵霍·尼布尔（Reinhold Niebuhr）和晚期的奥当路云（Oliver O' Donovan）等，都遐迩闻名，不容忽视。

本书在展释之余，也提供很多一手和二手阅读资料，以便读者进一步深入研读。

---

① Stanley Hauerwas, "Only Theology Overcomes Ethics; or What 'Ethicists' Must learn from Jenson," Chap. In *Wilderness Wanderings: Probing Twentieth – Centrury Theology and Philosophy* (Boulder: Westview, 1977), P. 255 – 258.

② 因已另书巴特的神学伦理学，故不赘。

③ 天主教传统称阿奎那为多玛斯或多默斯。因为他的系统太庞大，笔者须花两章，才能清晰整理。

④ 郑顺佳：《唐君毅与巴特——一个伦理学的比较》（香港：三联书店，2002），P. 103 – 218。

第二章
奥古斯丁：追寻福乐

一、引言：情欲浮沉得解脱

在拉丁教父中，发展出一套较完整伦理理论的，首推奥古斯丁（Augustine，354－430）。他也是首位把伦理理论置于神学之内的人。虽然他的著作浩瀚，严格来说却没有伦理学的专论，甚至《大公教会的道德》[①]也是为了驳斥异端而撰写。他的伦理观，多散布于他的著作之中，尤其有关信徒生命的论述。[②]

奥古斯丁的伦理思想，与他的生命历程不无关系。从异端和情欲浮沉的日子中得解脱，不单在乎理智上的突破，转向基督教信仰，也在乎道德上的抉择。然而道德上的转化仍有所不能，直到他体会上帝的主权，以及上帝恩典的作为，方才引发真悔罪，医治他的意志，稳定他对上帝的爱。[③]因此他的伦理是神学的伦理，以神学作为伦理的基础和导向。

二、伦理的起点：幸福主义

奥古斯丁的生命之转折点之一，是受到西塞罗（Cicero，公元前

---

① Augustine, *Of the Morals of the Catholic Church*.

② *Augustine through the Ages*: *An Encyclopdeia*, genl. ed. Allan D. Fitzgerald (Grand Rapids: Eerdmens, 1999), s. v. "ethics" by Gerald W. Schlabach, Allan D. Fitzgerald in collaboration with others.

③ 同上，参 Augustine, *Confessions*. 笔者主要参考以下译本：Saint Augustine, *Confessions*, trans. with an Introduction and Notes by Henry Chadwick (Oxford: Oxford University Press, 1991).

143—前106）一篇对话录的启蒙[①]，点燃他对智慧之爱。智慧是哲学的对象，也等同幸福。奥古斯丁渴望找到的善，是当人得着或拥有（possess）它，便能满足一切欲求（desire），并且得着平安。他所关注的，并非从思辨达至自然界的知识，而是了解自身的命运。[②]从起点而言，奥古斯丁的伦理属当时流行的希腊幸福主义（eudaemonism）[③]，即认为福乐（happiness）是人类行为的目的（希腊文 *telos*，end）。[④]古希腊人哲人都对福乐趋之若鹜，认定唯独它才是至善，而探求福乐本性或本质，成为古代西方哲学的指导原则。

当时的伊壁鸠鲁学派（Epicurean）或称享乐主义者，认为人的至善是追寻无止境的身体悦乐（unending bodily pleasure）。也有对享乐主义者唱反调的斯多亚学派（Stoicism），认为人的本能不在追求身体的悦乐，乃在于人作为理性的存有，在寻求自足与自决的同时，使灵魂得以完备，以理性管辖感情（passions），达至不被打扰、平静的无感情（希腊文 *apatheia*）境界。[⑤]

奥古斯丁认同古哲的思想，认为福乐是人类行为的目的，可是却对伊壁鸠鲁学派和斯多亚两学派的主张不以为然。追寻福乐的问题关键是：（1）认识人应欲求什么才达至福乐；（2）知道如何得着它。[⑥] 奥古斯丁的基督教思想，使他为这两问题提供不同的答案。

对于问题一，一般认为人所欲求的未必是人所能得到的，何况

---

① 该对话录称为 *Hortensius*，现已失传。参 Augustine，*Confessions*，III，iv（7）.

② Etienne Gilson，*The Christian Philosophy of Saint Augustine*，trans. L. E. M. Lynch（New York：Octagon Books，1983），P. 3.

③ 幸福“eudaemonia”，拉丁文“beatitudo”，一般英语翻译是“happiness”。奥古斯丁的幸福主义有别于伊壁鸠鲁（Epicurus，公元前342－前270）的享乐主义（hedonism）。伊壁鸠鲁的享乐主义认为生活的最高善是没有痛苦，也没有使人产痛苦与不舒适或使自己感到烦恼的东西。人生的目的是不动心，即身体、心灵、精神的平静。参彼得. A. 安杰利斯著，段德智、尹大贻、金常政译《哲学辞典》（台北：猫头鹰出版社，2000），“享乐主义（伊壁鸠鲁）”。奥古斯丁认为人作为理性的受造物（rational creature），既可变又非自足，自身不能作为使人幸福的至高善。

④ Frederick Copleston，A History of Philosophy，Vol. II，Medieval Philosophy，Part I，Augustine to Bonaventure（Garden City：Image Books，1962），P. 96.

⑤ Carol Harrison，*Augustine*：*Christian Truth and Fractured Humanity*（Oxford：Oxford University Press，2000），P. 80.

⑥ Gilson，*The Christian Philosophy of Saint Augustine*，P. 4.

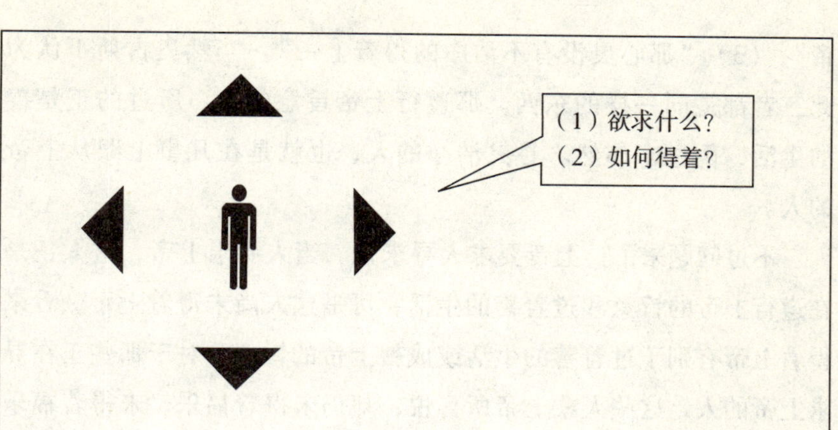

图 2.1　人的欲求

其得失去留也非在人操控之内。如此人的福乐岂非显得变幻无常？有见及此，奥古斯丁认为人所当寻求的，理应是持久不变的东西，不会因着时移势易或机缘巧合流逝。因为若爱那些会流逝的东西，这爱必然带着恐惧的意识，惧怕失去它们。恐惧会侵蚀人的福乐，因此就算是人拥有这些东西，福乐恐怕仍遥不可及。真正的福乐必然是持久的，是别人不能夺去的。对奥古斯丁而言，上帝既是永恒和持久不变的，人类所当寻求的，自然非上帝莫属了。①如他所言："跟随上帝是欲求福乐（desire for happiness），达至上帝是福乐自身。"②

奥古斯丁指出"得着上帝"具三方面的含意：（1）"那过善的生活（good life）的得着上帝"，（2）"那按上帝旨意而行的得着上

① William S. Babcock, "Cupiditas and Caritas: The Early Augustine on Love and Human Fulfillment," in *The Ethics of St. Augustine*, ed. William S. Babcock. JRE Studies in Religious Ethics, 3 (Atlanta: Scholars Press, 1991), P. 39 – 42.

② Augustine, *Of the Morals of the Catholic Church*, 11, P. 18. 引文参考以下译本：Augustine, "Of the Morals of the Catholic Church," in *Nicene and Post-Nicene Fathers*, First Series, vol. 4, *Augustin: The Writings Against the Manichaeans, and Against the Donatists*, ed. Philip Schaff (Peabody: Hendrickson Publ., 1995), P. 41 – 63.

帝”，（3）“那心灵没有不洁净的得着上帝”。[①]当然奥古斯丁认为此三者都是同一样的东西。那遵行上帝旨意的人，所过的正是善的生活，倒过来亦然。心灵洁净的人，也就是在凡事上跟从上帝的人。

不过问题来了：上帝要求人寻求他。当人寻求上帝，这人正是在遵行上帝的旨意和过着善的生活，可是这人尚未得着上帝。看来得着上帝有别于过着善的生活或成就上帝的旨意。对于那些正在寻求上帝的人，这些人蒙上帝所喜悦，却仍未得着福乐。未得着福乐的人是愁苦的，那么那些在寻求上帝、蒙上帝所喜悦的人，岂非陷在愁苦中？[②]其实这是上文问题二的另一方式：如何得着福乐？

诚然，当人匮乏（in want），人的欲求未得着满足，人便陷在愁苦中。不过我们得追问，是什么决定人的欲求？答案在于人的智慧。智慧的人只欲求那可能的，便不致落入匮乏和愁苦中。与匮乏相对的是丰富（拉丁文 *plenitudo*，fullness），与智慧相对的是愚昧。匮乏的人是愚昧的，智慧的人却是丰富的。所谓丰富即适量，因为过犹不及，遂暗示一中位（mean）。福乐即没有匮乏，处于中位，也即有智慧。[③]

“那么什么堪称智慧，若非上帝的智慧？”[④] 奥古斯丁指出圣经明言神的儿子就是上帝的智慧，他曾说我就是真理，而真理具至高的度量（supreme measure），因此他是他自我的量度，也是量度一切的准绳。而那借真理达至至高度量的，就能得着福乐。[⑤] 因此得着智慧就是借心思（mind）抓紧上帝，或说得着或拥有上帝。[⑥] 而“得着或拥有上帝”并非以上帝为一可据为己有之物视之，而是就智慧

---

① Augustine, *The Happy Life*, 2, P. 12. 引文参考以下译本：Saint Augustine, “The Happy Life,” trans. Ludwig Schopp in *The Fathers of the Church*, a new translation, Vol. 5 (New York: CIMA Publ. Co., 1948), P. 5 - 84. 首项在此译文作“正直生活（upright life）”，不过另有翻作“善的生活（good life）”，今依从后者的翻译。

② 同上，3，P. 17 - 22.

③ 同上，4，P. 23 - 33。

④ 同上，4，P. 34。

⑤ 同上，4，P. 34。

⑥ Gilson, *The Christian Philosophy of Saint Augustine*, P. 6.

和真理而言。在奥古斯丁而言，福乐、过善生活、智慧三者，是不可分割的。

三、拥有上帝：福乐与知识

奥古斯丁依从幸福主义的进路，认为人当企求得着或拥有上帝。“拥有上帝”在现代人耳中，听来有点突兀。其实这涉及当时对幸福与知识关系的理解。他说：“福乐的生命是基于真理的喜乐。这就是建基于你的喜乐，噢，上帝，你是真理，是‘我的光照，我的拯救，我的上帝’。这福乐生命是每人所欲求的，在真理中喜乐是每人所渴想的。……当他们爱福乐的生活（亦即建基于真理的喜乐），毫无疑问他们是在爱真理。”①

奥古斯丁认为福乐和真理是不可分割的，默想真理是达至福乐的必要条件。幸福的喜乐（beatifying joy）并非一种纯理论，真理之为一善，因为它是一目的（an end），是一可拥有而非观望的东西。人可知道善为何物并欲求它，却未能拥有它。一切物质的善亦然。然而认识真理却不然，因为认识真理必然涉及爱真理，因此按定义在某程度上也得着或拥有它。因此福乐必然是真理所产生的喜乐（a joy born of truth）。②

知识在奥古斯丁的思想中，占举足轻重的地位，尤其他经常与怀疑主义和相对主义开战。柏拉图主义的知识论的关键，并非分辨可理解物（intelligibles）与可感知物（sensibles），却是分辨一手经验达致的知识（希腊文 *epistēmē*，knowledge）与二手（或多手）经验提供的信念（希腊文 *doxa*，belief）。柏拉图的信念有指只关乎物质对象，甚至只关乎物质对象的形像。因着信念的对象缺乏稳定性，信念本身亦然。加上柏拉图的确定知识是在形相的领域，如何把历史引进形上世界，也构成一大难题。何况他所面对的怀疑主义，更

---

① Augustine, *Confessions*, X, xxiii (33).

② Gilson, *The Christian Philosophy of Saint Augustine*, P. 9.

对一切知识提出质疑，而非单单对部分的领域存疑而已。因此知识的确定性也成为奥古斯丁的核心课题。①

抗衡全面的怀疑主义并不太难，只要能确立某领域的知识，例如数学，已为别的领域建立了可能性。柏拉图的理解可取代斯多亚派的知识论。不过既然对某些历史事件的认识，例如耶稣生平和旧约事项，对福乐的生活决定性作用，奥古斯丁不得不重估信念的角色。奥古斯丁肯定真正的知识或全备的知识关乎永恒不变之事物，并且比任何信念都超越。不过他也指出也有信念关乎这些高超的实在，这些信念不单有用及基要，更按可靠权威，在理智上得以成立。对此他的名言是：除非你已相信，你不会理解。②重点已转移到理解。而对过去事情的认知，可从信念推衍。③

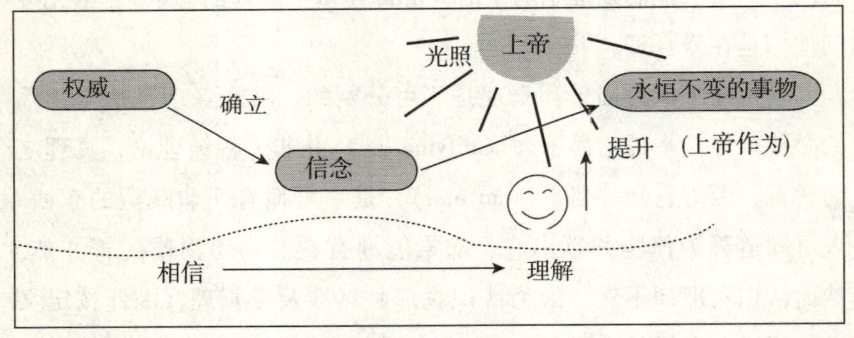

图 2.2　从相信到理解

到了奥古斯丁的晚年，他更把“相信”定义为：以认同思考某事物（拉丁文 *cogitare com assensione*，thinking with assent）。相信某事物（believe that）必然涉及相信某人（believe in），可靠性在乎证据和资料来源。相信命题源自的权威，是先于相信命题的内容。奥古斯丁也认为某些宗教真理可经由理性推论得知，例如柏拉图主义者能论证上帝与其圣道的存在，当然他们所能把握的，既不全面亦

① John M. Rist, *Augustine*: *Ancient Thought Baptized* (Cambridge: Cambridge University Press, 1994), P. 45 – 47, P. 58 – 59.

② 拉丁文中的“*Nisi credideritis, non intellegetis*”，英译为“Unless you have believed, you will not understand”.

③ Rist, *Augustine*, P. 57 – 60.

非永久，这正因他们缺乏借启示而来的信念。可见奥古斯丁重构柏拉图的理论。①

对过去的事之知识，可包括两方面：特殊对象的形象、经验和历史事件，并思维内的物自身，如数学、逻辑和形上学的对象，例如柏拉图之形相。普罗提诺认为这些观念既在上帝之内，也在人的“灵魂之上部”之内，在奥古斯丁而言这些观念包括公义的律、善自身、并道德概念。不过他认为这些只构成人思考之必要条件，而非充足条件。人需要蒙光照（拉丁文 *illuminatio*，illumination），才能运用它们，甚至才能学习，并使所学的成为属于人自身的东西，了解其含义。②故若知识只是让人知道某事物而已，则未能达致自身的目的。人须要前往终极的目的，而知识为的是预备人到达这目的地，享受上帝。③

柏拉图主义者以柏拉图的《理想国》（*The Republic*）为依据，认为至善之形相（the Form of the Good）的功能，不单在于作为形相之因（cause），也使人可以认识形相。其光就是理解之光（light of intelligibility）。奥古斯丁对此加以修正，认为人需要至善——即上帝——的提升，以致能够见到在我们面前的东西。此光照之光（illuminating light）并非内在于人，而是上帝自身之光。人的认知、学习和判断的行动，必然有赖上帝的参予。这也是上帝照管宇宙的一部分。可见除了基督教，柏拉图主义也促使奥古斯丁建构其光照论。④

不过奥古斯丁的福乐也有别于普罗提诺的新柏拉图主义。虽然二人都赞同福乐在于达至及拥有永恒不变的对象，亦即上帝，然而普罗提诺认为此举纯然是哲学上和理论上默观上帝（contemplation of God）的结果，奥古斯丁却认为这更是在爱中与上帝联合并拥有上

---

① Rist，*Augustine*，P. 61－63。

② Rist，*Augustine*，P. 76－77。有关其光照论的简介，参 Copleston，“Knowledge，” chap. in *A History of Philosophy*，II，I，P. 66－82；邬昆如编著，《西洋哲学史》（台北：正中书局，1971），P. 254－59；详论参周伟驰，《记忆与光照——奥古斯丁神哲学研究》（北京：社会科学文献社，2001）。

③ Gilson，*The Christian Philosophy of Saint Augustine*，P. 9.

④ Rist，*Augustine*，P. 78－79.

帝，故他说："既然你无法否定上帝是人之至善，并且既然寻找至善是过善的生活（to live well），则过善的生活不是别的，乃是尽心、尽性、尽意爱上帝……"① 倾尽全力爱上帝是蒙恩典辅助的努力（grace-aided endeavor）。因此奥古斯丁的伦理基本上是爱的伦理。同时，因为借着人的意志，人得以接近上帝，以致至终能得着他和享受他。②意志遂成为奥古斯丁爱的伦理的建构性元素。

不单如此，奥古斯丁更把感情摄归意志，认为感情属理性灵魂的一部分，是意志运作的方式之一，可或正或负地运行。例如奥古斯丁并不单看怜悯自身，却视它为个人的意志之特性。若它朝向正确方向，不单无可指责，更是当称赞的，例如协助伤残人士。若朝向错误方向，则是错误的，例如纵容匪徒。因此感情不单是人之为人所需，更是人不可或缺的。③由此可见奥古斯丁对斯多亚派以理性控制身体的感情，何以不敢苟同。而意志的重要性，更是呼之欲出。

四、意志："自由"到恩典

在伦理而言，奥古斯丁深受斯多亚派的影向。斯多亚派认为伦理道德的重心并不在于人外在所行的。行动（act）之正与否在是否基于正确的理由（right reason），并纯正的道德动机（pure moral motive）。不少行为看似合道德，若然并非出自纯正的动机，即斯多亚派称为合乎理性的动机，则算不上出自崇高品德（virtuous）的行为。④因此对奥古斯丁而言，道德的关键在人的内心，难怪意志成为一重要课题。

不过意志的课题，更涉及奥古斯丁的形上学和宇宙论。从本源而言，他认为道德真理与其它真理并无不同。一切永恒的本质（eternal essences），并参予这些本质的短暂事物，构成一系列从高至低

① Augustine, "Of the Morals of the Catholic Church," I, 25, 46.

② Copleston, *A History of Philosophy*, II, I, P. 97.

③ Harrison, *Augustine*, P. 94.

④ Rist, *Augustine*, P. 150.

图 2.3　行动对错的评价

的层级性实在，可称之为“理序”（order）。自然界，包括人，必须依从这神圣理序。不过人的行动却构成例外，有它们自身的目的，这目的是要实现此理序，或说以意志配合，使这理序得以成全。意志遂构成问题的核心。①

人的意志更直接连于奥古斯丁的人论。他认为人的灵魂有四项基本感情（passion）：欲求（拉丁文 *cupiditas*，desire）、喜乐（拉丁文 *laetitia*，joy）、恐惧（拉丁文 *metus*，fear）和忧愁（拉丁文 *tristitia*，sorrow）。欲求是同意某动向（movement）以致意志朝向某物移动（move toward）。这些基本感情都是灵魂的不同动向。灵魂的各动向若非朝向要得着或保留的善，便是转离要避免或去除的恶。而灵魂的动向全在乎意志。②

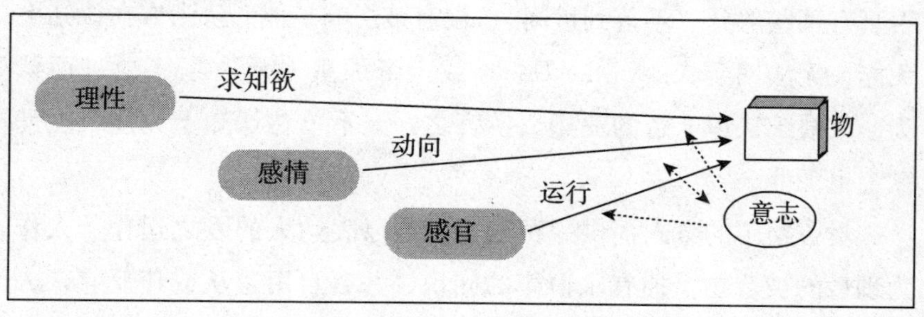

图 2.4　意志的作用

感官的运作也在乎意志。意志在每项感官作用中都扮演主动力量（active force），把感官作用集中于某物，不然我们会视而不见，听而不闻。意志不单使我们的感官与对象保持接触，更把所感的印于记忆中（impress upon the memory），使人有所意识。可见意志掌管记忆以及内在的感官，尤其想象，一如意志掌管外在的感官。意志

① Gilson，*The Christian Philosophy of Saint Augustine*，P. 132.

② 同上，P. 132 - 133。

也是人认知的主动力量，使人得着理性知识，借着理智活动，达至真理。可是未达至知识以先，人必须渴望知道，意志推动人的求知欲。①

柏拉图认为一切美的东西，尤其美自身，能激发人某种拥有它的渴求。然而人却不用拥有非物质的善，因为它们是足够给每个人的，人若对善和美有正确的认识，则可达至感召（inspired）和酷似上帝（godlike）的状态，从美产生既高尚且辉煌的观念，引发真德行（true virtue），行善既知其然，亦知其所以然。在柏拉图和亚里士多德，以至奥古斯丁的时代，伦理并不局限于效益主义或后果论，又或康德的义务论或某种契约理论，甚至良好训练达至良好习惯的德行伦理，而是感召伦理（ethics of inspiration），在此之下爱欲并非任何的渴求，而是被美引发的催迫下追求美。②

柏拉图的认知论③认为人借洞见可达至事物的形相（Form），并且人对形相的爱欲（希腊文 *eros*）的强度，足以驱使人成功地自我改善。不过奥古斯丁以前的柏拉图主义者已质疑，灵魂（soul）是否真有某些部分“不落到世间”，没有被影响。他们认为人在认知上无能，无法回到大一（the One）或上帝那里。④奥古斯丁更进而认为，人缺乏认识上帝的渴望。换言之，人不单在认知上无能，在爱欲上也无能。⑤

奥古斯丁的意志提供一种语言，借以表达人的爱之运作。人作为理性的被造物，拥有永恒律的知识，并有自由遵从或违反它。人若因欲求犯错，爱那些短暂可变的事物，就须负责任，因为是自愿的犯罪，而当下的无知和无能正是罪的刑罚。他认为一切美善的东西都是从上帝而来，而意志本身是善的。上帝虽然预知人会做什么，却不会夺取人意志的自由。我们无从知晓为何亚当犯罪，因为亚当

① Gilson，*The Christian Philosophy of Saint Augustine*，P. 133 – 134。

② Rist，*Augustine*，P. 152 – 154.

③ 参关永中，《知识论（一）——古典思潮》（台湾：五南图书出版公司，2000），P. 2 – 127。

④ 新柏拉图主义中的大一时终极存有，是超自然、非身体性、自因、绝对自由、绝对的善，并充满创造性。

⑤ Rist，*Augustine*，P. 152 – 154.

犯罪是出于全然的自由。不过亚当后裔的意志却被弄瞎、被捆绑、被阻碍了。①

对奥古斯丁而言，虽然人的灵魂并非全然败坏（totally corrupt），然而人的灵魂确是败坏，并且没有任何部分得以幸免，而且败坏了的部分也不能自我修理，因此人的认知实在出了问题。那配得我们之爱的，我们误以它物取代之。就是认知没有出问题，也不能保证人能以成善。因为人没有能力去爱它。奥古斯丁以上帝取代柏拉图的美之形相（the Form of Beauty），作为具内在价值，配得人之爱者，并且对人有所感召。如此奥古斯丁结合了柏拉图的思想和基督教信仰：人不能爱那不可爱的，以及爱的能力是上帝的恩赐。上帝是爱，也赐予他的爱。他是全备的爱者（perfect lover），能在被爱者（beloved）里创造美和爱。②

既然人没有能力去爱，或说奥古斯丁对人的自由意志失望③，他遂把恩典置于其伦理的核心。他指出上帝的律法所显示的，不外我们所当逃避的恶和所当行的善，律法的字句所能作的，仅此而已。倘若没有恩典或赐恩的圣灵（the Spirit of grace），为善去恶是不可能的。因此律法向我们作的是定罪和杀害，唯有圣灵才能促使我们避恶迁善。而且转向恩典的过程，本身就是恩典的工作。④

---

① Harrison，Augustine，P. 85－86.

② Rist，Augustine，P. 151，P. 157.

③ 起初奥古斯丁十分重视意志的自由。他的《论自由意志》（Augustine，“On Free Will，” in Augustine：EarlierWritings，selected and translated with Introduction by John H. S. Burleigh. The Library of Christian Classics，Ichthus edition（Philadelphia：Westminster Press，1953），P. 102－217. 此文是奥古斯丁与摩尼教主义者争辩的处境下撰写的。后者把恶之源归因于一与上帝同样不变和永恒的恶的本性。奥古斯丁强调并非有一恶的本性与上帝共永恒。恶是出于人的自由选择。（参 George Wolfgang Forell，History of Christian Ethics，vol. 1，From the New Testament to Augustine（Minneapolis：Augsburg Publishing House，1979），P. 55.）此文的题旨是：恶并非归因于上帝（除了公义之刑罚），也非因着自然界，而是因为人自由的作选择。人误用其自由，忽略永恒的善，却按情欲追求短暂的善，遂引至恶。（Frederick S. Carney，“The Structure of Augustine's Ethic，” in The Ethics of St. Augustine，ed. Babcock，14.）他说：“每个人选择追求和拥抱的，是在其意志所能决定的范围之内。惟独意志推动心思……”（Augustine，On Free Will，I，xvi，P. 34.）。这无疑显示他对柏拉图传统和基督教的结合，寄以厚望。

④ Forell，History of Christian Ethics，vol. 1，P. 163.

论到他的信主经历，奥古斯丁说："那仇敌紧握我的意志，把我捆锁为囚徒。扭曲了的意志引致感情（passion）'主导'［作者添加］。服役于感情建立了习惯，不抗拒习惯遂成了必然。如此环环紧扣，如铁链般，成为我的枷锁。而新的意志开始在我里面，是自由的事奉你和享受你的意志……"①又说："渴望恩典的帮助是恩典的启始。因此应作以下的认信：我们有自由意志去作恶和行善；然而作恶的人是脱离了义的范围（freed from righteousness），成为罪的奴仆，人无法自由行善，除非这人蒙那位说'若子叫你们自由，你们就真自由了'的释放了。"②

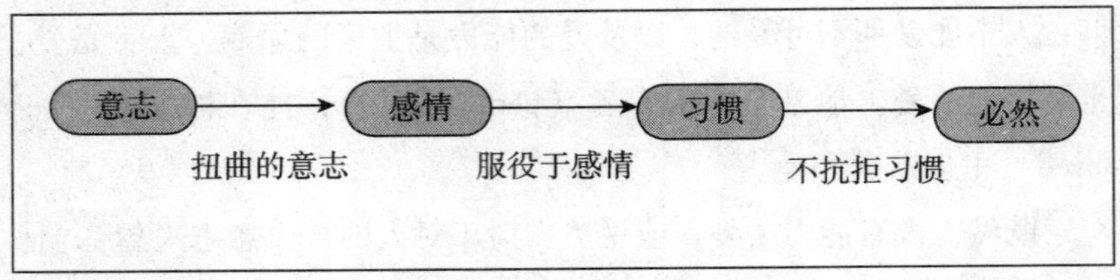

图 2.5　人的意志陷入枷锁的过程

唯有借着上帝的恩典，人才能从恶中得拯救。不然人压根儿没法行善，思想如是、意志、情感（affection）和行动也如是。甚至人因着道德教诲或责备而有所改善，也是因为施恩的上帝的作为。亚当的被造，为要显明自由意志所能成就的（what free will is capable of），并上帝恩典之慈爱和上帝公义之审判，所能成就的事。然而当亚当犯罪，人类堕落，人类的境况已彻底地被改变了③，"他们的意志，是自由的，却未被释放（free but not freed）——脱离了义的范围却成为罪的奴仆。"④

更具体地说，

虽然他的律法是满有良善及神圣的命令，神的援助以行义

---

① Augustine, Confessions, VIII, v (10).

② Augustine, "On Rebuke and Grace" 1, *Nicene and Post-Nicene Fathers*, I, 5, P. 472.

③ Forell, History of Christian Ethics, vol. 1, P. 163–164.

④ Augustine, "On Rebuke and Grace" XIII, *Nicene and Post-Nicene Fathers*, I, 5, P. 498.

(working of righteousness) 并不在于上帝所赐予的律法，而是在于我们的意志自身，因着赐恩的圣灵的注入 (imparting of the Spirit of grace)，得蒙援助和提升 (aided and uplifted)。若然没有它（指意志），我们是无法行善的。[①]

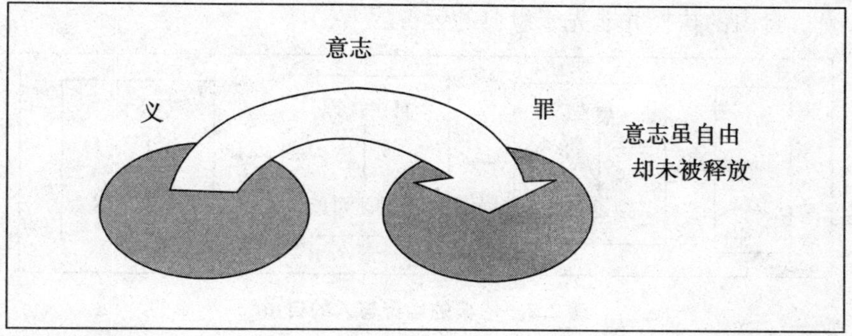

图 2.6　人堕落后意志的状况

有见及此，奥古斯丁认为伦理的问题是：人的意志是自由的，却未被释放。这是问题的关键。自由意志并非纯然是善的，需视乎它服侍的对象是罪还是义，是不被义束缚还是不被罪束缚。因此伦理的终极问题是神学的问题。基督教伦理的可能性在于上帝的恩赐或赐予，因为那使爱成为可能的信，并活跃于爱中的信，这信的创始与成终，全赖上帝的赐予。[②]

奥古斯丁指出："遵行律法，若因恐惧刑罚而不是因着爱公义，即在奴役中而非在自由中行事——压根儿算不上遵行律法。……

……那因信借爱产生行动的人，开始按内里的人 (inward man [sic]) 喜悦上帝的律法，而这喜悦并非字句而是圣灵的赐予。"[③]因此伦理的问题并不单在行为本身之对与错，更在乎内心的推动。

---

① Augustine, "The Spirit and the Letter," Augustine: Later Works, selected and translated with Introduction by John Burnaby. The Library of Christian Classics, Ichthus edition (Philadelphia: Westminster Press, 1955), §20 (xii). 此文是伯拉纠被定罪，奥古斯丁知此事，不过尚未拜读其著作，却是在驳斥柏拉抖前撰写的。它是奥古斯丁对恩典的精彩展释。见 John Burnaby, "Introduction to The Spirit and the Letter," *Augustine: Later Works*, P. 187 - 188.

② Forell, History of Christian Ethics, vol. 1, P. 164 - 165.

③ Augustine, "The Spirit and the Letter," §26 (xiv).

那么上帝恩典的运行会否违反人的自由？奥古斯丁当然给予否定的答案。他认为在拯救的次序或过程中，首先是信，接着是医治抱恙灵魂的恩典，然后是自由的抉择（拉丁文 *liberum arbitrium*，free choice，free decision）使医治成为可能，随后是成就律法的对公义之爱。自由的抉择并非先于恩典的运行。①

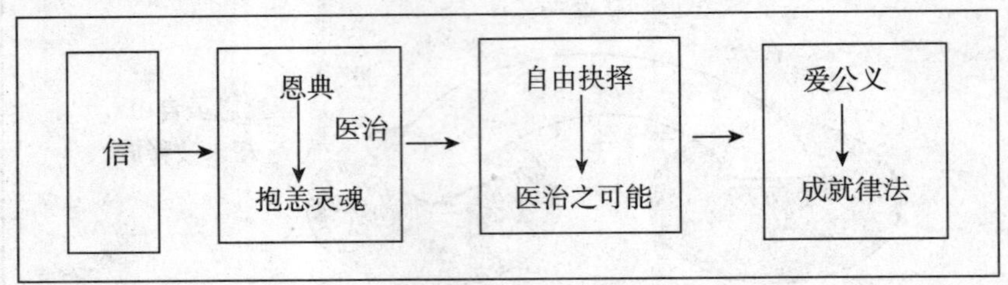

图 2.7　恩典的运行与人的自由

奥古斯丁所针对的伯拉纠主义（Pelagianism），或会追问如下②：我们首先“信”之相信是出自上帝的恩赐，还是出自上帝栽植于人心中的中立能力——自由意志？对伯拉纠（Pelagius）而言，上帝的审判正按我们如何运用这赐予而施行，亦即如何回应上帝的呼召。伯拉纠认为人的道德活动可分三方面：能力（ability）、意志、施行（performance）。首项是上帝的恩赐，其他却属“我们的”。③

对此奥古斯丁的回应是：“……信本身是在上帝的恩赐之中，是同一位圣灵所赐的。二者（信心和行为）都是我们的，是借着我们意志所作的抉择，然而二者都是借着信和爱之圣灵赐予的。”④如此奥古斯丁指出意志和施行也是上帝所赐的。他说：“律法显明我们的意志是软弱的，好让恩典医治其虚弱（infirmity）。”⑤

① Burnaby，“Introduction to The Spirit and the Letter，” P. 189. Burnaby 指出奥古斯丁对拉丁文“liberum arbitrium ”的用字含有含混性，可译作“自由意志”，但往往更宜译作“自由抉择”。而此所谓自由的抉择即基督徒的自由（Christian freedom）或奥古斯丁一般称作自由（liberty）。

② 与奥古斯丁争辩的的伯拉纠的门生是 Celestius。

③ Burnaby，“Introduction to The Spirit and the Letter，” P. 189 – 191.

④ Augustine，Retractions I，23. 转引自 Burnaby，“Introduction to The Spirit and the Letter，” P. 191.

⑤ Augustine，“The Spirit and the Letter，” §15（ix）.

五、伦理的核心：爱与仁爱

若非恩典，人无法自由地去爱。然而爱又是什么？在《上帝之城》中，奥古斯丁指出在圣经里，爱（拉丁文 *amor*，love）、喜爱（拉丁文 *diligo*，fond of）、仁爱（拉丁文 *caritas*，charity）三字的含义，并没有差别。其中没有一字只取好或坏的含意。他说：

> 一个具正确指向（rightly directed）的意志是良好的爱，一个歪曲的意志是败坏的爱。因此那竭力要拥有所爱对象之爱是欲求；那拥有并享受此对象之爱是喜乐。那逃避与它对立的对象之爱是恐惧；那感受当此事发生时的对立之爱是忧愁。因此，若爱是坏的，这些感受也是坏的；若爱是好的，这些感受也是好的。①

这思想与他早期的思想极度吻合。他曾说："若不按其自身（拉丁文 *propter se*，according to itself）去爱它则算不上爱（…… is not really loved which is not loved for its own sake）。我唯独为了智慧自身而爱它。其他一切——生命、闲暇、朋友——是我希望为智慧的缘故拥有，却又害怕失去的。"② 因此他爱的是智慧。追求其他东西如财富、生命、朋友、健康等，都是为了追求智慧的缘故。可见他按所爱之对象作分辨，看看所爱的是按其自身还是按他物（拉丁文 *propter aliud*，according to another）而爱。唯有前者才算得上是爱。③

奥古斯丁如此定义爱，一方面把爱串连于恐惧，另一方面把欲求，即前述四项基本感情的一项，也算为爱。因为欲求是按所爱对

---

① Augustine，City of God，XIV，7. 引文是按以下作翻译：St. Augustine，Concerning the City of God against the Pagans，trans. Henry Bettenson，with an Introduction by John O'Meara (London：Penguin Books，1972).

② Augustine，The Soliloquies，I，xiii，22. 引文是按以下作翻译：Augustine，"The Soliloquies，" in Augustine：Earlier Writings，ed. Burleigh，P. 17－63.

③ Babcock，"Cupiditas and Caritas，" P. 44.

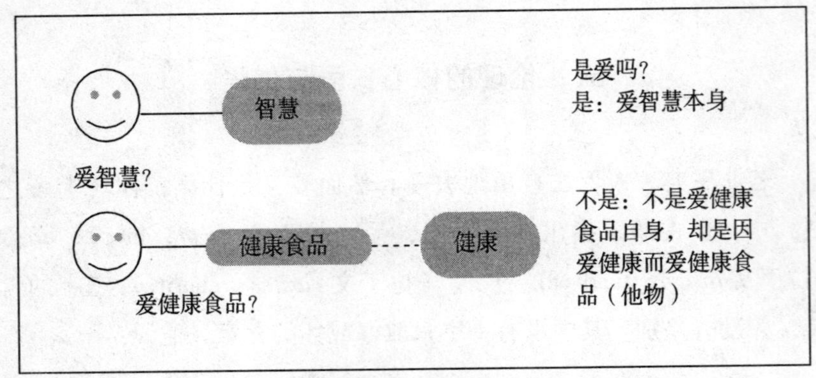

图 2.8　按其自身之爱与按他物之爱

象自身而爱它，只是这所爱的对象是可以失去的东西，因此这爱是带着恐惧的，遂称为欲求，以别于不带恐惧的爱。①

与欲求相对的，是对永恒事物之爱。所爱的对象是无法从爱者（lover）手中夺去的。这永恒事物所指的是上帝，自不在话下。是项爱是爱那当被爱的，奥古斯丁称之为“仁爱”（拉丁文 *caritas*，charity）。严格来说，奥古斯丁并非把欲求排拒于爱之外，而是分辨欲求之爱与仁爱之爱。他亦不是在分辨两类或两形式或两方面的爱，仿佛它们来自灵魂的不同地方。欲求与仁爱都是渴求对象自身，二者皆符合爱的定义。其差异乃在所爱的对象是短暂抑或永恒、可失去或不会失去。其差异可从其对象反映出来，因为奥古斯丁认为所爱对象必然以其自身影响其爱者。因此所爱对象若是永恒的，则必在灵魂里留下点滴的永恒。同理，所爱对象若是短暂的事物，则必在灵魂里留下失去这些事物的恐惧。

奥古斯丁不单认为欲求令其所爱者患得患失，更称之为“万恶

① 欲求（拉丁文 *cupiditas*，desire）是带着恐惧的爱。奥古斯丁把恐惧加以区分：（1）没有道德质素可言的恐惧，例如妻子与别人通奸时，惧怕她丈夫意外地提早回家，这是不忠贞的恐惧（unchaste fear）。与此相对的，是（2）具有道德质素的恐惧，例如忠贞的妻子久候，丈夫却迟迟未归，因而惧怕丈夫发生意外，是出自忠贞的恐惧（chaste fear），因着爱的缘故，惧怕失去心爱的人。当然终极的蒙福（final blessedness）甚至不包括忠贞的恐惧，因为它是基于恒久享受所爱的对象。［Ekkehard Mühlenberg，“From Early Christian Morality to Theological Ethics，”in Studia Partistica，vol. XIX，Papers presented to the Tenth International Conference on Patristic Studies held in Oxford 1987，ed. By Elizabeth A. Livingstone（Leuven：Peeters Press，1989），P. 214.］

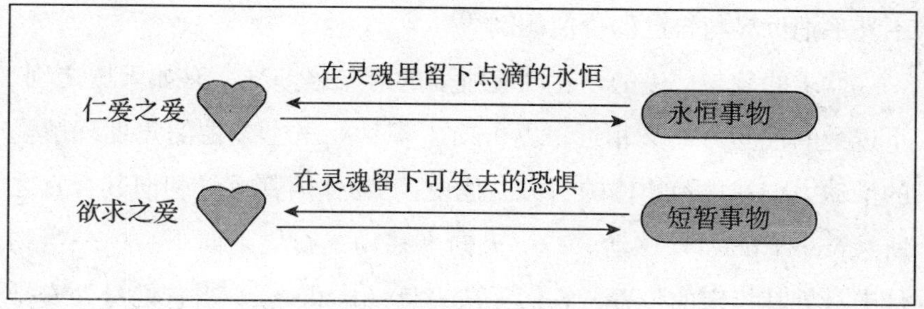

图 2.9　仁爱之爱与欲求之爱的分别

之根”。[①]因为人都追求没有恐惧的生活。“良善的人，借着转离那些会失去的事物，好去寻求它（指没有恐惧的生活）。败坏的人，思虑如何安稳地享有这些事物（指那些会失去的事物），并要去除一切拦阻，如此邪恶和充满罪行的生命，更宜称之为死亡。”[②]因此欲求，作为对短暂事物之爱，为要得到或保留这些事物，会令人不择手段，包括对他人不利或制宰别人，使人与人彼此敌视和对抗。[③]

再者，欲求更令人自贬身价，与自身的价值相违。对奥古斯丁来说，人的组构内蕴一层级性价值的理序，在层级的顶是精神/心灵（mind）或理性，这是人与万物的分界处。欲求违反心灵或理性，因为它使心灵屈从于病态的情绪，任由它被飘忽无定的情绪摆布，令它无法分辨真理与虚谎。奥古斯丁并非把情绪与理性对立，而是指出欲求引发某些情绪模式，而这些情绪对理性有不良影向。另一方面，欲求使那些本应由理性掌管的事物，倒过来制宰理性，使人把自己附属于这些事物，甚至认定它们为自己灵魂的一部分。当人失去这些事物，人便遭到严重扭曲，从此一蹶不振。例如考试落第或生意失败，可使人从此壮志消沉，自轻自贬。对奥古斯丁而言，一切恶行（拉丁文 *malefacta*，evil acts）和罪（拉丁文 *peccata*，sins），

---

① 奥古斯丁不单从所爱的对象去衡量爱，也看爱为一种移动（拉丁文 *motus quidam*，a kind of motion），而移动恒常朝向某物。故若问所当爱者为何物，即问爱的移动所朝向者是否正确。故奥古斯丁也从爱的能动性之所向去衡量爱。当灵魂追逐那些比自身次等（inferior to）的东西，奥古斯丁称之为蒙羞（拉丁文 turpis，shameful）的爱，而欲求正就是这种爱，因而是万恶之根。参 Babcock，“Cupiditas and Caritas，” P. 46.

② Augustine，On Free Will，I，iv，P. 10.

③ Babcock，“Cupiditas and Caritas，” P. 47.

不外乎把世界与自己的价值颠倒。[①]

欲求的爱与仁爱的爱，因着所爱的对象之差异，有如天壤之别，不过爱的推动力却又相近。奥古斯丁多从亚里士多德的角度理解爱的推动力，视之为物体的引力。他说："物体因其重量朝向其合宜之所（proper place）移动。……火向上移动，石块则向下。……当物件未身处其指定的位置，它们无法安息（restless）。当它们身处安排好的位置，它们便得安息。……我的重量是我的爱。每当我被承载，是我的爱承载着我。借着你的恩赐，我们被燃点并承载向上：我们变得火红和上升。……"[②]欲求使人下堕，把人拉向深渊，仁爱则使人上升，把人提向圣灵的境界。有见及此，他提到基督徒成全完备的过程，是从欲求到仁爱的转换之过程。这是亚里士多德世界观容不下的，正如石不能变为火。奥古斯丁可说把二元能动性注入希腊思想中。[③]

人作为万物之灵全系于爱。科学和知识不能使人成善，唯有爱才成。奥古斯丁认为爱把我们从我们自身中拉出来（drawn out of ourselves），突破那称为"我"的微小世界。爱是生命流水之动向，是那外在于我们的实在吸引着我们，却非强迫我们。人是能以付诸行动的被造物，而爱推动人的行动，故唯独爱才构成辨别人之为人的准绳。是故欲知其人，不宜只听其言，却当观其行和其心，因为人之所是，在乎人之所爱（a person "is" what he or she loves）。[④]如他所言："抓紧爱，你们的心思便可安息。你们不用怕会对不起别人，试问谁会对所爱的人不利呢？爱，你们便不能不为善。"[⑤]

按哈里逊（Carol Harrison）的观点，奥古斯丁的意志与爱可说

---

① Babcock, "Cupiditas and Caritas," P. 47－49。有关考试和生意的例子为笔者所加。

② Augustine, *Confessions*, XIII, ix (10).

③ John Burnaby, *Amor Dei: A Study of the Religion of St. Augustine* (Norwich: Canterbury Press, 1991), P. 94.

④ *Augustine through the Ages*, genl. ed. Fitzgerald, s. v. "love" by Tarsicius J. van Bavel.

⑤ Augustine, "Tenth Homily I John 5: 1－3," 5: 7 in "Ten Homilies on the First Epistle General of St. John." 引文是按以下作翻译：Augustine, "Ten Homilies on the First Epistle General of St. John," in *Augustine: Later Works*, P. 251－348.

是同义。运用意志不单以理性作抉择和选择采取某行动，而是爱某事物和被这爱推动去行动。就是人因着自己的骄傲去掠夺，不当地运用其意志，也是基于意志和爱，只不过这爱是欲求（拉丁文 *cupiditas*，cupidity）、情欲（拉丁文 *concupiscentia*，concupiscence）、爱欲（拉丁文 *libido*，lust）而已。[①]韦斯（John Rist）也认为意志的拉丁文“*voluntas*”可指得着认受或认同的爱，或说有意识地接受某组爱并决意持守之。而奥古斯丁经常把圣灵认作爱或意志。即在完备的状况下，爱（拉丁文 *amor*，love）与意志是同一的。[②] 因此奥古斯丁曾说：“爱，并按你所愿的去行（Love and do as you will）。”[③]

奥古斯丁把爱的对象分四大类：（1）上面之物；（2）我们；（3）与我们同等之物；（4）在下之物。我们用不着为次项和末项操心，因为人人都会爱自己和自己的身体。然而我们却被召唤去爱上帝和爱邻舍。[④]

六、爱：上帝与邻舍

奥古斯丁说：“超越一切之至高的善是上帝。他是不变更之善，真正的永恒，真正的不朽。一切美好事物都是以他为本源，却不是他的一部分。”[⑤] 至高的善是上帝，而一切内在于世界的善都被相对化了，并且伏在至善之下。不单如此，这项原则更为个人和具体的伦理抉择留下空间。因此有学者认为它比亚里士多德的中庸（mean）伦理更胜一筹。[⑥]

上帝是圆善（the Good）而非一善（a good）而已，因此我们必须以无条件的爱爱他。我们对他的爱，应是“无量”的爱、舍己的

---

① Harrison，*Augustine*，P. 94－95.

② Rist，*Augustine*，P. 177.

③ Augustine，*Epistulate* 10. *Tr*. 7.8. 转引自 Harrison，*Augustine*，P. 94.

④ James A. Mohler，*Late Have I Loved You*：*An Interpretation of Saint Augustine on Human and Divine Relationships*（New York：New City Press，1991），P. 46.

⑤ Augustine，“The Nature of the Good Against the Manichees，” i. 引文是按以下作翻译：Augustine，“The Nature of the Good” in *Augustine*：*Later Works*，P. 324－348.

⑥ Muhlenberg，“From Early Christian Morality to Theological Ethics，” P. 213.

爱。当然，世间上没有有限的善配得我们舍己。不过我们所面对的是绝对的善，得着它就得着一切。然而若要同时拥有自己，又拥有至善，不单不可能，更适得其反，因为有限的善只会使人转离绝对的善。这可追溯至柏拉图的思想，爱美物而非爱上帝会使人偏离对上帝的爱，因为对小善的爱（love of lesser goods）会左右人对大善的爱。是以对上帝的爱必须是全然不在意（gratuitous）的，全然付出自身的爱，方才得着全然的回馈，安稳地拥有圆善。如此的爱就是称为仁爱的爱。仁爱非单在道德生命中占重要一环而已，它本身就是道德生命。全然实现对上帝的爱，也就是过着全然实在的道德生活，因为凡所作的尽都出自仁爱。①

奥古斯丁与清心寡欲、被动的苦修划清界线。他认为爱是主动的，是移动和行动的原理。仁爱既然是爱，因此我们必须安顿它，让它以善行和成效扩展。再者，圣经明言上帝是仁爱（拉丁文 *Deus caritas est*，God is love），而道德生活也是仁爱，因此上帝必然内在于我们。按仁爱而活是指我们移向上帝，即移向仁爱；也指现在拥有仁爱作为未来福乐的保证，亦即拥有上帝的保证。仁爱不单是得着上帝的途径，也是上帝在人之内运行。仁爱是保证，并且超于保证，因为上帝绝对不会放弃其订金。我们现在若有仁爱（charity），将来更要得着仁爱自身（Charity itself），这一切纯然出自上帝的恩典。②

奥古斯丁认为在我们生命的实况中，我们有多种爱，可是这些爱都不能引致公义或其他德行。若非我们爱上帝，我们不会是公义、智慧或节制的人。不过我们应从那里得着此爱？每当奥古斯丁描述善的生活（good life）的目标，他多采用“黏（glued）于上帝”、“在爱中连合（cleaved）于上帝”、“享受上帝”、或享受各种形式的快乐。一般而言，人享受某些事物，是基于人认定善内在于这些事物，而不是从事物的指涉，寻索事物之外的善之源。享受事物对柏拉图而言，犯了道德上的“错误”（mistake），因为误把“某些美丽

---

① Gilson，*The Christian Philosophy of Saint Augustine*，P. 138－140.

② 同上，P. 141－142。

的东西”等同美丽自身（Beauty itself）。[①]这是奥古斯丁衷心赞同的。

不过问题来了，若爱自己有碍爱上帝，那么爱邻舍岂非也妨碍爱上帝？如前述，奥古斯丁分辨按其自身之爱与按他物之爱。前者方算为爱。那么后者又如何？奥古斯丁遂进而辨别享受（拉丁文 *frui*，enjoyed）与享用（拉丁文 *uti*，used）。“有些东西是为（给我们）享受的，别的是为享用的，另有些是既享受亦享用的。享受当享受的东西叫我们蒙福。享用当享用的东西帮助和支持我们，叫我们向蒙福进发……”[②]我们当享受上帝，并为了享受上帝的缘故享用他物。不过爱邻舍又如何？奥古斯丁认为唯有上帝才是我们享受的对象，因此我们应当享用邻舍，这宣言叫人哗然，引来不少学者口诛笔伐。

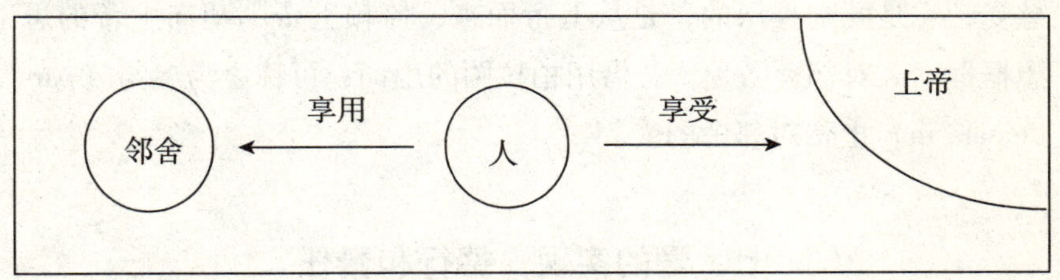

图 2.10　享用与享受之别

不过这是一场不必要的误会。评者多把康德的途径与目的（means and ends）的区分加诸奥古斯丁的立论，遂误会奥古斯丁倡议爱邻舍本身并没有独立价值，一切价值全在上帝那里，于是把爱邻舍化约为爱上帝的途径。其实奥古斯丁所关注的，是人颠倒本末，享受那当享用的，和享用那当享受的。究竟奥古斯丁如何运用“享用”一词的呢？他指出人当“享用”基督以寻求在上帝之内的福，而上帝借着基督使他自己“有用”于人。上帝在基督里的启示正显示这两方面的“用”。因此爱邻舍就是效法基督的爱，享用邻舍是为了上帝的缘故期盼对方蒙福，并帮助对方实现其真正目的（true

---

① Rist, *Augustine*, P. 159 – 162.

② Augustine, *On Christian Doctrine*, I, III, 3. 引文是按以下作翻译：Saint Augustine, *On Christian Doctrine*, trans. with an Intro. by D. W. Robertson, Jr. （Indianapolis: Bobb-Merrill Educational Publ., 1979）.

end)。因此享用邻舍与尊重对方，喜悦对方，丝毫没有冲突。对奥古斯丁而言，这才是适切地善待对方之道。[①]

到了晚年，他丢弃“享用”一词，倡议“在上帝里享受邻舍”(enjoying one's neighbor in God)。“在上帝里享受”遂成为成就人之目的之一，而人之目的就是要享受父、子、灵的上帝。[②]

奥古斯丁从柏拉图式对上帝的纯爱开始，然而爱邻舍的诫命使他对爱作更全面的反省，使他认定唯有人“在主里被爱”，其价值才得以肯定。若按人赋予事物的市场价值，马匹的价格往往比奴隶高。不过上帝为自然界赋予价值，使之成为具等级的自然秩序。在上帝眼中每人都有同等价值，人当“在上帝里爱”他的弟兄姐妹。[③]

爱是一种上帝的感召。所谓感召并非纯然感受而已。它有别于感受，它是既阔且深的，是从上帝而来、倚赖上帝、朝向上帝的思想框框。人对邻舍的爱，若借用柏拉图的用词，可称之为参与（participate in）上帝对邻舍的爱。[④]

七、爱的实现：德行和责任

前述奥古斯丁的伦理是爱的伦理，而爱必须具一定的理序，不可混淆仁爱和欲求，也不可颠倒享受和享用。奥古斯丁指出“对德行的简洁而真确的定义，是‘正确理序的爱（rightly ordered love)’。”[⑤] 人当定意爱那当爱的，这就是德行了。人的行动取决于其意志，而意志的质素是取决于爱的质素。感情自身无所谓好与坏，全在乎人的意图。因此有所谓正义的忿怒、合理的怜悯、锻炼的惧怕、圣洁的欲求，全视乎引发它们的爱。正如这些感情可从爱而出，同理，一切德行都以爱修正感情，并且把它们导向合宜的目的

---

① Helmut David Baer, “The Fruit of Charity: Using the Neighbor in *De doctrina christiana*,” *Journal of Religious Ethics* 24: 1 (Spring 1996), P. 50–63.

② Rist, *Augustine*, P. 165.

③ 同上，P. 166–167。

④ 同上，P. 167–168。

⑤ Augustine, *City of God*, XV, P. 22.

(lawful end)。①

简而言之，“德行是对上帝完备的爱”。传统的四枢德在奥古斯丁手中变成这完备的爱的四种形式：“节制（temperance）是把自己全然付出给所爱者的爱，勇气（fortitude）是乐意为所爱者承担一切的爱，公义（justice）是单服侍所爱者的爱，明智（prudence）是以睿智分辨阻力与助力的爱。”②如此为德行下定义，也意味着为德行的性质和角色定下道德原则或准绳。这基准就是具正确形态和导向的爱。③

对奥古斯丁而言，自然界的一切都是善的，善的败坏或善的亏缺才是恶。上帝创造的自然界，内中万物具不同程度的度量、形相和秩序：其中有大的，是为大善；有小的，是为小善；没有的，则为不善。缺德（vice）作为德行之所对，是放弃大善，转投小善。它并非指追求邪恶的人性，而是放弃追求潜能上更佳的人性。④

当然意志的抉择极其重要，可惜人脱离了义的范围，成为罪的奴仆，因此人的意志在价值取舍中，往往未能放弃短暂之善，从而选取永恒之善。奥古斯丁晚年认为就算人有德行，那只不过是“异教者的德行（pagan virtues）”，亦即没有恩典辅助的德行，因此无法达到真正的道德目的。尽管人能作客观上对的事情，产生正确的事态，可是主观而言，倘若该行动并非在主里作，或说不是在寻求上帝中而作，则构成了缺德。因为唯有倚仗恩典的行动才具救赎性。⑤可见奥古斯丁的德行观，极重意志的动机，并且有赖恩典的承托，是建基在神学上的。

既然人堕落罪中，人须要医治灵魂的药物，好使人恢复健康。奥古斯丁处方的药物就是权威（authority）。权威的角色是要预备理性，分辨真理与虚谎，而理性的运用则能引至知识和理解。这权威

---

① Gilson, *The Christian Philosophy of Saint Augustine*, P. 135-136.

② Augustine, *Of the Morals of the Catholic Church*, P. 15, P. 25.

③ Carney, “The Structure of Augustine's Ethic,” P. 13.

④ Carney, “The Structure of Augustine's Ethic,” P. 15-16. 这里的讨论主要基于奥古斯丁的 *On the Morals of the Catholic Church*.

⑤ Rist, *Augustine*, P. 170-172.

所颁布的内容是十诫，广言之是命令、律例和典章，这些皆与理性一致。上帝所颁布的，便成为人的责任（obligation）。遵从上帝的诫命，有助恢复人的德行，并使人能重新对价值产生正确的理解和欣赏。因此在奥古斯丁的思想中，责任、德行、价值三者彼此紧扣。①

从奥古斯丁的中期作品《论说谎》的分析，可知他的论证是基于以下的原则：（1）义务原则（deontological principle）：人之所行是否合乎道德，端乎是否合于上帝的旨意。其中不单涉及遵从与不遵从的分野，更关乎人性之实现（拉丁文 *humanum*），人之整全性（wholeness）。这是建基于指向上帝的爱，和渴求按上帝那神圣和要求真理的旨意而活。人的整全性，是指人的灵魂，从堕落的可悲状况中康复过来，参与朝圣之旅。因此可视之为德行的目的论（a teleology of virtue）。其中责任的义务论（deontology）的角色尤重。（2）后果论（consequentialism）：奥古斯丁认为说谎在地上带来的效益，与失去永生的沉重代价，实在无法相提并论。失去永生是因为说谎违反上帝旨意，故下结论绝不可说谎。（3）奥古斯丁指出我们活在一真理的理序之中。说谎违反了我们活在其中的真理，不过奥古斯丁却不常采用这论证。可见奥古斯丁的责任概念基本上系于义务或目的之理解。②

到了后期《反对说谎》的两立论均属义务论：（1）以谎话来达至真理，此举内含矛盾；（2）某些行动如说谎具内在的恶，是绝对不可行的。因此尽管异端对教会伤害甚深，亦千万不可以谎言来测试异端人士。可见当涉及内在矛盾或内在的罪，奥古斯丁拒绝采取责任目的论（teleology of obligation）的立场，更严重的后果也不能取缔责任的义务论。换言之，在说谎一事上，不能因着爱的原故，放下真理原则，或有所妥协。③

在他的晚期作品《上帝之城》中，天上之城的成员在地上是朝

---

① Carney, "The Structure of Augustine's Ethic," P. 15 – 16. 这里的讨论主要基于奥古斯丁的 *On True Religion*.

② 同上," P. 17 – 20。这里的讨论主要基于奥古斯丁的 *On Lying*.

③ 同上," P. 20 – 23。这里的讨论主要基于奥古斯丁的 *Against Lying*.

圣者，与地上之城的成员混杂，却选择按圣灵而非按肉体而活。真德行是参与朝圣之旅，按上帝心意而活。若缺乏真敬虔，则不能具德行。当然地上之城也有德行可言，这种德行虽然可得到人的许誉，不过若然不能把人的心思带回上帝那里，则算不上德行，徒令人高傲而已。此种德行观兼备关系性和目的性。它具关系性，因为是对上帝之城的委身；它具目的性，因为在朝圣历程中，人被塑造，达至丰富的生命。①

至于人的责任，奥古斯丁从义务论作评断。行动之正误并非在于目的之整体善与恶，也非视乎对事情的结果的合理推断，而是按行动自身是否公义，尊重人的权利，顺服正当的权柄或适当的法律。无疑奥古斯丁认同行动之误是基于违背上帝的旨意，他却没有从神旨理论作行动正误的定准，其立论是建基于一般性的道德秩序，相信这是他与罗马思想对话之故。至于德行与责任的关系，奥古斯丁认为忠心尽责是德行，犯罪往往是转离德行，而德行和责任二者可兼用于评价人的行为，因为德行不单涉及个人，也涉及其行动。例如遵从（obedience）兼具德行和责任两面。②至于价值方面，奥古斯丁保持他的一贯思想，分辨低等与高等价值，并享受上帝与享用他物之分别。③

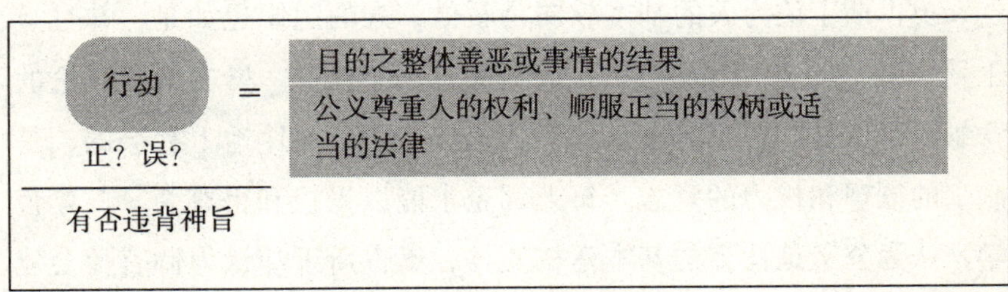

图 2.12　行动之正误

最后，在信、望、爱中，奥古斯丁以爱为主。他说："至于爱，……它的度量（measure）在人之内愈大，有爱居于其内的那人

---

① Carney, "The Structure of Augustine's Ethic," P. 23 –24。这里的讨论主要基于奥古斯丁的 *City of God*.

② 同上，P. 24 –27。

③ 同上，P. 27 –28。

就愈善。若问此人是否善，并非询问此人信些什么，或有何盼望，却问这人爱什么。那爱得正确的人之信和望，无疑是正确的。可是那缺乏爱的人，无论这人的信念有多真，其信也是枉然的；就是这人所盼望的实在带来真快乐，其盼望也是枉然的，……。”①

八、社会伦理：平安

一般而言，奥古斯丁的伦理，不单适用于个人，也适用于社会。人具社会性的特质，因此人需要群居生活。爱作为伦理的核心，对个人和社会皆适合。他把社会区分如下：

> 可见两个城市是经由两种爱创造的：地上之城是由爱自己以致厌恶上帝造成，天上之城是由爱上帝以致厌恶自己造成。事实上，地上之城荣耀自己，天上之城荣耀上帝。……前者的欲望是制宰操控君主和屈从的国家，后者则对具权柄的与伏在其下的都以爱彼此服事，……②

奥古斯丁认为人的基本软弱是骄傲，人的组织也如是，并且显于爱权力、贪婪，以及把私人范围提升高于社群。奥古斯丁立论的背景，可说是针对当时显赫权贵的家族斗争。充斥地上社会的，是制宰的欲望和权力的意志。每人都企求能以操控和得尊荣。古典哲学家认为公义是社会的基本建构支柱，奥古斯丁却认为倘若社会建制显出公义，纯属意外，只是达到目的之手段而已。恐惧和贪婪是地上社会的推动力，背后所显示的是骄横跋扈。③如他所言：“骄傲是根

---

① Augustine, *The Enchiridion of Faith, Hope, and Love*, CXVII. 引文是按以下作翻译：Saint Augustine, *The Enchiridion of Faith, Hope, and Love*, ed. With a new introduction by Henry Paolucci. With an analysis and historical appraisal by Adolph von Harnack. A Gateway Edition (Washington: Regnery Gateway, 1961).

② Augustine, *City of God*, XIV, P. 28.

③ Rist, *Augustine*, P. 217 - 221.

恶在上帝之下的平等相交，却寻求制宰同侪，以取代上帝的管治。"[①]

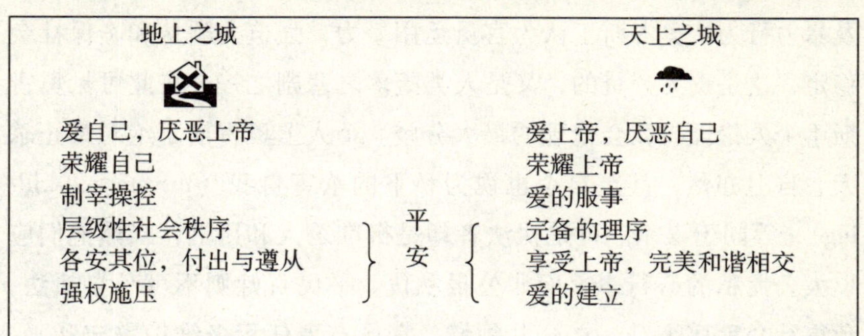

图 2.13　地上与天上之城的伦理

奥古斯丁认为社会以至家庭都是在层级性社会架构之内。层级性社会的目标是平安。平安串连个人和社会，地上与天上之城。他说：

> 身体和灵魂的平安是活物具理序的生活和健康；短暂的人与上帝之间的平安是具理序的顺从，…………；人与人之间的平安是心思与心思具理序的契约；家庭中的平安是一起生活的成员付出和遵从吩咐；天上之城的平安是完备的理序和在享受上帝中完美和谐的相交；宇宙的平安是安宁之理序（tranquility of order）。[②]

理想而言，这平安是由爱的关系所建立，可是在现实上，却须借着强权施压。纵然如此，犯罪堕落的人仍自然地渴求平安，虽然真正的平安，只能来自降服于上帝的旨意和爱之下。地上之城所渴求的平安和秩序，是经由征服赢取的，是专权者以武力加诸其子民的。然而按上帝的本性，他能使恶达至成就善的目的。因此地上之城的平安，也能为人带来某些好处。人不应当改革不良的体制，少许变更倒还可容许。可见奥古斯丁甚为现实，丝毫没有把基督教国度神圣化，对信徒作君王也不存奢望。[③]

---

① Augustine, *City of God*, XIX, P. 12.

② 同上，P. 13。

③ Rist, *Augustine*, P. 210 – 213, P. 224 – 228, P. 233.

社会组织是为“地上的平安”、和谐、公义而设，执法时难免涉及暴力行为。奥古斯丁认为官员运用暴力，强迫人顺从和确保社会稳定，这是责无旁贷的，又是人类堕落之悲剧之一。在此可见奥古斯丁个人伦理与社会伦理的最大分歧。个人上奥古斯丁绝对禁止杀人，自卫亦然，甚至自杀也视为私下的杀害自我（private self-killing），等同于谋杀。可是执法者却是御准杀人和用刑，当然他们应以大公无私的心行事，而非公报私仇。平民百姓则不可私自执法，免得社会秩序大乱。在公共领域，官员有责任积极维护安定和平。严厉执法少不免误杀无辜，奥古斯丁认为严刑峻法纵然会导致遗憾和忧愁，却不致懊悔。上级的命令，甚或违反常规，也当遵行。[①]

九、结　论

奥古斯丁从人类追寻福乐入手，指出拥有或得着上帝是福乐之匙。福乐是真理所产的喜乐，认识真理也就是拥有真理，爱真理。爱真理涉及人的意志。奥古斯丁指出人的意志是自由的，却不是释放的。它脱离了义的范围，却成为罪的奴仆。因此有赖上帝的恩典医治我们意志的软弱，使人恢复自由的意志爱上帝。

爱是奥古斯丁伦理思想的核心概念。人当以仁爱之爱来爱上帝，而非以欲求之爱来爱短暂之物。这两种爱都是按所爱的对象自身爱之，而非因爱他物而爱所爱的对象。不过仁爱之爱既以上帝为对象，则不会像欲求之爱可以失去，并且会引发争斗。基督徒成全完备的过程，是从欲求到仁爱的转换之过程。人必须全然付出自身来爱上帝，方能安稳地拥有圆善，如此才配称为仁爱的爱，而实践仁爱本身构成了人的道德生命。爱上帝有别于爱邻舍，前者是享受上帝，后者是享用邻舍，即效法基督的爱，为上帝的缘故期盼对方蒙福，并帮助对方实现其真正目的；也可说在上帝里享受邻舍。

---

① Rist, *Augustine*, P. 228 –236。奥古斯丁认为甚至被奸也不可自杀，不过他亦知道教会容许自杀以保贞洁，他的出路如下：参孙之自杀是出自上帝的命令，容许暂且悬搁一般性规则。

德行就是为爱赋予正确的理序，爱那所当爱的。然而若没有恩典的辅助，德行也无法达到真正的道德目的，因为所作的行动不会是在寻求上帝之中进行。上帝的诫命有助恢复人的德行，重塑人的价值，因此责任、德行、价值三者相互串连。奥古斯丁晚年从朝圣历程看德行，着重德行的关系性和目的性：对上帝之城委身的关系，及塑造人达至丰富生命的目的。人的责任则从义务论作评断，看看是否有违一般性的道德秩序。

奥古斯丁贯彻爱的主题，作为社会伦理的建构。他分辨爱自己以致厌恶上帝的地上之城，以及爱上帝以致厌恶自己的天上之城。前者的特色是制宰的欲望和骄傲，后者的特色则是彼此服事。层级性社会的目标是平安，这也是人心之所向，纵然这平安是以暴易暴换来的。上帝却能借恶以成善，因此人不应改革制度。官员应大公无私，执法时可运用暴力，强迫人顺从和确保稳定，误杀无辜也可接受。这社会伦理与他绝对禁止私下杀人的个人伦理，构成一大鸿沟。可见安定和平在他的社会伦理中，占极高地位。我们可以说，仁爱是奥古斯丁个人伦理的主导价值，和平却是他社会伦理的主导价值。仁爱与和平，在现实当中，未必能以兼容。他否定对制度之改革，亦为不少人所诟病。

奥古斯丁的伦理，属感召伦理，结合了福乐、意志、真理、仁爱、德行、责任、价值和行动，也涉及神学上论上帝、创造、人、罪、恩典等课题。伦理在他的神学中，占一重要席位。他的影响包括对人道德敏锐力的肯定，客观道德秩序之确认，对人间德行之审慎评估，对爱的精细分辨和对信徒道德转化的盼望。他对事情的考虑，往往既非全然肯定，也非全然否定，对德行之评议便是一例。

虽然他的伦理不无弱点，他的伦理却非单单作为行动之是非对错的评估，而是对生命的探求和反省，寻索如何以天上之城之民的身份，在地上生活，心灵同时却走向那永恒的终极。仿似“身在曹营心在汉”，实在却是“身在凡尘心在天”，因为上帝作为真与善的本体，感召他，吸引他。

十、阅读指引

甲、生平

1. Henry Chadwick, *Augustine* (Oxford, 1986).
2. Peter Brown, *Augustine of Hippo* (London , 1967).

乙、读本

1. N. R. Needham, *The Triumph of Grace: Augustine's Writings on Salvation* (London Grace Publications Trust, 2000).

2. *Augustine: Earlier Writings*, selected and translated with Introductions by John H. S. Burleigh. The Library of Christian Classics: Ichthus edition (Philadelphia: Westminster Press, 1953).

3. *Augustine: Later Works*, selected and translated with Introductions by John Burnaby. The Library of Christian Classics: Ichthus edition (Philadelphia: Westminster Press, 1955).

丙、原著研读

1. Saint Augustine, *Confessions*, trans. with an Introduction and Notes by Henry Chadwick (Oxford: Oxford University Press, 1991).

2. Saint Augustine, *The Enchiridion of Faith, Hope, and Love*, ed. With a new introduction by Henry Paolucci. With an analysis and historical appraisal by Adolph von Harnack. A Gateway Edition (Washington: Regnery Gateway, 1961).

丁、关于奥古斯丁伦理的讨论

1. William S. Babcock ed., *The Ethics of St. Augustine*, JRE Studies in Religious Ethics, 3 (Atlanta: Scholars Press, 1991).

2. Bonnie Kent," Augustine's Ethies," in *The Cambridge Companion to Augustine*, ed. by Eleonore Stump and Norman Kretzmann (New York and Cambridge: cambridge University Press, 2001) P. 205 - 233.

第三章
阿奎那：恩典和理性

一、引言：亚里士多德思想的位置

托马斯·阿奎那（Thomas Aquinas，1225－1274）的伦理理论，主要载于他的《神学大全》[①]第二集（上、下）和《驳异大全》[②]第三部。阿奎那的伦理思想，是建基于亚里士多德（Aristotle，公元前384－前322）的伦理思想来发展的。当然，阿奎那认为若然没有上帝的启示，对于人生的目的以及人类至高的善等问题，人只能有不完备和不全相称的知识。阿奎那从信仰的立场出发，认为人性受原罪的影响，不能实践人内心之所是。亚里士多德的福乐是在今生获取的，阿奎那却认为真正的福乐属来生的事。另外，阿奎那的上帝是具位格的，有别于亚里士多德的上帝观。[③]阿奎那的伦理，并不是亚里士多德伦理的补充、修正和延伸，却是把亚里士多德的哲学，纳入其神学体系中。

本章取奥马尔（Thomas O' Meara）的立场，从多明各会（Dominican）学者的角度理解阿奎那，视阿奎那的伦理为其神学人论（theological anthropology）的展释。这人观是基于恩典与自然并

---

① St. Thomas Aquinas, *Summa Theologica* (A Summary of Theology), Complete English edition in five volumes, trans. Fathers of the English Dominican Province (Allen: Christian Classics, 1981).

② Saint Thomas Aquinas, *Summa contra Gentiles* ('A Summary against the Pagans'; more correctly entitled *Liber de Veritate Catholicae Fidei contra Errores Infidelium*, 'Treatise on the Truth of the Catholic Faith against the Errors of Unbelievers'), 5 vols. (Notre Dame: University of Notre Dame Press, 1975).

③ 参刘锦昌：〈多玛斯的神学伦理学〉，《神学与教会》，第25卷，第1期（1999年12月），P. 183－187。

进，亚里士多德的心理学（自然）与恩典作为外在的帮助，构成阿奎那神学伦理学的两项主导原则。德行并非阿奎那伦理思想的一切，反之，德行必须置于恩典的场境中理解，而阿奎那的德行观是神学性的，是以恩典作为特殊的生命原理。阿奎那以德行为焦点的神学伦理学，是从恩典作为神圣的临在作基础，从而衍生出来的。①

阿奎那思想的立场，是认定在自然秩序之外，存在一超自然秩序。就是自然秩序也是倚赖上帝的，上帝创造了世界，并且维系它的存在和活动，故有别于亚里士多德的宇宙观。超自然的领域是在人认知以外，有待上帝向人启示。此领域包括恩典，作为上帝拯救人类的礼物。恩典并不废除自然，却加诸其上。②自然与超自然虽有别，却非截然分割，互不相干。对阿奎那而言，人的自然本性从起始就受超自然所融合，被导向一超自然的终极。因此二者并非对立，反之，自然缺乏了超自然，便不是自然了。③

鉴于阿奎那神学伦理的思想极其博大，与他的神学思想甚多重叠，故以两章分述，免得走马看花，搔不到痒处。本章介绍他的伦理座落的神学框架、伦理起点、意志、行动和激情理论，这数项元素构成他的神学伦理学基础。

二、伦理的背景：阿奎那的思想框架

阿奎那的伦理④，是座落在神学之内的。故得先交待他的神学架构。他的《神学大全》分三集：第一集（*Prima pars*）以上帝为起始

---

① Thomas F. O' Meara, "Virtues in the Theology of Thomas Aquinas," *Theological Studies* 58: 2 (June 1997): P. 254 - 263.

② William P. Baumgarth and Richard J. Regan, "Introduction," in *On Law*, *Morality*, *and Politics*, by St. Thomas Aquinas, ed. by William P. Baumgarth and Richard J. Regan (Indianapolis: Hackett Publ. Co., 1988), xviii.

③ 吴智勋：〈自然律伦理探究〉，《神学年刊》，第七期，P. 32 - 33。

④ 亚里士多德的"伦理"（*ēthika*），本身具"与品格有关之事"（matters related to character）的含义。（Jonathan Barnes, "Aristotle," in *Greek Philosophers*: *Socrates*, *Plato*, *Aristotle*, by C. C. W. Taylor, R. M. Hare and Jonathan Barnes (Oxford: Oxford UP, 1999), P. 288.）

点，论上帝以及从上帝而出的被造物，或说上帝的创造；第二集（*Seconda pars*）论理性的被造物回归上帝；第三集（*Tertia pars*）论基督和圣礼，作为前往上帝的途径。

第一集与第二集具平衡作用。前者考究上帝，以及从上帝理智和意志而出的万物，后者审察人作为按上帝形象的被造物，以及从人的理智和意志而出的行动。作为一个位格者（person），按上帝的形像被造，就是以自由和理智行动，这是人之为人行动的原理。故吉尔松（Etienne Gilson）指出："正如上帝创造世界，人建构自身的生命。"①

第二集第一册的内容，关乎人性和操行（conduct）：人类生命的目的、人的行动、感情、习性、律法和恩典。第二集第二册的内容，则涉及道德的特殊考量，包括恩典注入（grace-infused）的神学德行：信心（faith）、盼望（hope）、仁爱（charity）。恩典是建立信徒道德生命的唯一途径，而希腊传统的四枢德②：明智（prudence）、公义（justice）、勇敢（courage）、节制（temperance），都有赖恩典得以完备。第三集继续人朝向上帝的动向，以救主耶稣基督作为中介，并附以圣礼之助，圣礼乃是恩典的工具因（instrumental cause）。③

伦理是实践性知识，亦即亚里士多德意义下的"科学"，意即它所处理的，是对人的一般性行为作反省，而不是对一个个体道德抉择的挣扎，提供具体和特殊的建议。实践性的道德选择是经由明智的德行导引，而非由神学之道。伦理为人的日常生活和活动，提供导向上帝的一般性秩序。因此伦理并不能被约化为对上帝律法的知

---

① Stephen J. Pope, "Overview of the Ethics of Thomas Aquinas," in *The Ethics of Aquinas*, ed. Stephen J. Pope (Washington, D. C.: Georgetown University Press, 2002), P. 31, 转引自 Ignatius Eschmann, *The Ethics of St. Thomas Aquinas*, ed. Edward Synan (Toronto: Pontifical Institute of Pontifical Institute of Medieval Studies, 1997), P. 160, 再转引自 Etienne Gilson, *L'Espirit de la philosophie médiévale* (Parid: Vrin, 1948), P. 173。

② 亚里士多德的"德行"（*aretē*），本身具"善"（goodness）或"优异"（excellence）的含义。他用此字来形容论证、斧头和人。人的与德行只有间接的串联。（Jonathan Barnes, "Aristotle," in *Greek Philosophers*: *Socrates*, *Plato*, *Aristotle*, by C. C. W. Taylor, R. M. Hare and Jonathan Barnes (Oxford: Oxford UP, 1999), P. 288.)

③ Pope, "Overview of the Ethics of Thomas Aquinas", P. 31.

识。它是一种智慧，使人与慈父上帝的友谊，得以进深。当然实践行动的内在能动性，本就是指向默观的爱（contemplative love），这是阿奎那的神学伦理学的恒常目标。[①]

三、伦理的起点：福乐主义

阿奎那以亚理士多德的福乐[②]（happiness）观，作为他伦理思考的起始点。不过他的伦理终点却是蒙福的晤见上帝（beatific vision of God），遂有别于亚理士多德。[③]二人的起始点都是“从在舞台上的人，对行动、作事、抉择、好人与坏人作反省”[④]，并以行动的目的性为前设。意即人在理智（intellect）的指导下，出自意志（will）的行为，都是具目的的活动。万物都欲求（desire）满足自身的完备（perfection）为其目的，人也不例外。阿奎那认为人的终极目的是福乐，这是一切人所欲求的，至于什么东西能满足这欲求，各人意见却未尽相同。[⑤]

人既寻求自身的完备，达至自身的目的，正显示了人本身的匮乏。道德的起始，是人意识到自身的不完整（complete），与整全（whole）相距还远。人未能成为人所能以成为者（We are not all we can be）。道德始自内心对善的欲求，一种不能止息的激情（passion），欲求那能以充满心灵，使灵魂得安息者。故对阿奎那而言，

---

① Pope，“Overview of the Ethics of Thomas Aquinas”，P. 32.

② 这里把希腊文的“eudaimmona”译作“福乐”而非“快乐”，为免误会。一般英语都会翻作“快乐”，可是在亚里士多德的用语中，此字并不是指一种快乐的心灵状态，而是指兴盛（flourish）或成功（success in life），因此与快乐的串联是间接的。（Jonathan Barnes，“Aristotle，” in *Greek Philosophers*：*Socrates*，*Plato*，*Aristotle*，by C. C. W. Taylor，R. M. Hare and Jonathan Barnes（Oxford：Oxford UP，1999），P. 288－289.）

③ F. C. Copleston，*Aquinas*（New York：Penguin Books，1955），P. 200.

④ Ralph McInerny，*Ethica Thomistica*：*The Moral Philosophy of Thomas Aquinas*（Washington：Catholic University of America，1982），P. 38.

⑤ 《神学大全》，第二集，上册，第1题，第4－8条。McInerny 认为这是实然与应然问题的回应。参 McInerny，*Ethica Thomistica*，P. 36－38.

道德不单是一个成善之旅，也是一个寻索平安的历程。①

尽管各人所寻索的未必相同，不过人所寻索的，都引领人更接近人的至善。每一善都为圆善提供线索，都是全然平安的应许。终极的善与居间的善具一定关系：在终极的善之下，我们才得以正确辨别万物之可爱之处。万物之善是从圆善那里得到其善，因此其善虽然并非完备，却是实在的。②另一方面，“人欲求其终极目的，……其全备和极点的善。……因此必须以终末目的（final end）来满足人的嗜欲（appetite），好叫除它以外，人不再欲求（desire）别的东西。”③

阿奎那进而指出：“福乐就是圆善，能以平息人的嗜欲……。它并不在被造物之内，却唯独在上帝那里，因为一切被造物都因参予得其善（has goodness by participation）。……因此唯有上帝才构成人的福乐。”④

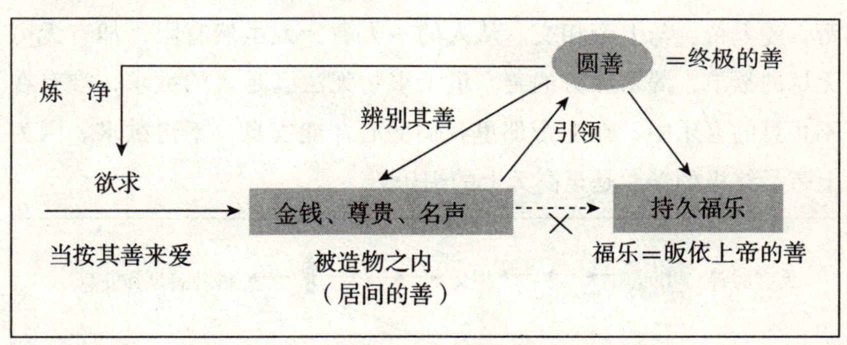

图 3.1　欲求、居间的善与圆善的关系

虽然人的福乐并不在被造物之内，人却往往偏执，以致自我扭曲。阿奎那并不认为福乐是随意追求便唾手可得，或单单满足我们的欲求，反之，福乐包括炼净我们的欲求。若然我们欲求错误的事物，或以错误途径满足所当欲求的，亦属徒然。因此我们得在福乐

① Paul J. Wadell, *The Primacy of Love: An Introduction to the Ethics of Thomas Aquinas* (New York: Paulist Press, 1992), P. 38－39.

② Wadell, *The Primacy of Love*, P. 40－41.

③ 《神学大全》，第二集，上册，第1题，第5条。

④ 同上，第2题，第8条。

上接受教育，栽植正当的欲求。福乐是客观的，因为它孕育最佳的欲求，最高贵和高尚的爱，以得着最大的善。真正快乐的人，是好善之人。金钱、尊贵、名声、荣耀、权柄、快乐都是善。它们虽然有价值，却不能带来持久的福乐平安，我们须按它们的善来爱它们。福乐作为具德行的生活方式，是在这场境下理解的。①

然则为何善人看来未必常享福乐？何以阿奎那认为具德行的人才是真正快乐的人？因为阿奎那认为福乐并非某一心境或情绪，而是灵魂的一项质素（quality）。福乐并非出自人的内心，而是外在于人。人必须拥有它，或说让它塑造人、转化人。福乐是皈依上帝之善。②

可是人与上帝有别，有限的人又何以能拥有上帝，体认此恒久福乐呢？从上帝的一方看，上帝赐予恩典。恩典是上帝爱的礼物，使人得以享受上帝。恩典"提升（elevates）"人，使人能以寻求上帝，爱上帝，与上帝相交。从人的一方看，人虽然有限，却有无穷无尽的欲求，渴求无穷的善。世上事物无法满足人的欲求，唯有在不止息的喜乐中，在上帝那里我们的心才能安息，不再欲求。因为上帝是终极的善，是至高无上的福乐。③

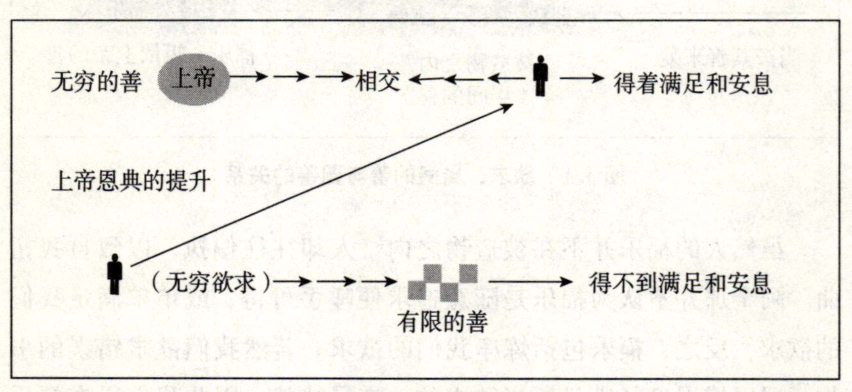

图 3.2　享受恒久福乐之途

那么上帝作为人的福乐又有什么含义？阿奎那认为"至终和完

---

① Wadell, *The Primacy of Love*, P. 46-56.
② 同上，P. 57-59.
③ 同上，P. 60-61.

备的福乐不是别的，乃是晤见神圣的本质（vision of the Divine Essence）。”①或说“若要得着完备的福乐，理智须要达致第一因之本质。其意志须与其对象——上帝联合，才能得着自身之完备。”②可见理智和意志皆扮演重要角色。理智构成一关键性因素，因为人的“理智能以把握（apprehend）普遍和完备的善，而人的意志也能以欲求它”③。“正直的意志（rectitude of the will）为人赋予秩序，叫人朝向最后的目的。……同时当人经历瞻仰神圣的本质，正直的意志使人所爱的一切，全都以爱上帝为依归。”④因此，正直的意志对于福乐而言，同样是决定性因素。下两节将分述理智和意志在伦理中的位置。不过在论述以先，我们须更详细交待阿奎那对善的理解。

善的本质是伦理学的基本问题。阿奎那认为善是一超越（transcendental）的概念，一如存有、真理、合一（unity）等概念。作为一超越概念它具遍在性（ubiquity）和概括性（generality）的特性，适用于任何真实存在的范畴（category of real existence）。⑤

善与存有（being）是可兑换（convertible）的概念。严格而言，“善（goodness）”可用于已完备的存有（perfected being），即其实然与其应然合。例如一支流畅书写的笔可称为善（于书写）的笔。没有规限之善是为完备（to be good without qualification is to be perfect），意即达至此类被造物的种属，最高程度实现的可能性（highest degree of actuality possible）。其次，善可用于一切存在物，因为存在就是在行动或实现中（to be in act），因此必然拥有某程度的完备性。恶必然寄生于（parasitical upon）善，因此没有任何存在物是全然恶的。不过善又不能与存有等同，因为善包括欲求性（desirability），这是存有的概念所不具备的。而万物都在寻求自身之完备。这就是阿奎那对善的概括性理论（general theory of goodness）。⑥

---

① 《神学大全》，第二集，上册，第3题，第8条。

② 同上，第3题，第8条。

③ 同上，第5题，第1条。

④ 同上，第4题，第4条。

⑤ Jean Porter, *The Recovery of Virtue*: *The Relevance of Aquinas for Christian Ethics* (Louisville: Westminster/John Knox, 1990), P. 36.

⑥ 同上，P. 37 -38. 参《神学大全》，第一集，第5及48题。

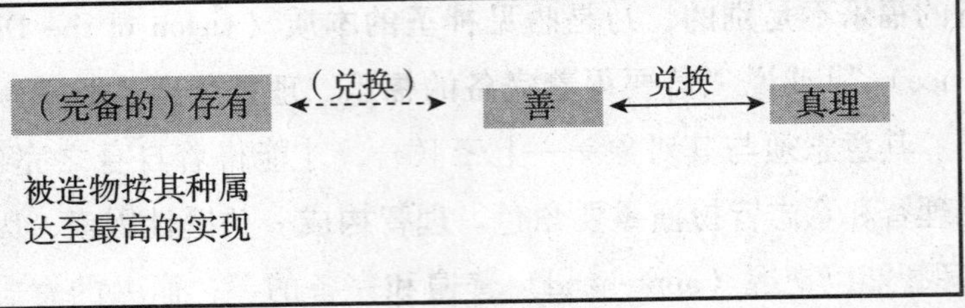

图 3.3　善与可兑换的概念

善与真理（truth）也是可兑换的概念。阿奎那把本体的优先性（ontological priority）赋予真实存在的个体（individuals），意即真实存在的个体而非普遍性的形相（forms）或观念（ideas），才是最具真实性的。故他认为存在先于本质。若然任何被造物要存在，必须存在为某类事物。因此存在的秩序（order of existence）和知识的秩序（order of knowledge）是相互平衡的。种属为事物提供个体化的准绳，在现实（reality）如是，在认知亦然。换言之，有限的存在物必须被规限，才可被体认（conceive）和知觉（perceive）。故若要知某物存在，起码必须知它为何物。当此知识得以完备，则可按其种属知此物之善是什么。①

四、伦理的主体：向善的意志

意志在奥古斯丁的伦理体系中占着不可替代的地位。在阿奎那的伦理系统中又如何？究竟阿奎那如何理解意志？意志与理智的关系如何？意志自由与否？本节尝试回答这些问题。

甲、意志：理性的嗜欲

阿奎那指出：

---

① *Jean Porter*，*The Recovery of Virtue*，P. 38－40. 参《神学大全》，第一集，第 3 题，第 4 条；第 5 题，第 5 条；第 16 题，第 4 条；第 50 题，第 2 条及第 85 题，第 3 条。

> 人与非理性动物之别，在于人是其行动的主宰（拉丁文*dominium*）。……人借理性和意志主宰其行动。因此自由意志（free will）可定义为理性的能力和意志（the faculty and will of reason）。因此唯有出自人考量意志（deliberate will）的行动，才当算是发自人本身的行动（human actions）。若人有别的行动，它们可称为一个人的行动（actions of a man [sic]），却不能算是发自人本身的行动，因为并非专属人之为人的行动。①

阿奎那分辨两种行动：发自人本身的行动（拉丁文*actus humani*，human acts）和一个人的行动（拉丁文*actus hominis*，acts of a human being）。前者是指归究于人作为施动者或行动主体的行动，即在人的理智指使、意志推动下所产生的行动。后者只是出自人，却不是人以自身为施动者或行动主体所产的行动，或说并非出自人之为人（拉丁文*qua*，human）的行动，亦即并非经由道德意志产生的行动，例如出自条件反射行动②，像搔痒、遇灼热时缩手、风沙吹来时闭目等。

换言之，理性和意志既是人类独有的功能，唯有出自意愿和所知（willingly and knowingly）的行动，或说人类能以自我控制的行动，方能算是属于人的行动。按这分界，单单发自人本身的行动才有道德秩序可言。③可见意志在其中扮演举足轻重的角色。

出自人本身的行动是人能自己主宰的行动，因此是意志的活动。人能以主宰的行动，是人有选择，可以采取不同的行动，又或不采取任何行动。如此就与动物的本能性行动，亦即必然如此或不得不如此行的行动，成为强烈对比。纵然如此，也有某些行动未必直接出自人的意志，例如散步是出自转位的身体行动，幻想和回忆是出自理智的行动。这些都不属于意志的领域。不过这些力量的运作，

---

① 《神学大全》，第二集，上册，第1题，第1条。

② 参刘锦昌：《多玛斯的神学伦理学》，P. 197。

③ Ralph McInerny, "Ethics," in The Cambridge Companion to Aquinas, ed. Norman Kretzmann and Eleonore Stump (Cambridge: Cambridge University Press, 1993), P. 196 – 197. 阿奎那分辨两种行动，实际上借用了亚里士多德的共量性的普遍性特性（commensurately universal property），而缺乏此特性的行动，就算是出自人的，而非动物所作的，仍算不上具有发自人本身的行动的地位。

也是出自意志的，因为是意志选择是否去散步或进行幻想。[①]

让我们把意志置于更广的脉络，交待阿奎那论人的结构。他认为人是心灵和身体的结合。人的心灵（希腊文 *nous*，spirit）具三向度（dimension）的灵魂（希腊文 *psychē*，拉丁文 *anima*，soul）：生魂（vegetative soul）；觉魂（sensitive soul）和心魂（spiritual soul）。当然人只有一个魂。

生魂具生机功能（vital-biological or vegetative faculties），即植物能发挥的功能，包括吸取营养（nutrition）、生长（growth）和生殖（reproduction）。

觉魂具感性功能（sensitive faculties），包括五种外感官（exterior senses）：视、听、嗅、尝、触，以及四内感官（interior senses）：统合（拉丁文 *sensus communis*，common sense）、想像（imagination）、估量（estimation）、记忆（memory）。

心魂的功能具理智（拉丁文 *intellectus*，intellect）和意志（拉丁文 *voluntas*，will）的功能。前者称为思辩理性（希腊文 *nous theoretikos* 或希腊文 *to epistemonikon*，theoretical reason），即思想科学的能力（power of scientific thought）；后者称为"实践理性"（希腊文 *dianoia praktike* 或希腊文 *logistikon*，practical reason），即考量的能力（power of deliberation）。思辩理性包括理解（understanding）、判断（judgment）、思考（reasoning）。理智又可进一步区分主动理智（拉丁文 *intellectus agens*，agent intellect or active intellect）和被动理智（passive or possible intellect）。实践理智中正直理智（right intellect）又进一步区分良知（拉丁文 *synderesis*）和良心（拉丁文 *conscientia*，con-

---

① David M. Gallagher, "The Will and Its Acts (Ia IIae, qq. 6 – 17)" in The Ethics of Aquinas, ed. Pope, P. 70.

science）两个层面。①

魂	功能 faculty	分类	力量 power
生魂	生机 vegetative		吸取营养、生长、生殖
觉魂	感性 sensitive	外感官 external senses	视、听、嗅、尝、触
		内感官 internal senses	统合、想像、估量、记忆
心魂	理智 intellectual	思辨理智 speculative intellect	理解、判断、思考
		实践理智 practical intellect	正直理智：良习/良知、良心

表3.1　人三向度的魂

生魂、觉魂和心魂可分别称为生机魂、感性魂和理性魂（拉丁文 *anima rationalis*，rational soul）。死物如石块没有魂，植物只有生机魂，动物有生机魂和感性魂，人三者皆具，或说人具备生机、感性和理性原理。而理性魂或理性原理是人独有的，也构成人生命存在的独特形态。②

理性与意志的关系异常密切。阿奎那认为意志是理性的嗜欲（rational appetite）。这涉及他的一般嗜欲理论（general theory of appetition）。基于经验观察，万物运动与静止的源头，都在万物之内。内在于石头和重物，有的是运动之源，指向某些既定的条件，例如：朝向大地坠下。当它们满足这条件，便会静止。当然这些重物也可以朝其他方向移动，不过这是因为有外来冲力加诸其身上。这内在运动或动向的源头，即此物的内在倾向，是阿奎那所理解的嗜欲。③

---

① 关永中：《知识论（一）——古典思潮》，（台北：五南图书出版公司，2000），P. 249－266。注意“理智”（intellect）与“理性”（reason）在阿奎那而言指同一的智性功能，却因应不同的运作目和目标，被赋予不同名称：因其引申的理解（understanding）活动称为“理智”，因其思考（reasoning）活动称为“理性”。（同上书，P. 331。）主动理智在于孕育反省洞察（reflective insight），肯定真理与否定虚假；被动理智在于对所肯定的真理青示赞同（assent），对所否定的虚假表示不赞同（dissent）。（同上书，P. 310－311。）

② Norman Kretzmann，“Philosophy of Mind，” in *The Cambridge Companion to Aquinas*，ed. Norman Kretzmann and Eleonore Stump（Cambridge：Cambridge University Press，1993），P. 128－133.

③ Gallagher，“The Will and Its Acts（Ia IIae，qq. 6－17）”，P. 70.

在阿奎那的形上学中，有形相的事物都有某种倾向（inclination）。例如火向上及把与它接触之物焚烧。这种基于自然形式（natural form）产生的倾向可称为“自然嗜欲”（natural appetite）。具知识的存有，除了自身的自然形式，也可以接受其他存有的表象（species）。感性能力可接收（receive）可感知物（sensibles）的表象，理性能力则可接收可理解物（intelligibles）的表象。①

人的灵魂具有两种认知的能力：感性的能力和理性或理智的能力。灵魂遂以两种嗜欲倾向其对象，前者称为感性嗜欲（sensitive appetite），后者称为理智嗜欲（intellective appetite）。人饥而欲吃、寒而欲穿的反应，属感性嗜欲或低等嗜欲（lower appetite）。感性嗜欲又可分欲情（concupiscible）和愤情（irascible）两种嗜欲。理性嗜欲亦即意志，即高等嗜欲（higher appetite）。②

灵魂了解外物的能力	相应的嗜欲
感性	低等嗜欲/感性嗜欲：欲情和愤情
理性/理智	高等嗜欲/理性嗜欲 = 意志

表 3.2　人的嗜欲

意志作为理性嗜欲，与感性嗜欲相同，都是存有按其对事物的了解（apprehension），倾向自身的善的能力。嗜欲的本质是朝向人或动物整体之善。不过感性知识只涉及单一事物（singulars），例如约翰·卫斯理这个人，或狮子山上最高的树。理智知识却把握共相（universals），及在共相之形式下的单一事物，诸如“牛”、“羊”、“老师”等。因此意志倾向理性层次定为善的事物。意志的对象之普遍性，尤其是普遍的善（拉丁文 *bonum universale*，*bonum in commune*），也使意志成为对整个人的嗜欲。意志能以整合（integrate）

---

① Etienne Gilson, *The Philosophy of St. Thomas Aquinas* (New York: Dorset Press, no date), P. 284 -285.

② 《神学大全》第二集，上册，第 59 题。Gilson, *The Philosophy of St. Thomas Aquinas*, P. 285 及关永中：《知识论（一）——古典思潮》，P. 340。Gilson 认为欲情是指动物倾向那对它友善和有助它存活的事物。愤情则指动物倾向胜过或主宰那反对或威胁它存在的事物（参见 P. 289）。

灵魂的各种能力，使各项所追求的善都汇聚于人整体的善。[①]

用另一角度解说，阿奎那认为一切出自人本身的行动都以一目的为依归（ordered to an end）。人为了某一目的采取行动，因为人有行动的理因。出自人本身的行动是从理智到意志，是施动者有意识地引导自身前往某一目标。首先，人类的每个行动都以某些善为其目的，这是人类行动的特性（property），是发自理性和意志的。行动的对象，例如伐木、洗碗等构成该行动的相近目的（proximate end），使该行动个体化（individuates it）。而某行动又可进而追溯相近目的之目的，例如伐木为的是预备冬天取暖，如此直追溯至一终极目的。人类的善是内蕴于任何人性行动，使人自身达至完备（perfective of the agent），因此阿奎那认为所有的人都冀求达至同一的终极目的。[②]

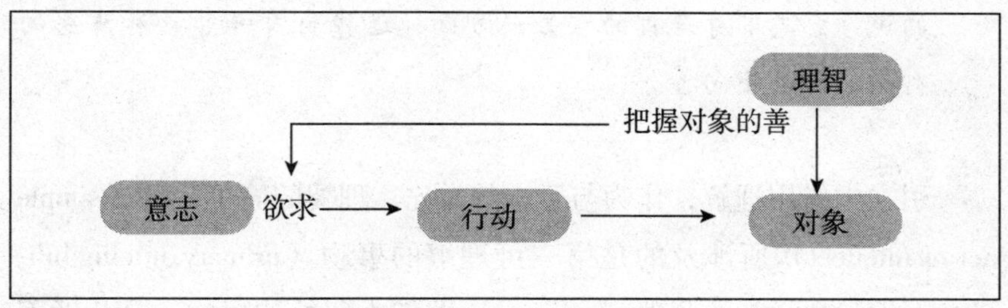

图 3.4　意志与理智的配合

简而言之，阿奎那认为出自意志的行动，都是具目的的活动。意志是指基于理智的把握而有的欲求。意志的对象是善的，意志寻求达至目的。[③]阿奎那说：

> 意志（拉丁文 *voluntas*）一词有指意志的能力（power of the

---

① Gallagher, "The Will and Its Acts (Ia IIae, qq. 6－17)", P. 71.

② 关永中：《知识论（一）——古典思潮》，P. 198－201。阿奎那这论点，与亚里士多德的相近，却又不尽相同。后者认为人类生命的终极目的是福乐，并进而探问人类福乐之真伪准绳，并其足够性与否。（同上引，P. 200。见 Aristotle, Nicomachean Ethics, trans. with introduction and notes by Martin Ostwald (New York: Macmillan Publ. Co., 1962), Book One.）

③ Ralph McInerny, Aquinas on Human Action: A Theory of Practice (Washington: Catholic University of America Press, 1992), P. 55－56.

will)，有指其行动（act）。若以意志为一能力，则涵盖目的（end）与途径（means），……正如视力涵盖一切具有颜色的东西。而善（the aspect of good），作为意志之能力的对象（the object of the power of will），不单在目的之内，也在途径之中。

然而倘若从行动看意志，严格来说，意志只关乎目的。因为每个行动皆指向一能力（every act denominated from a power），代表出自那能力的简单行动（the simple act of that power），正如理解（拉丁文 *intelligere*，understanding）是指理解的简单行动（simple act of understanding）。出自某一能力的简单行动是指那自身作为能力的对象（that which is in itself the object of that power）。但那自身是善的，也以自身为意愿的对象的（but that which is good and willed in itself），就是目的（the end）。故正确的说，意志本身是目的。另一方面，途径自身并非善和意愿的对象，而是指向善。①

引文中借用理解，作为与意志的类比。理智的简单行动（simple act of intellect）所涉及的是第一可理解的事物（primary intelligibilities），例如数学上的公理（axioms），即作为起始的事物，是几近不可能不知的。正如思维（mind）所涉及的事物，都是起始的事物，是自身可直接的和非中介性的被认知；以之作类比，目的是在欲求事物的秩序中居首位的，同时也是起始的。②

让我们以理智和意志作比较③，以解释意志的作用：

---

① 《神学大全》，第二集，上册，第8题，第2条。

② McInerny，Aquinas on Human Action，P. 57。

③ Gilson，The Philosophy of St. Thomas Aquinas，P. 293－294.

理智	意志
理智必然依循知识的第一原理	意志必然意愿一般的善
思辨理性的运作离不开理智对原理的思考（intellection of principles）	意志的运作离不开终末目的的依循（conformity to last end）
在推理中，偶然命题可被否定，不会与知识的第一原理构成矛盾。	有很多特殊的善，不用拥有它们也可快乐，它们与福乐无必然关系。
必然命题从第一原理推衍而得，不可能否定之，理智必然接受这些必然命题。	若人能清晰知道上帝的本质，以及特殊的善与他的关系，则会不偏不倚的系于上帝，以及一切属于上帝之事情。

表3.3　理智和意志的比较

就意志的末项而论，在现实生活是无法达到的，因为人生在世未能觐见上帝之本质，因此其意志不必然意愿圆善，往往却只着眼于特殊的善。①

乙、实践理智：道德判断

认知和判断人道德行为善恶的标准在于实践理智，实践理智颁布训令，指导人当如何实践才合乎道德。然而在某些情况下，实践理智并非合宜作判准，例如被愤怒冲昏头脑的理智，或被情欲昏蔽的理智。实践理智得处于平正中立，免于乖蔽的状况，方才适宜作判准。阿奎那称此状态为正直理智（right intellect）。②

正直理智可分两个层面：良知（拉丁文 *synderesis*）③和良心（拉丁文 *conscientia*，conscience）。良知又可译作"良习"④。阿奎那说：

---

① Gilson, The Philosophy of St. Thomas Aquinas, P. 295.

② 关永中：《知识论（一）——古典思潮》，P. 343。

③ 关永中认为按语源学，synderesis 一辞可能沿自希腊文之 synteresis，此字首见于耶柔米（Jerome）对圣经以西结书一章 4 ~ 15 节四活物的解释，以人、狮、牛、鹰分别象征灵魂之理性（rational）、激怒（irascible）、嗜欲（appetitive）、良心火花（scintilla conscientiae, spark of conscience）。耶柔米并指出良心火花深埋在亚当之胸内，并没有因著被逐出伊甸园而消失。见关永中：《知识论（一）——古典思潮》，P. 344。

④ 江作舟、靳凤山：《经院哲学的集大成者阿奎那》（合肥：安徽人民出版社，2001），P. 165。

> 理性能力注目于相反事物（opposite things）。然而良知而却不注目于相反事物。它只朝向善。……本性（nature）赋予我们的，必然不单是思辨原理，也是实践原理。正如赋予我们的第一思辨原理，并不属于某一特殊能力（power），而是一特殊习性（habit），哲学家称之为对原理之理解（understanding of principles）。则赋予我们的第一实践原理，并不属于某一特殊能力，而属于一特殊自然习性，称为 synderesis。①

良知并非理智以外的一个理解功能。从质料言之，它仍是理智本身；从形式言之，它是主动理智在实践中对大原则之领悟，也可视为一份对理性大原则上知善知恶的先天习性，又或一份有待开发与扩充的知善知恶之先天潜能。人可根据良知，在道德实践的大方向上，知道什么是应当为之，什么是不应当为之。②它是人本质的一份“自然习惯”，揭示永恒不变而又明晰无疑的基本道德原则，例如当行善避恶、孝敬父母、不可杀人等。③因此它是对基本道德律原理或第一实践原理的理解，是对善之知的习性。

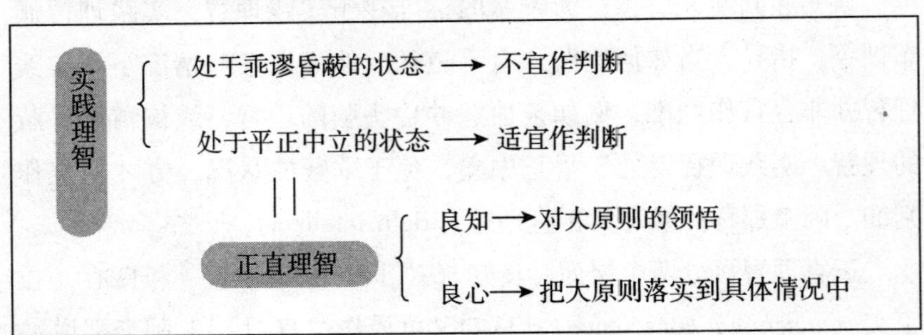

图 3.5　实践理智的运作

若然人须把大原则落实到个别具体个案中，得靠赖良心的思量运作。正如阿奎那说：“良心是一种理性的指令（因为它是把知识应用于行动……）”④良心也是天赋的，是上帝对人本性的决定，命定

① 《神学大全》，第一集，第 79 题，第 12 条。

② 关永中：《知识论（一）——古典思潮》，P. 344。

③ 江作舟、靳凤山，《经院哲学的集大者阿奎那》（合肥：安徽人民出版社，2001），P. 165。

④ 《神学大全》，第二集，上册，第 19 题，第 5 条。

人必然追求自我完善和自我发展，这就是良心。[①]阿奎那说："良心可以解析作 com alio scientia，即知识应用于个别的个案。若把知识应用于某事物，所须的是行动（act），故可得知良心是一行动。"[②]

简而言之，良心是把良知之知作具体落实的应用性行动。良心能辨别哪些行为符合人本性的目的，哪些行为有碍追求至善。良心的功用可归纳为三方面：（1）作证（to witness）：使人体认自己已作和未作之事，（2）鼓励或约束（to incite or bind）：判断所当作和不当作的事，（3）辩解、控告或谴责（to excuse，accuse or torment）：判断已作之事是好是坏。[③]首项亦即对自己所作或未作之事的意识，属非道德性（non-moral），次项和末项都具道德性含意。

阿奎那认为良心的判断有别于自由选择的判断。前者纯属认知性，后者则不然。某人的自由选择可被歪曲，以至这人是一道德弱者或这人缺乏道德一致性。这人知道所当作之事，却没有相应的订定优次，以善为善，付诸实行。其良心的运作无碍，其选择却可出错。每人都有义务按良心行事，这却不意味着每人都已尽力形塑其良心，故阿奎那认为良心可犯错。纵然如此，犯错的良心仍具约束力，也不会免除人的责任（an erroneous conscience may bind，but it does not excuse）。例如人或会意愿自己无知，特意不获取相关资料，却基于其无知下判断。[④]

让我们以图 3．6（见下页）来显示良心的功用：

总的来说，良知可等同对道德秩序之第一原理的习性知识（habitual knowledge of the first principles of the moral order），或说是对自然法的习性知识。良心是一行动，任何行动皆出自一功能或功能的习性，良心也不例外。良心是把自然法原理应用于特殊行动，这应用包括了衡量和判断的行动，从而产生纯粹认知性的判断。这认知

---

① 江作舟、靳凤山：《经院哲学的集大成者阿奎那》，P. 163－164。二人把 conscientiae 译作"良知"，此翻译与王阳明之不虑而知之"良知"有冲突；翻作"良心"更为适切。

② 《神学大全》，第一集，第 79 题，第 13 条。

③ 江作舟、靳凤山：《经院哲学的集大成者阿奎那》，P. 163－164。良心的功用归纳自《神学大全》第一集，第 79 题，第 13 条。

④ McInerny，Ethica Thomistica，P. 110－114.

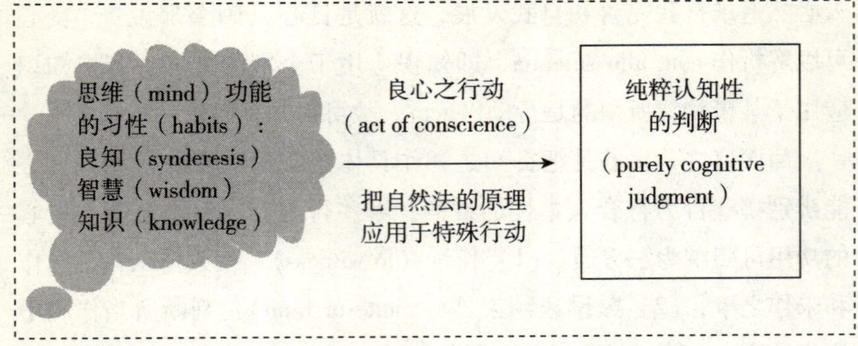

图 3.6　良心的功用

性的判断，显示人认知的能力，能辨别一既定行动是禁止的、命令的，还是容许的。这认知性判断的阶段，有别于作自由的选择，故没有道德或不道德的涵义。①

人的自然倾向是顺从理性行事，忠于良知的指引。凡合乎理性的，必合乎人性，倒过来却不必然。阿奎那把人性分为“高等部分”（higher part）和“低等部分”（lower part），前者是顺从正直理智指导的人性，后者是只顾肉体情欲之人性。良心的道德训令必须合乎人性的高等部分②，却可与低等部分相违。

让我们以下表，为思辨理性和实践理性作一比较，以便进一步带出实践理性的特性：

	思辨理性	实践理性
推理的结构	三段论式推理	只属近三段论式推理
结论的种类	以命题为结论	以行动为结论
确定性	推论所得的结论带有必然性和确定性	推论所得的结论恒常是偶发、特殊和因应一特定处境

表 3.4　思辨理性和实践理性的比较

思辨理性与实践理性的主要分别有三：（1）实践理性只属“接近”（a close approximation of）三段论式推理，却不能等同思辨理性的三段论式推理。（2）思辨理性是以“真实命题”为其目的，实践

① McInerny, Ethica Thomistica, P. 106–108.

② 关永中：《知识论（一）——古典思潮》，P. 346–347。

理性则以“行动”为其目的。故思辨理性为的是知，实践理性为的是行。两种理性都各有其独特的第一原理。思辨理性是以非矛盾律为前设，实践理性则以良知原则为前设。（3）思辨理性的三段论结论是一般性命题，适用于同一种类内的所有成员。实践理性的三段论结论，却是在一组特殊处境中采取某特殊行动。严格来说，实践理性的三段论并非真正的三段论，它不是论证，而是规定（prescription），显示在某处境中所当行者。此结论恒常带着不确定性和个别性（individuality），因为处境与行事的人亦构成相对性，而明辨（prudence）也构成实践理性的一重要元素。①

故实践理性有别于思辨理性，二者无论在推理结构、结论种属、结论的确定性，差异可不少。若以为实践理性只不过是把思辨理性用于道德或实践的情况，实在是混淆了两组概念。

丙、意志与理智：如何关联？

按圣经所说，一切知识都不及仁爱。仁爱既属意志的范围，而知识属理智的范围，因此意志应比理智高。然而亚里士多德却认为理智高于意志。阿奎那如何疏解二者的矛盾呢？

理智和意志，都可以按其本质而论，也可以按它们作为灵魂的特殊能力来探究。从本质上看，理智的功用是按存有和真理的普遍性来了解它们。意志的本质是对一般的善之嗜欲。就本质考虑，因为意志的对象须理智建立，也在理智之中。这是基于善是以存有为前设，而存有是理智的正当对象。换言之，意志所欲求的对象已在理智之内。因此理智高于意志。加上灵魂能力的秩序（the order of powers of the soul）是依从其对象的秩序的，更确定这结论。②

那么是意志推动理智，还是理智推动意志呢？对阿奎那来说，一方面理智推动意志。因为意志欲求某事物，必先清楚所要的是什么，须要订定所追求的善。若要确切地阐述所追求的事物，以及此

① Lisska, Aquinas's Theory of Natural Law, P. 212－216.

② Gilson, The Philosophy of St. Thomas Aquinas, P. 295－296.

事物之善，意志得倚仗理智的运作（operation）。不过另一方面，却是意志促使理智行动。理智功能的运作，并非如消化系统，遇到食物会自动启动，却须意志的控制，因为我们运用意志决定思想什么。是故此二功能皆在对方的范围之内。理智可使意志及其活动成为其思想对象，倒过来在意志的芸芸对象中，理智可成为它寻求善的对象之一，从而达至真理。[①]

因此意志和理智彼此相涵（mutually include each other），也彼此推动对方（mutually set each other in motion）。为何说彼此推动对方呢？原因如下：关乎普遍性目的的能力（the power concerned with a universal end），推动以特殊目的为目标的能力（powers aiming at particular ends）。[②]换言之，倘若理智或意志以自身为一普遍能力，并以对方为一特殊能力，则自身推动对方。

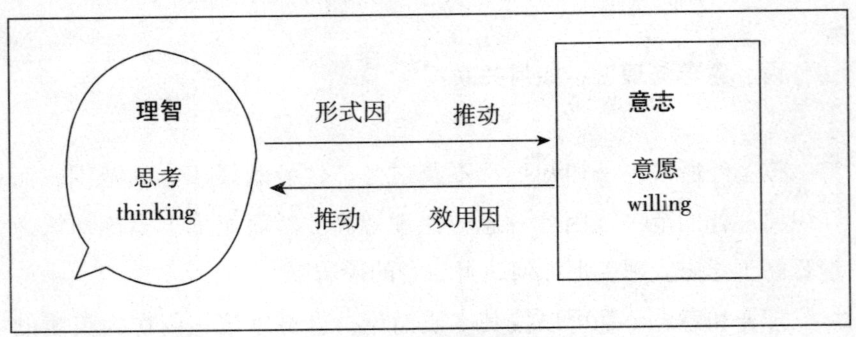

图 3.7 理智与意志的相互关联

当然我们也可以采用动因的角度看理智与意志的关系。理智作为推动意志的形式因（formal cause），订定意志所意愿的事物，例如追求善作为真理之一面。意志则成为推动理智的形成因（efficient cause），例如思考某些事物之善。[③]

---

① 《神学大全》，第一集，第 82 题，第 4 条。Anthony Kenny，Aquinas on Mind，（London and New York：Routledge，1993），P. 72 – 73.

② Gilson，The Philosophy of St. Thomas Aquinas，P. 296 – 297.

③ McInerny，Ethica Thomistica，72. Gallagher 则认为借着提供意志的对象，理智订明（specifies）意志的行动（the will's act），故成为意志之动因。倒过来，意志施行（exercise）理智的行动（the intellect's act）来思想某些对象或不思想某些对象，故成为理智之动因。（Gallagher，"The Will and Its Acts，" 76.）二人以不同角度作解释，均合宜。

既然理智和意志彼此相涵，理智理解意志之意愿，意志意愿理智之理解。理智理解善之真，意志以真理之善为追求目标；互为动因会否引致无限后设（infinite regression）？阿奎那认为不会。诚然每一决定（decision）须事前的衡量（deliberation），而每一衡量也须事前的决定。不过并非每个思想的对象都必须运用意志的。如此便走出了循环。那么非意愿思想又从何而来？他的答案是从上帝而来。①

丁、意志：自由与否？

阿奎那肯定自由决定（拉丁文 *liberum arbitrium*），或说意志是自由的行动或全然意愿的行动之源。②

那么意志是否真的自由呢？阿奎那如此论说：

> 意志的对象是一般的善，后者具目的的性质。因此，就这方面而言，意志推动灵魂的其他能力有所行动，因为当我们定下意愿时，我们须要运用其他能力。其他能力的目的和完备（end and perfection），都包涵在意志之对象之内，作为某些特殊的善：并恒常是普遍目的所属的技艺或能力（the art or power to which the universal good belongs），推动特殊目的所属的技艺或能力，使它们（即这些特殊善）行动，都在普遍善之下。故军队的统帅为了共同的善（common good），即整队军队的秩序，以其命令推动其中之一将领，而此将领的目标却只限于其队伍的秩序。③

意志之于其他能力或功能，是作它们的形成因或推动因，而意志自身又以理智为其形相因。例如视觉需要一动因来运用它或推使

---

① Kenny, Aquinas on Mind, P. 72 – 73; Gilson, The Philosophy of St. Thomas Aquinas, P. 299 – 300;《神学大全》，第二集，上册，第8题，第3条。

② David M. Gallagher, "The Will and Its Acts (Ia IIae, qq. 6 – 17)" in The Ethics of Aquinas, ed. Pope, P. 70.

③《神学大全》，第二集，上册，第9题，第1条。

它活动，并且运用它来看此或看彼。①

让我们把理智和意志作平衡论述，如此意志是否自由的问题可更见清晰。如前述，理智和意志都可以从两方面看：从它们的本性或从它们作为灵魂的功能或能力。理智的对象是真，意志的对象是善。理智的本性是被命定朝向真理（determined to the truth），以真理为其目的，它是追求真理的嗜欲。同理，意志是被命定朝向善，以善为其目的，它是追求善的嗜欲。理智必然认识某些真理，意志必然认识某些善，因此在本性而言，意志和理智的既定性意味着不自由。意志所意愿的，是理智所给予它的，是理性定为善的真理的。②

不过就灵魂的功能而言，意志是自由的。虽然意志的对象是善，这对象亦即其终极目的（拉丁文*finis ultimus*，last end）或福乐，然而意志的自然倾向是一般性形式（a general formality）的善，而非某些特殊的善（particular goods）。如此就构成自由意志的基础。因为意志是理性嗜欲，而理性处理的是共相或一般性事物。故意志的自然动向，是朝向一般性的事物。既有许多特殊性的东西都在一般性的善之内，意志对这些特殊性的善，是有选择的自由的。③

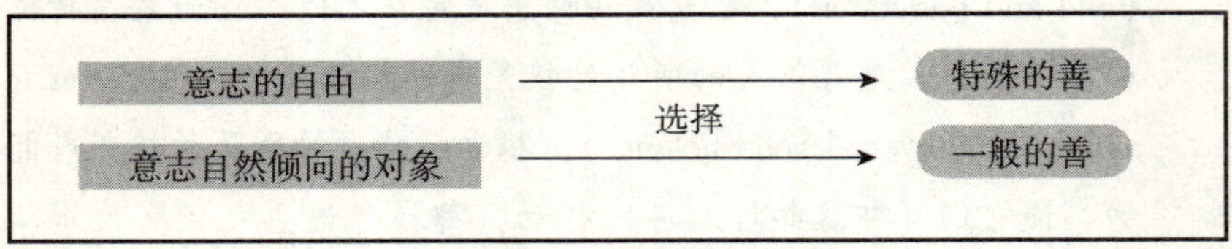

图 3.8　意志的自由的基础

一方面特殊事物之善，并不是全然善，例如吃燕窝补身固然是善，却须花费不少金钱。另一方面达至某善的途径也不只一个，探望父母是一善，却有乘公共巴士、地铁、的士、步行等多个途径。选择遂构成意志的自由。④

阿奎那的论点是建基于两项前设：（1）人无法渴求邪恶败坏的

---

① McInerny, *Aquinas on Human Action*, P. 58.

② 参看 McInerny, *Aquinas on Human Action*, P. 59 - 60.

③ Gallagher, "The Will and Its Acts (Ia IIae, qq. 6 - 17)", P. 74.

④ McInerny, Aquinas on Human Action, P. 61 - 62 及 Gallagher, "The Will and Its Acts (Ia IIae, qq. 6 - 17)", P. 74。

事物。邪恶败坏与可欲求的是不相两立，彼此排斥的。人所欲求的，必然是人视为是对自己好的善的，拥有它比不拥有它更佳。（2）我们必须分辨所追求的事物与追求它的理因。人追求的事物可无法数算，然而追求的理因全是因其善，认为这些事物能成全人，使人完备。当然在个别行动中，人可误以为追寻某些事物为善，又或误以为某些次目的已是最后的善。事实上，真正的快乐是真正实现那合乎理性之善（拉丁文 *ratio boni*）。①

严格来说，阿奎那并没有论及意志的自由与否。他探讨的是“论意志”（拉丁文 *De voluntate*，Of the will）和“论自由决定”（拉丁文 *De libero arbitrio*，Of free decision）。阿奎那的意志；是指理智的嗜欲（intellectual appetite），却鲜论及自由意志（拉丁文 *libera voluntas*，free will）或意志的自由（拉丁文 *libertas voluntatis*，freedom of the will）。与自由一起出现的词，不是“意志”，而是“决定”（拉丁文 *arbitrium*，decision），即自由的决定（拉丁文 *liberum arbitrium*）。我们只能从他论意志与必然性的关系，并论自由的决定作推论。②

阿奎那分辨自然因（natural causes）与意志因（voluntary causes），自然因是“既定于一事物”（determined to one thing）③，意即在自然界，若我们可以明确标示（specify）某一处境中之条件动因，则可无误地推断其单一的效果（single effect）。这是自然因的范围。意志的行为却迥然不同。纵然我对某人过去所作的一切事了如指掌，也不能无误地推断此人将会采取什么行动。因为这属意志的范围。④这分辨可较清楚地展释自由决定的性质。决定本针对一特殊行动或事件，而意志却指灵魂之功能之一。不过那使自由决定成为可能的，正是意志的功能。⑤在这意义下，阿奎那可说采取意志的自由的立场。

---

① McInery，“Ethics,” P. 200 - 201.

② Kenny，Aquinas on Mind，75. 论意志（De voluntate，Of the will）和论自由决定（De libero arbitrio，Of free decision）分别在《神学大全》第一集，第82题和第83题处理。

③ 《神学大全》，第二集，上册，第50题，第3条。

④ 《神学大全》，第一集，第83题，第2条。

⑤ Kenny，Aquinas on Mind，P. 78 - 79.

自由意志可分两方面讨论。一方面自由可指没有约束的自由(free from constraint)。约束意味着强制（violence），即与一物之自然倾向相违，因此自然与强制是彼此排斥的。正如自然的行动是按本性的行动，意愿的行动是按意志所倾向的行动。又如一物不可能既自然亦强制，灵魂的能力不可能是既自愿（voluntary）亦约束。另一方面自由可指没有必然性（free from necessity）的自由。若然人的行动受某些必然性驱使，人当受责备或配受赞赏会变成没有意义，亦即构成对道德的否定。①

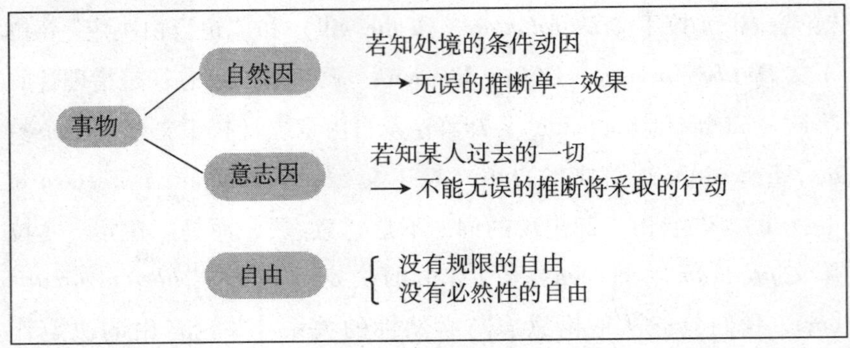

图 3.9　意志与自由

阿奎那向自由投以赞成票。原因很简单，若没有自由作决定，则建议、鼓励、命令、禁令、奖赏、惩罚，会变得毫无意义。自由决定是蕴含于人作为理性的施动者（rational agency）之内。那么他又如何解决内中之矛盾呢？他认为自由意志与上帝恩典，并非对人类行为作水火不相容的解释。人的决定与上帝的帮助对行动之有效性，二者都是必须的。自由就是自决（self-determination），不过自决是与上帝的命定（determination）相容（compatible）的。人的自由决定并非无因（uncaused），阿奎那认为根本没有所谓无因的自由。自由的行动必须以施动者为因，但不必然是唯一的因。因此人的行

① Gilson, The Philosophy of St. Thomas Aquinas, P. 297 - 298.

动是自由的，而他们也是上帝命定行动的。[①]

五、伦理的行动：结构与评价

甲、行动的结构

若从更阔的角度看，阿奎那分辨行动的两方面：外在（external）和内在（internal）。外在的行动表达内在的命令（expressive of an internal command）。内在的行动涉及理智和意志行动的相互作用，先是意图之秩序（order of intention），后是施行的秩序（order of execution）。实践理性以目的为起始，继而寻求达到这目的的途径，从偏远的途径到相近的，最后达至此时此地可作的事，这就是所谓意图之秩序。施行的秩序却从当下可作的开始，步步推进以达至目的，刚好与意图之秩序相反。

阿奎那对意图的秩序解释如下：

> 就目的而言，意图是意志的行动。意志与目的具三重关系。首先，绝对而言，意欲（volition）是我们绝对的意愿拥有健康等东西。其次，它以目的为其安息之所，故享受此目的。第三，它以那目的为设定所朝向者；是故意图注目于目的。[②]

意图的秩序涉及目的，有三步曲：意欲（volition）、享受（拉丁文*fruitio*，enjoyment）、意图（intention），其运作如下：（1）意志的首项行动是“意欲”注目于思维（mind）认为是善的事物，以之为当追求之目的。认为是善的事物是人视之能以满足人之所需，故被它推动。（2）继续以它为思想的对象，想像得到它，令人产生“享

---

① Kenny，Aquinas on Mind，P. 75 – 78. 在神学上，无疑有好些经文强调人的无助和上帝的能力，例如圣经罗马书九章 16 节、腓立比书二章 13 节。然而阿奎那却引述：“起初上帝造人，并把人留给他的审察（and left him [sic] in the hands of his [sic] own counsel）”（Ecclesiasticus 传道书十五章 14 节），来支持他的论点。

② 《神学大全》，第二集，上册，第 12 题，第 1 条。

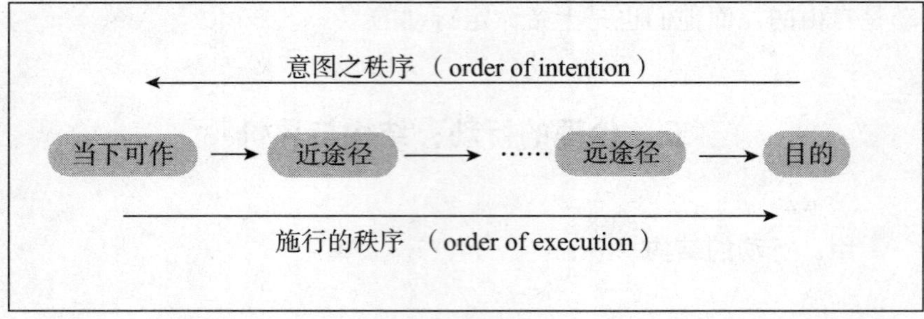

图 3.10 行动之内在意图秩序和外在施行秩序

受”和悦乐。（3）当思维继续被其善吸引，意志因着其吸引力，享受拥有它的前境，继而“意图”拥有它或欲求它。于是意欲、享受、意图构成了示意志的三项行动。[①]

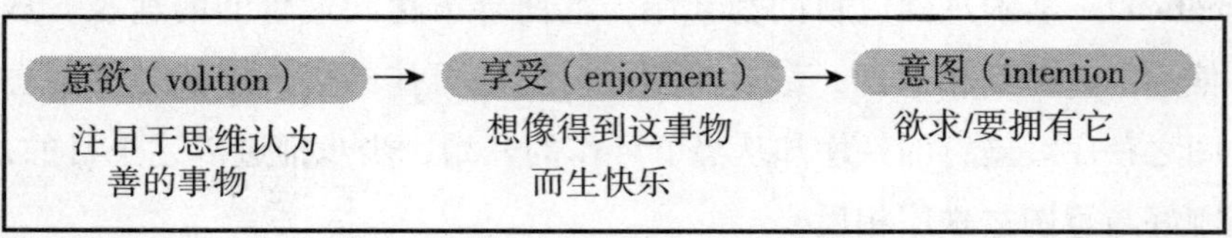

图 3.11 意图的秩序：三步曲

例如：我希望身体健康。那么，意志的意图之秩序运作如下：先有对身体健康的“意欲”，被身体健康这善吸引，想像因身体健康可活动自如、不用经常卧病在床、上楼梯可健步如飞、不会被人称为“东亚病夫”、不用成为医务所的常客，这些都令我“享受”身体健康之善，于是此善吸引我，叫我对它产生欲求，“意图”拥有它。

施行的秩序涉及下可作的，有四步曲：审察（counsel）、认可（拉丁文 *consensus*，consent）、选择（拉丁文 *electio*，choice）、运用（use）。[②]（1）审察是基于探问的嗜欲（an appetite based on inquiry），关注的是偶然单一的事物（contingent singulars）。[③]“审察”可能发觉数个可达至目的的途径，每个途径都有待“认可”对它们作出认

---

① McInerny，“Ethics”，P. 206－207.

② 《神学大全》，第二集，上册，第 13 至 16 题。

③ 同上，第 14 题，第 1 和 3 条。

许（approval）。[①]（2）“认可”是以嗜欲的动向（appetitive movement）投向“审察”所作的决定。换言之，“审察”认定可达到目的之途径。“认可”则使人有情意地连于这些途径。[②]（3）若要达至某目的，人可以认可多个可能性或途径，而“选择”就是在不同的可能性中选取其一。[③]（4）“运用”紧接选择的行动。运用包括理性和意志两方面。前者称为“命令”（command），后者也称“运用”。“命令”的行动为运用提供定规（determination），而“运用”的行动是意志推动施行的能力（executive power），好把所选择的行动付诸实行。[④]麦燕里尔（Ralph McInerny）指出“运用”是指意志推动施行的能力（executive powers），故“运用”座落在“选择”和施行之间，并且开始按步就班付诸实行。其中可涉及运动的能力（motor powers）和工具。[⑤]

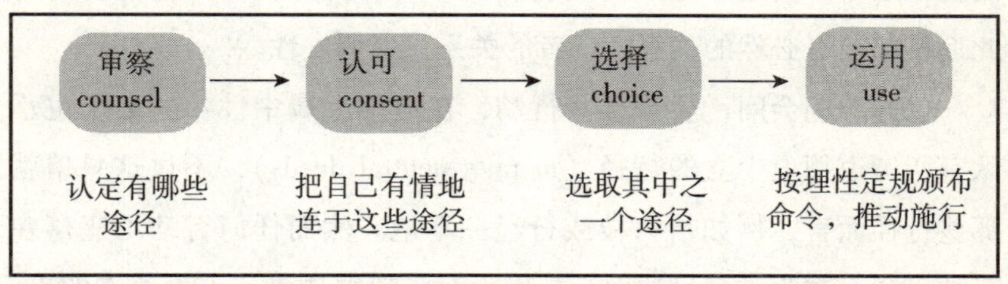

图 3.12　施行的秩序：四步曲

承接上文希望身体健康之例，意志的施行之秩序如下：“审察”

---

① 同上，第 15 题，第 3 条。

② 《神学大全》，第二集，上册，第 15 题，第 3 条。

③ 同上。

④ Gallagher，“The Will and Its Acts（Ia IIae，qq. 6–17），”P. 83. 参《神学大全》，第二集，上册，第 16 题，第 1 条。

⑤ McInerny 在 Aquinas on Human Action，66 一书（1992 年出版）认为阿奎那的审察先于认可，认可也先于选择。他指出审察是一探问：若要达至如此这般，当如何作？若然若没有途径可达至，则意向之目的（intention of the end）可成为空洞（idle）。他又认为认可与选择是二而一的。然而此书却与他的 McInerny，“Ethics，”207 一文有点出入。在前者 McInerny 提出审察先于认可，却又认为认可与选择是二而一的。可是在后者，即在 1993 年出版的文集 The Cambridge Companion to Aquinas 中之“Ethics”文章，完全没有提到审察，但对认可与选择，却作了清晰的分界。可惜 McInerny 没有澄清两份资料的差距。笔者按阿奎那《神学大全》，第二集，上册，第 15 题，第 3 条，反驳 3 提供的秩序作表述。

能令身体健康的多项途径，并排除不能达到目的的方法，例如：排除每天运动八小时或划独木舟五小时的方法。在多项令身体健康的途径中，“认可”步行、打乒乓球、打太极、吃补品、长跑、游泳等，并且对这些途径产生好感。接着在认可的途径中，“选择”一至两项切合目前生活作息的状况，例如步行，最后“运用”它，命令自己在每天某时段步行一小时。

上述的讨论，牵涉内在的行动与外在的行动的关系。外在的行动，例如取去别人的财物、夺取他人的配偶、施予贫穷人等，行动自身是具道德善恶的。然而它既是一复合行动（complex act）的一员，必须兼顾其他情况，才能宣判该行为是善是恶，因为客观上恶的行为可为一善的目的而作。这涉及目的与途径的关系。在阿奎那而言，劫富济贫之举是以济贫为目的，劫富为途径。可是此目的与此途径却没有必然的关系，二者的关系只属偶发性。①

也许我们会问，会否某些行动，在道德上属中性？阿奎那也承认有所谓道德上中立的行径（morally neutral deeds），不过这只单就那些行径而言，例如拾树枝或行经一草地。然而任何行动均座落在一处境中，也为了某目的而行，因而具备道德质素。人着意作的事，亦即称得上为出自人本身的行动，必然涉及善恶，因为任何行动都是按理性或违理性而行，当然所按之理可对也可错。②

乙、行动的善恶

如何衡量行动的善恶呢？阿奎那认为当理性能正确地把握是什么构成善，理性就是意志的最佳导向。思维把握普遍的善，提供与意志相共量的对象。普遍的善是意志必然欲求的，故人的意志不得不求善，也不能不爱善。表面看来，人压根儿不可能行恶。不过思

---

① McInerny, Aquinas on Human Action, P. 84－85.

② McInerny, Aquinas on Human Action, P. 86－89. 参《神学大全》，第二集，上册，第1题，第3条；第18题，第8至9条。

维却可出错，误以为某些不必要的事物构成人的善。[①]人的行动可分三部分，而行动或善或恶则可按这三部分来评价。

人行动的三部分是对象、处境和目的。行动的“对象”或“目标”（拉丁文 *objectum*，object，objective）是决定行动的类（species），亦即构成该行动属此类行动而非彼类行动，例如：不问自取属偷窃而非谋杀。所谓“对象”或“目标”是指行动者当下欲达成的，例如：偷窃是要把不属于自己的东西据为己有，谋杀是把某人置诸死地。这当下的行动的目标（拉丁文 *finis operas*，object of the action），与施动者的目的（拉丁文 *finis operantis*，end of the agent）不同。例如偷窃的长远目的是使自己的收藏品首屈一指，谋杀的目的是要把对方的财产据为己有。换言之，行动的对象或目标构成当下的理因，此理因为该行动下定义。例如：上网找资料有别于上网观看色情网页，闭目养神异于闭目仅为避开强光。基于对象或目标的定义，某些行动可一般定为善、恶或无分善恶，例如偷窃和谋杀为恶，施赠予贫者为善，闭目养神五分钟则无分善恶。[②]

若拿行动与存有作对比，说行动的对象或目标有如行动的“实质形式”（substantial form），则行动的处境（拉丁文 *circumstantia*，circumstances）可与附质（accidents）相比，例如人的高矮肥瘦，为这人赋予个别身份。处境既可以是碰巧的，也可以成为断定行动性质的主要条件。例如在家里电脑安装正版软件，并没有什么大不了，可是若安装盗版软件却构成偷窃。处境可以无关痛痒，也可以影响善恶的程度，例如偷取十元与偷取一百万元都是偷取，在程度上却有极大差别，更遑论盗取玩具枪与盗取军火库的军械了。[③]

意志指向内在和外在这两方面的目标。外在目标是行动自身的对象，相应于行动的当下目的（拉丁文 *finis*，end）；而内在目标则

---

① McInery，Aquinas on Human Action，P. 78.

② Daniel Westberg，“Good and Evil in Human Acts（Ia IIae，qq. 18－21），” in The Ethics of Aquinas，ed. Pope，P. 91. 例子为笔者所加。参《神学大全》，第二集，上册，第18题，第2条；及第59题，第2条。

③ Westberg，“Good and Evil in Human Acts，” P. 92－93. 例子为笔者所加。参《神学大全》，第二集，上册，第18题，第11条。

是施动者的内在指向，相应于施动者的长远目的。一般来说，行动对象的目的与施动者的目的彼此吻合。行动对象的目的，与施动者的目的的关系，可视为途径与目的的关系，借选择把二者紧扣一起。①

道德上的善恶的理解可分三步曲：先从一般性出自人本身的行动之善恶入手，继而进到意志的内在行动之善恶，终于外在行动之善恶。世上事事物物皆因改变成为存有，改变是潜能的实现，或说是某些潜能的完备或成全。事物是由形相（form）和质料（matter）构成，事物的存在是由其形相衡量，形相规限其数量和所属的种类。恶就是缺乏事物本性所当具有的存有，例如失聪的人就其存在而言是善的，可是就其失聪而言却是恶的，因为缺乏全备的存有（fullness of being），或说它缺乏耳朵当具有的听觉功能。②

一般性的人类行动之善恶也如是。行动的种类当发挥该行动的功能，亦即引致某些效果。然而这却有别于后果论，因为后果论单看后果本身，阿奎那却不是以后果之好坏决定行动的善恶。他的评鉴也有别于康德的义务论，因为义务论单看行动自身，对效果全不计较。对阿奎那而言，须兼顾行动和效果，行动与其效果的比例构成该行动或善或恶的评鉴。③例如欲达成某目标，却选取预期不会产生效果的行动，对阿奎那而言不会构成道德上的善。

总的来说，行动的对象或目标、行动的处境、施动者的目的，此三者彼此相系，共同决定行动的善恶。那么他是否采取比例主义（proportionalism）的立场？意即视行动的对象本身是没有道德定性的，须取决于施动者的动机和处境。例如杀人作为行动的对象看似是道德上的错，可是若施行者是出自自卫的目的，当时处境只有杀人和被杀的选择，则不能算为道德上恶的行动。④

---

① Westberg, "Good and Evil in Human Acts," P. 93. 参《神学大全》，第二集，上册，第18题，第6条。

② McInery, Aquinas on Human Action, P. 79. 阿奎那认为在这情况下，此人只有某方面的善（good in a certain respect），即具有存有（has being）故是善，却不能说是有简单的善（good simply）。（《神学大全》，第二集，上册，第18题，第1条。）

③ McInery, Aquinas on Human Action, P. 80 – 81。

④ Westberg, "Good and Evil in Human Acts," P. 93 – 94.

阿奎那以说谎为例，指出说谎涉及虚谎本身、人愿意参与此举和欺骗的意向。虚谎本身符合行动对象之恶，欺骗的意向相应于施动者的目的。既然阿奎那把说谎定义为意图欺骗，而非单讲说错谬之事，因此把说谎定性为恒常是错的事。可是阿奎那却忽略了行动的处境，难怪麦高尔（Richard McCormick）指出为了保守秘密的说谎，有别于剥夺对方知情权的说谎。前者在道德上可取，后者则在道德上当受责。不过在性道德方面，他认定某些行为单就对象而言已可断定是恶的，例如乱伦、强奸、自慰、同性性关系和人兽交等。①

六、伦理的威胁：激情

既然意志是理智或理性的嗜欲，而理智和意志又彼此相涵，人怎么会产生道德上的错误的行动？这就涉及阿奎那的激情（passion）理论。

激情是感性嗜欲的活动（activities）或动向（movement），本身并没有道德上的好与坏之分。当理性为感情赋予秩序，其活动是善的，反过来当感情失序，其活动则是恶的。因此并非要除掉激情，却须以理性驾驭激情。内在的善的激情有怜悯和羞耻，内在的恶的激情有嫉妒。其余大多属中性，须理性地调控。②不过激情只能局部受控，它们可产生严重效果，成为非理性之因，继而使人作错误的行动。③

让我们先为阿奎那的激情理论解说。激情可就其推动能力的效果，作三方面的区分，兹以下表来表述：

---

① Westberg, "Good and Evil in Human Acts," P. 93－96. 参《神学大全》，第二集，下册，第100题，第1条的讨论。有关McCormick的讨论，参Richard McCormick, "Killing the Patient," in Considering Veritatis Splendor, ed. John Wilkins（Cleveland: Pilgrim Press, 1994）, P. 15－16. 这里引自Westberg, "Good and Evil in Human Acts," P. 95.

② Kevin White, "The Passions of the Soul（Ia IIae, qq. 22－48）," in The Ethics of Aquinas, ed. Pope, P. 103－106.

③ Robert Pasnau, Thomas Aquinas on Human Nature: A Philosophical Study of Summa theologiae Ia P. 75－89（Cambridge: Cambridge University Press, 2002）, P. 243－244.

效果	相对的效果
被善之事物的吸引，拉向（pull）它	对恶之事物厌恶，推离（push）它
因现有之善产生平静（calm）	因未有之善产生紊乱（agitate）
简单的被吸引（simple attraction）向善	为不易拥有之大善挣扎（struggle）

表 3.5　激情推动能力的三组效果

从这三组推动能力的效果，阿奎那继而以令人喜悦的事物（the delightful），即嗜欲的恒常目标，并与之相反的事物，来为激情分类。以下表 3.6 和表 3.7，分别列出彼此对反（contrary）的对象引发的两组激情。①

出现状态	令人喜悦的事物	激情
基本的（basic）	愉快的（agreeable）	爱（love）
不在的（absent）	吸引的（attractive）	欲求（desire）
已在的（present）	平静的（calming）	喜悦（delight）

表 3.6　令人喜悦的事物引发的激情

出现状态	令人憎恶的事物	激情
基本的（basic）	痛苦的（painful）	憎恨（hatred）
不在的（absent）	排斥/驱除（repellent）	厌恶/嫌恶（aversion）
已在的（present）	困扰（disturbing）	痛苦（pain）

表 3.7　令人憎恶的事物引发的激情

感性嗜欲注目于善的对象，使自己与它近似或和谐（拉丁文 *connaturalitas*，kinship or harmony），对它处于愉悦的状态（拉丁文 complacentia，well-pleased），这些都是爱的特色，即爱者与被爱者产生情意的合一（affective oneness）。当邪恶之物成为感性嗜欲的对象，就会产生不愉快。当憎恨从感性嗜欲转到意志，憎恨会连于两恶：自我憎恨和憎恨真理。紧随爱与恨的静态和谐和不和谐，是嗜欲的两个动向（movements）：欲求和厌恶，分别是追求可爱的善和

① White，"The Passions of the Soul，" P. 107.

逃避可憎的恶。①

以上论及的激情皆属欲情的能力（concupiacible）。阿奎那把感性嗜欲分作欲情能力和愤情能力（irasible power）。欲情能力是"灵魂倾向对它合宜的事物，逃离伤害它的事物"。愤情能力则是灵魂"攻击那些拦阻合宜事物及加诸伤害的东西"。②下图表达了愤情能力或嗜欲的激情。

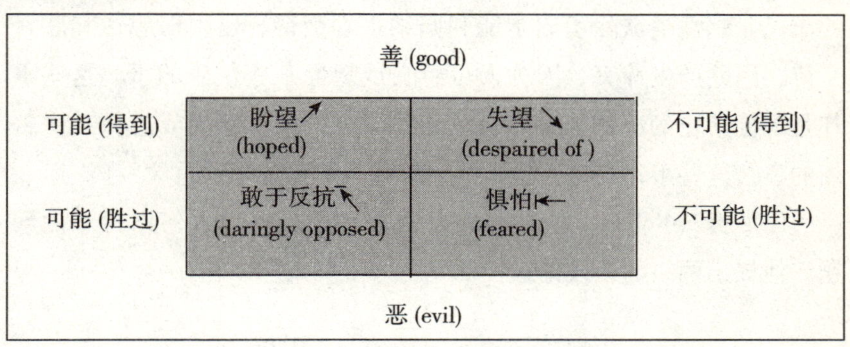

图 3.13　愤情能力的激情

愤情能力的盼望，是没有远见的，未经计算，故容易落入愚昧。失望是把看似可能的事变得不可能。敢于反抗起初充满自信，投身，却因危险不安，这与勇敢渐进投身、定意和坚忍到底迥异。惧怕多是突发或无可挽救的恶出现，叫当事人注目于当下或长远的未来。在这两组对反的激情之外，愤怒是没有对反的激情。③

那么，人何以行恶？一般而言，行恶的原因有两种取向：其一是感性嗜欲不服从理性，其二是感性嗜欲的激情扰乱意志的运行。肯尼（Anthony Kenny）认为感性嗜欲（sensitive appetite）不必然膺于理性。阿奎那提出神学上和哲学上的论据。神学上他引用圣经罗马书七章二十三节之二律斗争。哲学上，感性嗜欲是灵魂的官感部分的功能。然而感官却可以不顺从理性，例如所见所闻之事并非我们意志所命定的。④

---

① White，"The Passions of the Soul，" P. 108 – 109.

② 《神学大全》，第一集，第 81 题，第 2 条。

③ White，"The Passions of the Soul，" P. 109 – 110.

④ 《神学大全》，第一集，第 81 题，第 3 条。Kenny，Aquinas on Mind，P. 64 – 65.

感性嗜欲虽然可服于理性之下，却也可以不服从理性，一如子民不顺从其统治者。对阿奎那而言，灵魂对身体施以专权的（despotic）君主管治，身体各部位不能抗拒灵魂的命令，有如主人对奴仆管治，因为奴仆自己没有抗拒的凭借。然而理智对嗜欲只施以政治的（politic）或说宪法的（constitutional）君主管治。因为感性嗜欲具有自身的凭借，因此可抗拒理性的命令。这有如君主管治自由的子民。感性嗜欲除了向本能和归纳推理交待、也须向想像和感官交待，因此产生冲突。因为人可感受或想像某些悦乐的事，这些事却是理性禁止的，例如偏袒自己人。同理，人可感受或想像某些苦痛的事，这些事却是理性要求的，例如不赖账却导致重大亏损。①

巴斯努（Robert Pasnau）则从推理入手，探讨人何以行恶的问题。他提出两组的三段论式：

S1 不可犯罪	P1 当寻求福乐
S2 作这事是犯罪	P2 这是福乐的事
S3 不可作这事	P3 当作这事

他认为每个人都接受 S1 和 P1。当理性胜过嗜欲，人会按 S2 和 S3 推理。可是若人的嗜欲得胜，则会按 P2 和 P3 推理，遂引致道德上错误的行动。②

那么为何嗜欲会胜过理性？人的意志岂不是按理性运行的吗？巴斯努认为激情对意志的作用有二：一方面激情左右意志的专注。灵魂的运作需要专注，激情却使它无法专注，无法清晰思想，无法把事物置于正确的观点之中。这有如阅读时房间却同时播放精彩的电视节目。另一方面是激情借影响想象和估量（estimation）或认知力（cogitative power），窒碍理性的运行。对于想象，思考往往需要

① 《神学大全》，第一集，第 81 题，第 3 条。Kenny，Aquinas on Mind，P. 65 -66. Kenny 把政治的（politic）君主管治，理解为宪法的（constitutional）君主管治。例子为笔者所加。

② Pasnau，Thomas Aquinas on Human Nature，P. 246 -247.

运用形像（images），激情却可影响这些形像。[①]

估量或认知力是处理个体事物和串连特殊形式的能力。认知力无法处理普遍性概念。它可说是处于感官与理智之间，即物质的特殊性与非物质的普遍性之间。若说理智提供 S1“不可犯罪”的大前提，则认知力提供 S2“作这事是犯罪”的小前提，从而达至 S3“不可作这事”的结论。激情既然可以歪曲认知力，小前提 S2 不成立，遂转向 P1 至 P3 的推理。[②]

七、结　论

本章指出每个人都欲求福乐，以善为他们的终末目的，而人的意志是向善的意志，是理性的嗜欲，既按实践理性运作，本应正确无误。人的行为既是意志运行的结果，理应合乎道德。可是激情却能影响意志的抉择，因此激情须要理性加以节制，为它赋予秩序，使之适度。因人陷在罪中，激情在人性中张狂跋扈，遂引出德行的重要性。德行的课题正是下章的关注。

---

① Pasnau, Thomas Aquinas on Human Nature, P. 252 – 253.

② 同上，P. 247 – 256.

第四章
阿奎那(续)：德行与自然律

一、引言：承上启下

在上一章，本书引介了阿奎那的伦理框架，神学人论和行动理论。承接上章的讨论，激情能使意志的运行偏差，行道德上错的事，那么人需要的是什么，方能行善？阿奎那倡议的是恩典培育，合乎理性的德行伦理，而非亚里士多德式的德行伦理。本章解释这恩典下的德行伦理，从习性到恩典，以至区分四枢德和神学性德行，并德行之理性如何借律法落实于社会政治之中，从而构成共同的善。

二、习　性

阿奎那的伦理生活，是基于意志向善之动向，内中激情可成为选择和行动的阻力或助力。除了激情，习性（希腊文 *hexis*，拉丁文 *habitus*，habit）也是左右意志的决定性因素。阿奎那并不否定先天的习性，即先天身体上的性向（dispositions），促使人作此却不作彼。不过“习性”作为阿奎那的专用语，是指后天修习（acquired）的性向，是人的感性功能和理智能力的素质（qualities）。习性是由重复的行动形成，可是我们却无法指出多少行动能以形成一习性。习性使人容易朝向某一方向行事。①

古典哲学家认为道德德行是惯性的成果，是人凭借自己的活动

① F. C. Copleston, *Aquinas*（New York：Penguin Books，1955），P. 214 –215.

塑造自己的第二本性（second nature）。奥古斯丁对此不以为然。他认为一切真正的德行都是仁爱的不同形式而已。而仁爱是上帝的爱，是唯有上帝才能赐给人的。因此看来是德行的东西只不过是隐藏的恶习。甚或单单追求异教德行，别无他求，也是由骄傲推动。仁爱是一切德行之根，骄傲则是一切罪之根。是以习性不单不是德行之源，更与德行为敌。①

阿奎那论习性，在进路上较近亚里士多德，亦即与奥古斯丁保持一定距离。对阿奎那而言，习性并不属于人的实体（substance），却是加诸其上或改变它的质素（quality），是主体对一己本性（nature）的取向。它是人为自身所下的定义之实现方式。②习性是一中性词，好的运作习性（good operative habits）称为德行或美德（virtue），坏的运作习性称为恶习（vice）。人需要美德的习性，好使人能按正直理性（right reason）齐一地（uniformly）、毫不迟疑地（readily）、惬意地（pleasurably）行事。③

然而在神学伦理的框架内，阿奎那没有对亚里士多德的习性论萧规曹随。虽然他认为按本性而论，习性是行动的原理。可是他却指出"习性是当我们意愿时，那使我们行动者"（habit is that whereby we act when we will）④。亚里士多德并没有如此串连习性与意志。阿奎那进而指出上帝可把某些习性注入人之中。换言之，形成我们的第二本性，不必然是经过自然的和长期的着力。例如：朝向人性能力之外的目的（disposed to an end beyond the proportion of human nature）之习性，自必须要上帝注入，因为人根本无从超越自己的本性。这亦适用于一切恩典的德行。⑤

阿奎那指出唯有人才能培育习性，动物却不成。人训练动物，

---

① Bonnie Kent, "Habits and Virtues (Ia IIae, qq. 49 – 70)," in *The Ethics of Aquinas*, ed. Stephen J. Pope (Washington, D. C.: Georgetown University Press, 2002), P. 116.

② Etienne Gilson, *The Philosophy of St. Thomas Aquinas* (New York: Dorset Press, no date), P. 312.

③ Copleston, *Aquinas*, P. 215 – 216.

④ 《神学大全》，第二集，上册，第49题，第3条。

⑤ Kent, "Habits and Virtues," 117 – 118;《神学大全》，第二集，上册，第51题，第4条。

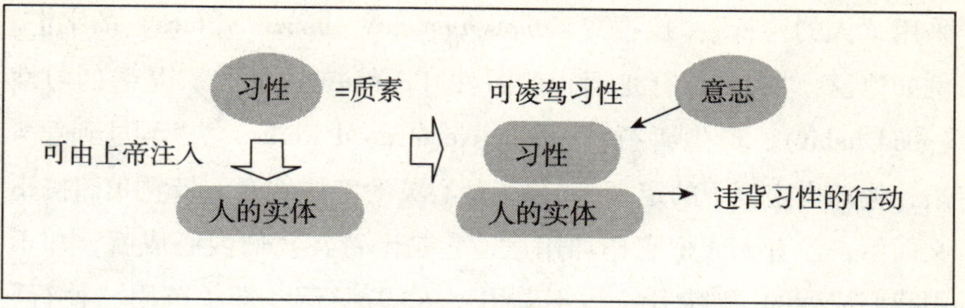

图 4.1　人的习性与意志

只是利用它们的自然本能而已。为什么呢，因为习性涉及意志的运用，动物却没有意志的能力。因此习性不会是人的身体结构、动物本能、成长等之使然。习性不会迫使人采取某种行动。人能拒绝按习性而行，甚至更可违反习性而行。故亚里士多德认为德行者不会倒退，阿奎那却不认同。后者认为习性只能令人较难倒退而已。是故人近似动物的习性，例如贪食，也不是纯然发自激情，必然得到意志的同意。① 故人须为自己的行为负责。

三、德行的神学场境：恩典

阿奎那倚重亚里士多德对德行的讨论。后者的德行是没有信仰基督、缺乏上帝帮助、毫无永恒归宿的伦理观，单凭层级性的本性德行，来追寻伦理上的善。阿奎那从信仰立场出发，与亚里士多德划清界线，并非扬弃这哲人的伦理思想，而是分辨人以其自然功能、德行和目的过的生活，以及蒙恩的人以习性的恩典（habitual grace）和上帝赐予的德行所过的生活。②这分辨并非非此即彼之举，而是统摄亚里士多德思想于其体系的神学思考，或说把亚里士多德的自然生活，经批判才纳入他的恩典生活（life of grace）之中。

从《神学大全》第二集，上册，第 55 题，第 1 至 3 条，阿奎那

① Kent，"Habits and Virtues"，P. 118 – 119.

② David Knowles，"The Middle Ages 604 – 1350，" in *A History of Christian Doctrine*，ed. Hubert Cunliffe-Jones，assisted by Benjamin Drewery（Edinburgh：T & T Clark，1978），P. 272.

采用“人的德行”（拉丁文 *virtutes humanas*，human virtues）的字汇。例如他说：“人的德行是运行的习性（operative habit），是善的习性（good habit），产生善行（productive of good works）。”[①]不过到第4条，他却肯定以下的定义：“德行是心灵的善的质素，借它我们按正义而活，没有人能把它作坏用途，它是上帝在我们内心成就，却不用我们成就的。”[②]为什么他不采用“人的德行”，却单单用“德行”二字呢？他并非把动物也包括在内，而是因为他认为“人的德行”未能涵盖超乎人本性的德行，例如信、望、爱。这些都属人类的德行（拉丁文 *virtutes hominis*，virtues of human beings），却超出人的本性，是上帝恩典所赐。[③]

严格来说，在阿奎那的思想中，并没有所谓“两层”的建筑，来表述自然与恩典，或自然与超自然的关系。人具上帝的形像，与生俱来就有晤见上帝的愿望，也朝向超然的受造理智结构。自然的目的只是次要的目的，绝非人真正终极性的所在。必须有赖恩典在自然上“加工”，方能成全人。在此恩典（拉丁文 *gratia*，grace）可视为因着上帝的仁慈，他促使自己恩赐予人，使人发生真正或实质上的变化，或说恩典提升人灵魂的本质。[④]

正如上章导言所述，德行必须在恩典的场境内理解，不然易生误解，认为阿奎那自相矛盾，既定义德行为后天修习所得，却又认为某些是先天赋予。[⑤]阿奎那的《神学大全》是以恩典为主导，开宗明义宣告上帝给人更高的任命（拉丁文 *ordo*，ordination），救恩的知识揭示人是导向上帝的存有，此目的并非理性所能把握[⑥]。这是恩典的秩序而非自然的秩序，它展示上帝的计划（预定）和临在（三一的使命）。德行的神学旨望三一上帝带来新的存在形态，称之为恩

---

① 《神学大全》，第二集，上册，第55题，第3条。

② 同上，第4条。

③ Kent，“Habits and Virtues”，P. 119.

④ 唐逸：〈中世纪神学四讲之四：托马斯·阿奎那〉，《西方文化与中世纪神哲学思想》。（台北：东大图书公司，1992），P. 353－354。

⑤ 江作舟、靳凤山：《经院哲学的集大者阿奎那》，（合肥市：安徽人民出版社，2001），P. 168。

⑥ 《神学大全》第一集，第1题，第1条。

典。它的高潮和源头在于基督道成肉身的恩典。①

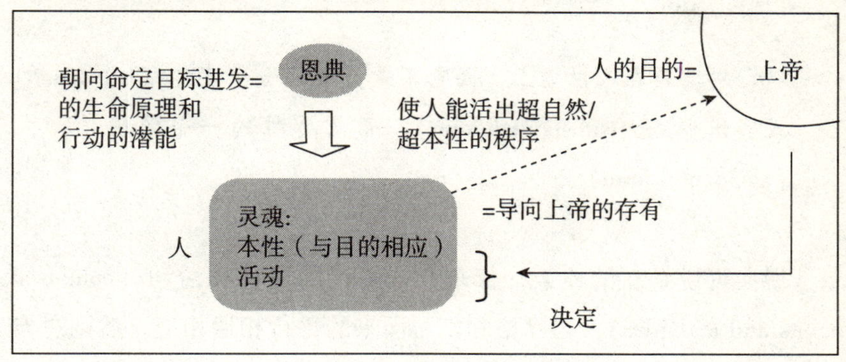

图 4.2　恩典在人性中的作用

人无疑需要上帝赋予能力，在新的秩序中生活。恩典带来的，不单是新的关系，更是生命力的实在；不是暂时性的帮助而已，却是朝向命定目的进发的生命原理。正如生物按各自的形式行动（act out of their forms），以达至其目标，其本性显于行动中②；同理，恩典是各项活动的原理（principle of various activities）和行动的潜能（potentialities for action），是内在的、基础性的源头，而非单单外来的力量（extrinsic force）。因着目的（希腊文 *telos*）决定本性（nature）和活动（activity），而在基督里显示人有特定的归宿，因此必然有一本性相应于此目标，上帝赋予人这本性，好叫人能以活在超自然或超本性的秩序（supernatural order）中。③阿奎那如是说：

> 恩典作为一项质素，并非如效用因（efficient cause），却如形式因（formal cause）般施于（act on）灵魂，有如白（whiteness）使一物白色，公义使事公正。④

---

① O' Meara，"Virtues in the Theology of Thomas Aquinas"，P. 259.

② 这是亚里士多德的思想。见 Aristotle，*Metaphysics*，IX，1 – 10. 参考译本：Aristotle，*Metaphysics*，trans. Richard Hope. Ann Arbor Paperbacks（Michigan：University of Michigan Press，1960），P. 181 – 199. 见汪子嵩：《亚里士多德关于本体的学说》，（北京：人民出版社，1983），P. 201 – 215。

③ O' Meara，"Virtues in the Theology of Thomas Aquinas"，P. 260 – 261.

④ 《神学大全》，第二集，上册，第 110 题，第 2 条。

再者，

> 恩典是在人性之上，因它不是灵魂的一个实体（substance）或实体形式（substantial form），而是灵魂的一个依附体形式（accidental form）。[①]

恩典可说是新的质素，带来共同赋予的习性和活动（coinfused habits and activities），与品格和修习而来的德行相遇相交。然则恩典究竟是什么？阿奎那的恩典是指上帝的临在，这只能用有限的语言表达，例如是更深层参与上帝的生命、是一推动人内在性（interiority）的超自然原理，是从上帝而来，内在于人心中的人的一种超自然实在。恩典遂成为一种生命形态（a form of life），却非某形式（form）能以涵盖。它具一定的稳定性，令人能分享神性，却又保持人与神的距离。它促使人能成为真正的次因（true secondary cause），活出更高的生命。[②]

恩典的赐予超越任何被造本性的功能，恩典之光本身已参与神圣的本性。上帝的救恩，作为恩典，在道成肉身清晰可见。救恩正是这联合的形式，而在人的生命存在之中及借其生命存在，可以见到恩典的具体性。因此阿奎那的神学伦理学既是圣灵论，也是救恩论。内中主导的有两项原则：（1）亚里士多德的心理学（即人的结构），和（2）恩典作为外来的帮助，故人性与恩典并重，彼此互不隶属、不相混淆。德行的伦理必须连于恩典的神学。[③]

阿奎那的老师阿尔伯特（Albertus Magnus，1193－1280）认为一如灵魂先于其功能，恩典也先于德行。人品格（human personality）之功能（faculties）并非实体（substances），德行作为其运作的习性（operating habits），属于质素。质素是依附体（accident），并不能自立的存在，必须依附某些主体才能生出德行。有见及此，阿奎那认

---

① 《神学大全》，第二集，上册，第110题，第2条。

② O' Meara, "Virtues in the Theology of Thomas Aquinas", P. 261－262.

③ 同上，P. 263－264.

为具德行的活动（virtuous activity），不是人类纪律而得，乃是从圣灵所赐的新生命而来。①

然则德行与恩典的关系如何？阿奎那认为人的目标是永生，人的本性却与此目标不成比例。恩典是上帝的赐予，使人性得提升，好使人与永生的目标相配合。②

阿奎那对恩典作仔细的区分，我们只讨论相关的项目。就人犯罪堕落而言，特殊恩典的邻近效果（proximate effect）是使不敬虔的人得以为义（justification of the impious），其终极效果是叫人达至全备的福乐。义在此是指人内在性向（interior disposition）秩序之正直（rectitude），人的高等能力服膺于上帝，人灵魂的低等能力服膺于高等能力，即理性。这里涉及（1）人被推动当下有所行动的恩典，并使人渐修习而得德行的恩典，和（2）去除那使人难辞其咎的东西，使人的行动成为善行的恩典。③

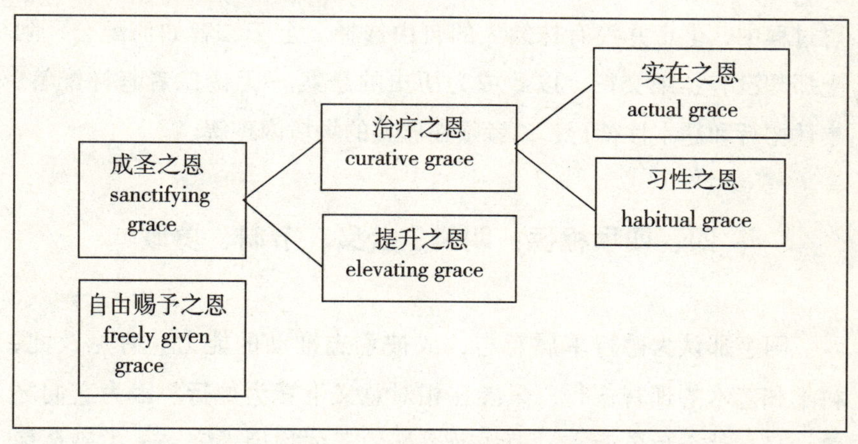

图 4.3　恩典的主要类别

首项恩典可分数类，包括：成圣之恩（拉丁文 *gratia gratum faciens*，sanctifying grace）和自由赐予之恩（拉丁文 *gratia gratis data*，freely given grace）。前者使领受者得以为义，它可再加以区分为治疗

---

① O' Meara, "Virtues in the Theology of Thomas Aquinas", P. 263–264.

② 同上，P. 264.

③ John I. Jenkins, *Knowledge and Faith in Thomas Aquinas* (Cambridge: Cambridge University Press, 1997), P. 149–150.

性恩典（拉丁文 *gratia sanans*，curative grace）和提升性恩典（拉丁文 *gratia elevans*，elevating grace）。顾名思义，治疗性恩典使人从罪的败坏得医治，并且可得着本性德行，达至自然的福乐。提升性恩典使人能得着超本性德行，达至超自然的福乐。自由赐予之恩是赐给某些人，好帮助他人成圣，例如行神迹或说预言。[①]

治疗性恩典可进而区别实在之恩和习性之恩。上帝使人某项潜能得以现实，可称为实在之恩（actual grace）。上帝赋予人某些德行的习性（virtuous habits），可称为习性之恩（habitual grace）。人得先领受实在之恩，好预备领受习性之恩。例如上帝首先推动恶人的意志欲求善，方才赋予怜悯、慷慨等德行。亚里士多德对德行的讨论，令阿奎那认为人的嗜欲功能的确有顺从理性的自然倾向，然而阿奎那只称之为“习性之端”（inchoate *habitus*）或“德行的种子”（seed of virtue），认为它们属潜能多于习性。阿奎那亦强调在整个赐恩过程中，上帝并没有抹煞人的自由选择。至于二者如何配合，阿奎那却没有详细交待，以致成为历史的悬案。[②]无论二者怎样配答，本性德行和超本性德行，二者须在恩典的场境内理解。

四、四项枢德：明辨、公义、节制、勇敢

阿奎那认为德行单属意志，或被意志推动的能力。有见及此，科学和艺术的理智德行，只能在相对意义下算为德行。因为它们之善，只在某个角色而言，例如做个好的天体物理学家、人类染色体专家、雕刻匠、电影剪接员等。因他们可被滥用的潜在能力，因此相对于人全面而整体的善，只能说是相对的善。例如一位解剖医生可杀人却不留下任何线索，电影剪接员可剪接色情电影。[③]

理智可分思辨和实践两大类。理解（希腊文 *nous*，understanding）、知识（希腊文 *epistēme*，knowledge，science）、智慧（希腊文

---

① Jenkins，*Knowledge and Faith in Thomas Aquinas*，P. 150.

② 同上，P. 151－154.

③ Kent，“Habits and Virtues”，P. 121.

sophia，wisdom）三者属纯粹理智或思辨理智（speculative intellect）之德，好使人达至真理。理解属直接的认知，当下认知感官接解事物的原理，知识和智慧却属间接的认知，若达至的结论是暂时性的，此理性称为知识；若达至的结论是终极性的，此理性称为智慧。明辨（希腊文 *phronēsis*，prudence）和艺术（希腊文 *technē*，art）属实践理智（practical intellect）之德。艺术提供造作事物的技艺。思辨理智之德与艺术都与善的意志或激情的秩序无关。明辨仍属理智之德，因为就是人意愿一适合的目的，也须思考达至此目的之合宜途径。不过它却紧扣道德德行，与良善的道德品格相关。阿奎那与亚里士多德皆一致认为，若没有明辨，则人也无法拥有公义、勇敢等道德德行，倒过来亦然，没有道德德行可以缺乏明辨。①

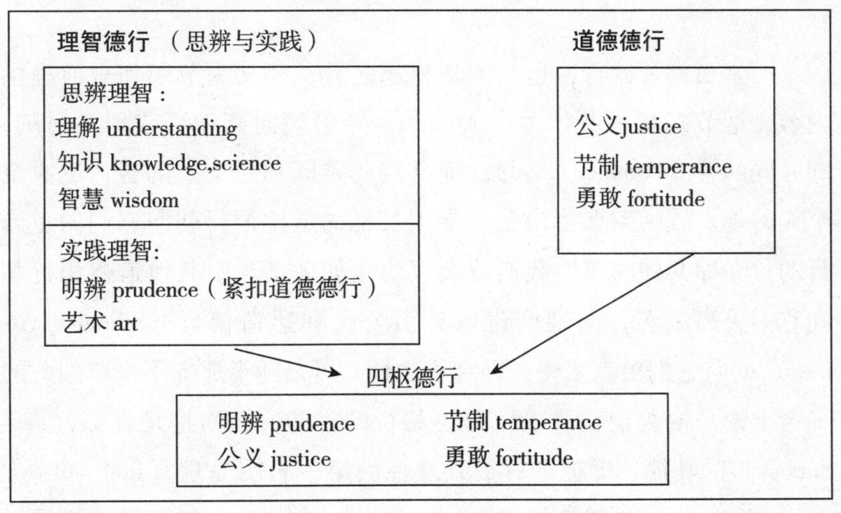

图 4.4　阿奎那的理智德行、道德德行和四枢德行

阿奎那把明辨及三项道德之德归于四枢德。三项道德之德是公义（justice）、节制（temperance）和勇气（fortitude），是用以衡量（deliberation），好使行动合乎理性的目的，而非受盲目的本能冲动或激情控制。公义是赋予当得的份给当得者，为意志提供导向。它

① Gilson，The Philosophy of St. Thomas Aquinas，320 – 22；Kent，"Habits and Virtues，" 121；参《神学大全》，第二集，上册，第 57 题，第 1 至 5 条；第 58 题，第 4 至 5 条。

并非基于感性知觉的嗜欲，而是基于理智嗜欲或意志。关乎他人之善，意志须理性的指引，这就是公义的使命。节制和勇气都是针对激情的控制，为感性嗜欲之欲情（concupiscible appetite）和愤情（irascible appetite）提供导向。[①]

这三项道德之德均需要明辨提供合宜的中道，例如：公义包括作不偏不倚的资源分配，不被私人交情或血源关系左右；节制包括吃得适量，吃自助餐时不被贪食控制，不重视满足食欲之小善过于一切；也不过度节食或禁食，以致影响健康；勇气包括不惧怕畏缩，不因眼前小善而逃避大善；也不鲁莽无惧，无视自身的危险。节制和勇气都是以行动者自身之善为指涉；公义则是以他人，亦即社群整体之善为指涉，此善是基于阿奎那的人观，即人是社会性的存有。[②]

明辨属理智德行，也是四项枢德之首。公义为节制和勇敢提供内容，把节制和勇敢作为个人的善，导引朝向其正当或更高目的，即共同的善（common good）。而共同的善既超越个人的善，也成全个人的善。故阿奎那指出公义导引其他的道德德行朝向它们的正当目的，亦即共同的善。我们或会以为正如公义导引其他道德德行朝向它们更高之善，同理明辨也导引公义和感情德行（affective virtues）朝向它们更高之善，即合乎理性。可是阿奎那却不采取如此的平衡推论。他否定明辨决定道德德行的目的，因为这是良知（synderesis）的功能，即提供对实践理性的第一自明原理（first self-evident principles）之惯性知识（habitual knowledge）。然而也可说导引

① Encyclopedia of Ethics, vol. 2, "Thomas Aquinas, Saint" s. v. McInerny; Porter, The Recovery of Virtue, P. 100－154.

② Etienne Gilson, The Philosophy of St. Thomas Aquinas, P. 323－324. Porter, The Recovery of Virtue, P. 100－154.

各德行朝向其真正目的。[①]

按坡缔（Jean Porter）对阿奎那的理解，若说欲成为道德的人（virtuous person），很难单单从途径/目的（means/end）的分析达至，因为某一目的不能脱离特殊的行动。德行的形式意念（formal ideas）并不足以决定哪类行动具德行。例如消除贫穷并不能决定施舍的行动具德行，因为知道好些乞丐极可能受有组织的犯罪集团操纵，施舍可能"帮倒忙"，反助长犯罪集团的罪行。有见及此，我们首先须要决定哪类行动在此特殊处境具德行，然后才思量何种途径最能达至此类行动，尤以公义的行动而言。故可说良知决定德行的形式目的（formal end），明辨则决定德行的实体性目的（substantive end）。[②]让我们借以下例子说明。

设若我是一位老师，良知告诉我应成为道德的老师，在学校中我须大公无私地批改文章。若然目前我在学校甲任教，大公无私是合宜的行动，途径之一是批改作业时尽力设立客观的评分准则，并

---

① Porter, The Recovery of Virtue, P. 155 - 156. 若要使善的认知成为一己的道德理想，首先须以善为善（relate to the good as good），或说以善为一己的善（as my good）。若要达至此，须调整嗜欲，以善为嗜欲的对象，或说以善为己所寻索、追求、向往者。按阿奎那而言，就是把嗜欲调较至特殊的目的，而这些特殊目的共同构成终极目的。那么人应当如何调校其嗜欲呢？这需要明辨之德和道德德行的配合。道德德行的建立，需要明辨作为实践理智之德，倒过来，道德德行也前设了明智之德。道德德行亦即道德嗜欲的性向，因此道德德行（三枢德：节制、勇敢、公义）的确立，能以确保嗜欲的调校。（McInerny, *Ethica Thomistica*, P. 108 - 111.）下图展示明辨与道德德行的关系。

道德德行	→	嗜欲调整朝向特殊的善（以善为善）
↑互为前设↓		自由选择 ↓（判断和命令）
明辨之德	→	实现目的之途径

McInerny 反对 Pieper 把良心与明辨等同。他认为二者在功能上重叠，在层次上却相异。良心的判断，是纯粹认知上的，把自然法原理应用于特殊处境中，故显示人对这类认知的能力。自由选择的判断，却是具道德性的，显示人的品格。见 P. 106 - 108 的讨论。

② Porter, The Recovery of Virtue, P. 156 - 160. 施舍之例为笔者所加。Porter 认为传统的理解，以明辨单为既定的目标决定途径，是基于翻译上取狭义所致。见 P. 157 的讨论。

特意不看首页的学生名字，直到给了分数，以免无意中得知是哪位学生，左右了评分。更准确地说，明辨是断定在学校甲（特定处境），以大公无私（何种活动）以及匿名的过程（特殊行动）批改，最能引发德行。可是在学校乙我可能须要有所偏私，因为那里不少学生起步慢，程度不足。因此须要调校客观的评分标准，并对诚心向学的同学格外开恩，好给予他们另一次机会，免得立时被赶出校。更准确地说，明辨是断定在学校乙（特定处境），以有所偏私（何种活动）以及知名的过程（特殊行动）批改，最能引发德行。

值得一提的，是阿奎那坚持德行的统一性（unity of the virtues），亦即拥有任何一项真正的德行，便是拥有全体德行，因为它们是彼此关联的。节制和勇敢必须由公义赋予秩序和特定内容，导引个人朝向平等的理想秩序，而非附从特殊社会的风习。同时它们也得被明智引导，好使一切的行动和反应，都是以人类之善为依归。因此若有不一致的现象出现，他认为那些人所表现的，并非真正的勇敢、忠心、仁慈等，只是呈现扭曲了的粗浅德行。阿奎那在背后的假设是：真正人类的善不能有相矛盾的面向，而理想的生命存在必然是统一的生活。个人的善也不可能与社群共同的善相冲突。纵然如此，阿奎那并非全盘否定其道德价值，因为它们算不上真德行，却不失具备某些德行的特色。例如残暴军人的勇敢虽然并非真勇敢，却比胆怯畏缩的军人更配得称赞。①

四枢德也如其他的德行，须要置于恩典的场境中理解。四枢德在上帝那里称为模范（exemplar）的德行，于人可称为社会性德行，因为人是社会性动物。不过人本不止于此：

> 不过人既须努力朝向神圣事物，……好些德行应被置于模范和社会……德行之间，……称之为完备中（perfecting）的德行。故因默观上帝的事情，明辨把灵魂的一切思想指向上帝，在自然界的可能下，节制忽略身体的需要；勇敢防止灵魂惧怕

① Porter, The Recovery of Virtue, P. 121 - 122.

忽略身体，未能提升至天上事情；公义是灵魂全心全意的同意依循提供给它的道路。①

当人达到近似上帝的境界，人就有已完备（perfect）的德行：

> 明辨是心无旁骛，只见上帝；节制是已脱离尘世欲求；勇敢是不知激情；公义是仿效上帝思维，以永约与之联合。②

我们可借下图来表达四枢德的光谱或范围（spectrum）：

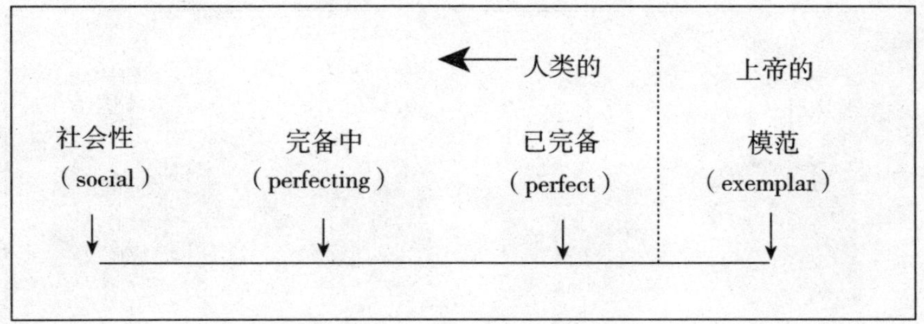

图 4.5　四枢德的光谱或范围

阿奎那的要点是：就德行的本质而言，自然修习的四枢德，若不是借仁爱指向上帝，它们便是匮乏的。唯有完备中或说炼净中（purifying）的德行，经由上帝连同仁爱一同注入人之内，才是算是无条件性完备的（unqualifiedly perfect），才使人的行动堪称善行。③

五、神学性德行：信心、盼望、仁爱

阿奎那理解的德行有两类：自然/本性（natural）和超自然/超本性（supernatural）的德行，这两类德行是基于他对人本性的理解：

① 《神学大全》，第二集，上册，第 61 题，第 5 条。“使完备的德行”（拉丁文 virtues purgatoria）按字意解作“洁净的德行”（cleansing virtues）。

② 同上。“完备的德行”（拉丁文 virtues purgati animi）按字意解作“洁净灵魂的德行”（Virtues of clean Soul）。

③ Kent，“Habits and Virtues”，P. 121 – 122.

“在正直的状态（state of integrity）下，人的运作能力（operative powers）是足够的，人按其自然的赐予，可望以合乎其本性之比例行善，例如修习（acquired）德行之善，不过人却不能超越此善……。然而在败坏本性的状态（state of corrupt nature）下，就是人本性之能力，人无法达至其善，……即不能成就自然之善。”①因此在败坏本性的状态下，人需要上帝恩典的医治，不然四枢德也无法令人达至自然本性之善。②然而就是在“完备本性的状态（state of perfect nature）”下，人也需要超然外加（superadded）或注入（infused）的恩典，好使人能期盼（wish）和行出超自然德行的善。③

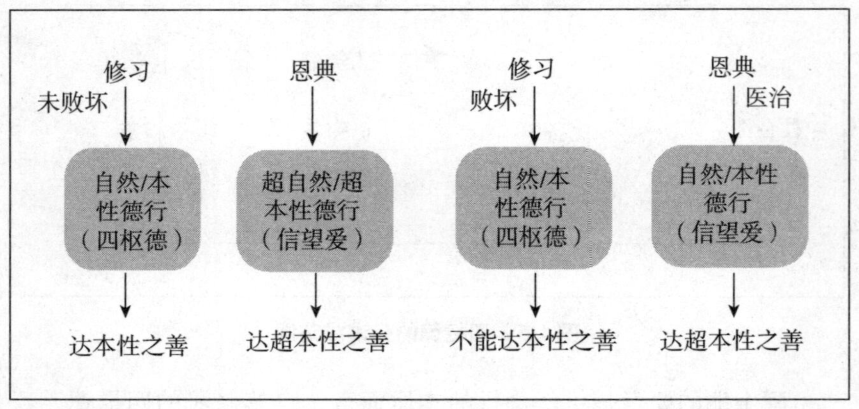

图 4.6　恩典之于自然和超自然德行

正如人因着本性德行的完备，其行动可导向本性的福乐，人需要超本性或神学的德行（theological virtues），使其行动可导向超本性的福乐。修习与赋予的德行在行动上或有相似，在目标和源头上却迥然不同。严格来说，唯有赋予的德行才全然的（complete）和配得上（deserve）绝对地堪称德行，因为它们引导人往绝对终极的目的。修习的德行只能有限度地称为德行，因为它们局限于某一范围内引导人。每项本性德行都保留其本性的能动性，却经由恩典得以扩展（expanded by grace），赋予更高的功能（capability）和导向

① 《神学大全》，第二集，上册，第109题，第2条。

② Porter, The Recovery of Virtue, P. 168.

③ 《神学大全》，第二集，上册，第109题，第2条。

(orientation)。[1]例如关乎饮食的节制，就本性德行而言，是按理性定下中位（mean），不暴饮暴食也不厌恶饮食，适量的享受食物之美味，修习仍规限于饮食范围。然而按超本性德行，则借禁戒饮食"攻克己身，叫身服我"，可见修习与赋予的节制，层次迥异。[2]

超本性德行与本性德行之别，尤见于前者全源自恩典，非人凭自身能力可达至，如阿奎那所言："信心、盼望和仁爱是超乎人类（superhuman）的德行：它们是人分享上帝恩典的德行。"[3]神学性德行有别于本性德行，是没有中位的，却随着人向上的进程加增。人按圣经的启示得悉它们。本性德行是以理性为准绳，神学性德行则以上帝自身为基准。[4]

信心是理智的习性，认同（assent）上帝的命题形式的真理。理智的对象是真理（truth），信心的对象是第一真理（First Truth）及其他事物，例如：道成肉身和圣礼，作为通往上帝之路。信所需的两项元素是所信之事物和信的动机（motive），二者都是从上帝而来。因此信心是超自然的恩赐，把心灵提升到自然理性之上。信心是处于科学（science）和意见（opinion）之间，它是不完备的知识，因为未见到所认同之事物，也不如科学基于自明真理，却比科学更具确定性，因为其内容是来自上帝的启示。[5]

---

① O'Meara, "Virtues in the Theology of Thomas Aquinas", P. 265.

② 《神学大全》，第二集，上册，第63题，第4条。

③ 《神学大全》，第二集，上册，第58题，第4条。

④ William S. Sahakian, Ethics: An Introduction to Theories and Problems (New York: Barnes & Noble Books, 1974), P. 82-83.

⑤ Francis John Selman, Saint Thomas Aquinas: Teacher of Truth (Edinburgh: T & T Clark, 1994), 87-89;《神学大全》，第二集，下册，第1题，第1至4条；第4题，第8条。

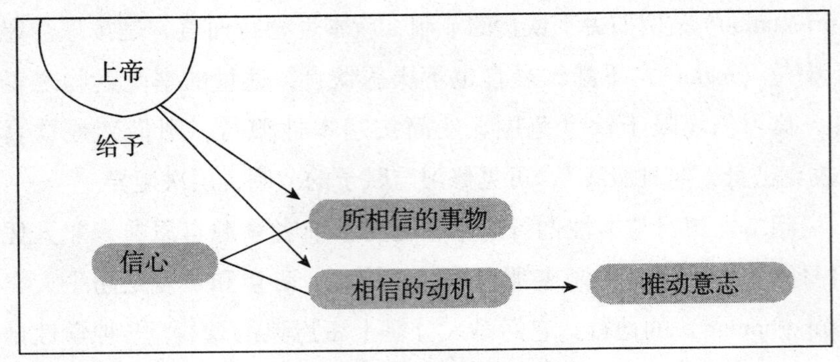

图 4.7 上帝与人信心的关系

上帝赐理解的恩赐（gift of understanding），照亮（拉丁文 *illustrat*，illuminate）心灵超乎自然理性的事，使人听而能信，并调校人思维之所向，因此永生始于我们内心，因为它包括晤见上帝（vision of God）的元素，也清理人对上帝错误的意像和误解。[①]信是关乎理智的完备，与意志没有直接关系。不过，信的行动却涉及两项主动原理：相信是理智的行动，认同是意志的推动。

仁爱是信心的形式（charity is the form of faith），仁爱使行动的形态与其目的之比例相应，不然信心只沦为没有生命之信。信心的行动是指向意志的对象，即善（the good），以及其目的，即神圣的善（Divine Good）。有生命的信（living faith）和没有生命的信（lifeless faith）虽然属同类（species），后者却不是德行，因为它虽然能使理智完备，却不能使意志完备。信的反面是不信（unbelief）、异端（heresy）和背道（apostasy）。[②]

盼望的对象有二：人所欲求的未来之善和达至它的帮助。上帝就是盼望的对象，因我们盼望得着永恒福乐，并且须依靠上帝，才能上达这境界。故盼望属神学性德行。上帝是全备之善的源头，盼望使人寓居于他之内。盼望既关乎未来的福乐，也信任现今可以得着帮助，向这目标进发。[③]

因着倚靠上帝的帮助，我们能辨别神学性的盼望与欲求的情感

---

① Selman，Saint Thomas Aquina，P. 87 – 89.

②《神学大全》，第二集，下册，第4题，第2至5条。

③ Selman，Saint Thomas Aquinas，P. 90.

(emotion of desire)。欲求不能算为神学性德行，因为欲求并没有人须在目前寻找上帝的含意，或与他有属灵接触的意义。再者，虽然盼望相比于所盼望的事物，尚未完备，因为未曾拥有它们；不过人若懂得倚靠上帝的帮助，就已把握了正确的途径，能以面对信徒生活中，经常出现的困难和属灵的试炼。[①]

阿奎那认为仁爱（拉丁文 *caritas*，charity）比爱（拉丁文 *amor*，love）更高。[②]爱只是激情（passion）的行动，仁爱却不然，它是为他人之为他人（for the sake of the other person）的友谊，并且是双向的。仁爱，是与上帝的友谊，仁爱的核心是使人与上帝联合（union with God)，因为上帝是我们福乐之源。友谊的特色是因着对方临在，这足已使自己喜悦，并且人不求自己的益处，乃求对方之善。仁爱还包括双方的投契和彼此具相似性，因为人具上帝的形像。当然，我们对上帝的爱，远不及他对我们的爱。爱可以一面倒，友谊却是双向的。人可以爱马，却不能与马为友。爱邻舍与爱上帝是同一的爱的行动，爱邻舍是参与上帝的仁爱。仁爱是上帝赋予的德行，是圣灵居于我们心中的效果，是人凭己力无法达至的。从圣灵而来的仁爱使人得以自由。[③]

我们须把仁爱的对象扩展至万物。虽然我们的目的是爱上帝，却借此爱一切从上帝而来的东西。[④]仁爱是至高的德行，也是其他德行形态的效用因（efficient cause)，为它们赋予方向。它是圣灵住在我们之内的效果。圣灵既成为我们内心的自由，从圣灵而来的仁爱遂使我们得享真自由。仁爱之高超足以使它影响其它德行，不过它

---

① Romanus Cessario, "The Theological Virtue of Hope (IIa IIae, qq. 17 – 22)", in Pope, ed., The Ethics of Aquinas, P. 234. 参《神学大全》，第二集，下册，第 17 题，第 1 条。

② 阿奎那把爱分三大类：(1) 欲求某物使它对我为善（well-wishing)，例如爱酒。(2) 仁慈（benevolent）之爱，盼望对方能得着某些善，不必然对己有益。(3) 友谊（friendship）之爱，包括前二者，且具彼此相交（mutual communication）的特性。参《神学大全》，第二集，下册，第 23 题，第 1 条。

③ Selman, Saint Thomas Aquinas, P. 91 – 94.

④《神学大全》，第二集，下册，第 25 题，第 2 至 8 条及 12 条。

自始至终仍是一项德行，唯有仁爱背后的恩典，才能领人到永生。[①]

让我们以下图来表述阿奎那的德行结构：

第三层	德行的活动领域:某一德行被圣灵的恩赐强化
第二层	德行的高潮:恩赐（gifts）、福乐（beatitude）、圣灵的果子
第一层	德行的基础：恩典

图 4.8　阿奎那的德行结构

阿奎那认为就是第三层次的运作，也是来自恩典的涌流（flow of grace）。在第二层次，恩赐是更高的完备（higher perfections），调校人的倾向，好使人更容易被上帝推动。例如：催促人更容易地对上帝的启示回应，使人与上帝在直感的层次（instinctual level）（而非在理性衡量的层次）相遇。在此德行已达至与上帝领域的“共性质”（connatural）接触。恩赐并非超然或暂时的感召力量（charisms），而是从三一上帝临在，所涌流出来的生命原理。[②]

六、伦理的定规：律法

阿奎那对律法的定义如下：“理性的法规（ordinance of reason），由负责社群的人，为了共同的善（common good），订立和颁布（promulgate）。”[③]这定义涉及四项准则。（1）理性：律法属理性的范围，因此若某统治者单凭个人意愿颁布不合理性的律法，此所谓“法律只不过是罪孽而已”。（2）共同的善：律法应以社群的福乐为主，使内中每个人都可过善的生活，一切活动都出自理智和道德的德行。（3）公众代表：律法的制订须经由整个社群或代表社群的人参予。家族之首或会为自己的家族订定律法，可是某一家族只是一个政治社群的成员之部分。（4）颁布：这是律法的工具因（instru-

① O' Meara，“Virtues in the Theology of Thomas Aquinas”，P. 267－268. Selman，Saint Thomas Aquinas，P. 93.

② O' Meara，“Virtues in the Theology of Thomas Aquinas”，P. 269.

③《神学大全》，第二集，上册，第 90 题，第 4 条。

mental cause），使律法落实于应守法的人。这并不意味着武力或暴力，而是引导实践理性与百姓接触。若缺乏这四项准则其中之一，则不能称为律法。虽然强制不是律法的本质，可是社群却有强制的权力。[①]

阿奎那把律法分作四大类：永恒法（拉丁文 *lex aeterna*，eternal law）、自然法（拉丁文 *lex naturalis*，natural law）、人为法（拉丁文 *lex humana*，human law）或成文法（拉丁文 *lex positiva*，positive law）、神谕法（拉丁文 *lex divina*，divine law）[②]。成文法可再分为人为法和神谕法，不过传统多把成文法等同人为法。人为法可细分为国家法（national law）和民事法（civil law），而神谕法也可细分为摩西法和基督法。摩西法又可辨别三大类：道德（moral）、礼仪（ceremonial）和法规（judicial）。

图4.9[③]展示这些律法的相互关系。让我们作点初步解说，才进入详细讨论。永恒法与非永恒法之别，在于前者是在上帝思维内之法则，后者则是人思维所体会之法则。自然法与成文法之别，在于前者是合乎万物本性的一切法则，后者是成文颁令的法则，占前者的小部分。人为法与神谕法之别，在于前者是自然的、非启示的法则，后者则是上帝启示的法则。

在功能上，永恒法是上帝制定的规则，以之创造宇宙万物，以及指导宇宙万物的活动，使整个宇宙都朝向善的目的进发。[④]一切人以下的被造物都非意识地（unconsciously）参与永恒法，人既是理性和自由的，其行动可违反此法。[⑤]形上的说，永恒法是原型（archetypes），是在上帝思维内的观念，这可类比柏拉图的理型世界（world of Forms）。上帝以这些原型来创造世界。人的本性就是原型

---

① Clifford G. Kossel, "Natural Law and Human Law (Ia IIae, qq. 90 – 97)", in Pope, ed. The Ethics of Aquinas, P. 170 – 171.

② 《神学大全》，第二集，上册，第91题，第1至4条。

③ Vincent McNabb, "St. Thomas Aquinas and Law," Blackfriars (May 1929), P. 1058，转引自 Anthony J. Lisska, Aquinas's Theory of Natural Law: an Analytic Reconstruction (Oxford: Clarendon Press, 1996), P. 296.

④ 江作舟、靳凤山：《经院哲学的集大者阿奎那》（合肥：安徽人民出版社，2001），P. 182。

⑤ Copleston, Aquinas, P. 220 – 221.

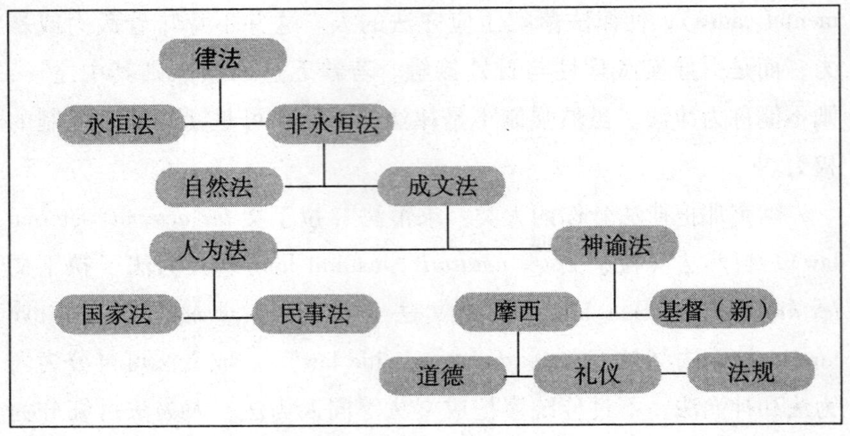

图 4.9　阿奎那对律法的分类

的例子。①

既然永恒法是上帝制定法则，人却可违反此法，因此人必须认识此法。可是人却无法从上帝的思维中得悉此法。②上帝以永恒法眷佑（providence）万物，因此万物参与永恒法。永恒法也印在万物之内，使万物行动的倾向，朝向所定的目的。人作为理性的被造物，俯伏在上帝眷佑之下，也有份参与上帝的眷佑。对阿奎那而言，人的理性有份参与永恒的理性（Eternal Reason），理性的受造物是以自然法参与上帝的永恒法。③故人可从自身的基本倾向和本性的需要，按理性之光反省，从而认识自然法。

在功能上，成文法是要维护公义，即维护正之事，或说合乎理性的准则。对于某些性向行恶的人，成文法是要规限和禁止他们行恶，好使具德行的市民能平安度日。就其基础而言，成文法或说人为法，是从自然法衍生的，而自然法是理性的第一法则。阿奎那反对律法的实证主义（legal positivism），把律法与道德分家。律法必须建基于共同人性之发展的特性（developmental properties），律法的认受性，在乎它是否与人性的特质吻合。因此压迫人性的“律法”，压

① Lisska, Aquinas's Theory of Natural Law, P. 92 - 95.

② Copleston, Aquinas, P. 221.

③ 《神学大全》，第二集，上册，第 91 题，第 2 条。

根儿不是律法，因为它缺乏律法的基础。①

神谕法是上帝的启示应用于道德的处境。若要达至福乐和完满，也即终极目的，人的道德发展是必要的。可是要把握自然法及其形上涵义并非易事，因此上帝有“道德责任”向人启示基本的原理，使人的道德成为可能。神谕法使人借着洗礼，意识其超自然的目的。恩典使自然完备，因此神谕法不可能与理性相矛盾，亦即不能与永恒法中的原型相悖，因为人性是从之而来。而十诫也是从分析人性而来的，它们是健全的、理性的道德原理。因为人单凭理性探求，甚为艰难。故上帝使它成为启示的部分内容。②

既然有了自然法和人为法，有理性之光，令人能以认出道德秩序，又何须有神谕法呢？原因是人的理智并非不能犯错，人若要看清楚内在于人性的道德秩序，亦非易事。人的私欲能蒙蔽理智，使良心模糊不清；人的罪恶状况，更阻碍人认识自然法。圣经如同一面明镜，启示人生命的整体和完满的意义，澄清暗晦不明之处。爱仇敌便是一例。③人不易从推理而得。

对阿奎那而言，永恒法、自然法、成文法三者虽各异，却具连贯性。若以树木为喻，永恒法有如隐藏的树根，自然法有如树干，不同系统的成文法有如树枝。④“自然法的律则之于实践理性，有如论证的第一原理之于思辨理性，因为二者皆自明原理。”⑤正如存有是思辨理性理解的首项，善则是实践理性理解的首项。因为实践理性指向行动，而施动者视所行之目的为善。因此自然法的第一原理是：当行善避恶。虽然思辨理性和实践理的第一原理都具同等确定性，二者所达至的结论却不然。⑥

---

① Lisska, Aquinas's Theory of Natural Law, P. 110 - 111.

② 同上，P. 112 - 113. 因此若问一行动为正（right），是因为它是上帝所命令，还是因为它本为正，因此上帝才命令它？俄坎的欧廉的选票投向前者，阿奎那则投向后者。阿奎那认为行动之正与误，在乎它是否与人性之性向特性一致。（见 P. 114。）

③ 吴智勋：〈自然律伦理探究〉，《神学年刊》，第七期，P. 31 - 32。

④ New Catholic Encyclopedia, vol. 10 (Washington: Catholic University of America, 1967), s. v. "Natural Law: Thomistic Analysis" by J. C. H. Wu, P. 256.

⑤ 《神学大全》，第二集，上册，第 94 题，第 2 条。

⑥ New Catholic Encyclopedia, vol. 10, s. v. "Natural Law: Thomistic Analysis" by Wu, P. 256 - 257.

让我们在自然法上再进一言。自然法是基于人的自然性向。阐释自然法的两个核心问题是：（1）人的本质之基础是什么？（2）当如何厘定人本质的内容？此即自然法的形上和认知问题。就前者而言，人性的本质是由一组核心的性向构成，或说是由综合先验（synthetic a priori）的性向特性构成。①

性向不必然是具意识的驱使（conscious drive）。只当思维反省人的经验，并决定建构对人性的可能解释，它才成为人意识的对象。基于人的性向特性，若一行动有违这自然发展的过程，方算是不道德，因为道德的基础在于人性。一行动在道德上是错的，不是因为上帝命定它为错，而是因为它有碍性向特性的完成，或说它妨碍人的自我实现。这是基于形上本质论的道德理论。自然法不外基于本质人性之道德特性（moral properties）。②

阿奎那认定自然法是理性被造物对永恒法的参与，不过这参与既有限且有缺陷。人的参与在于对某些一般原理的认识，而非对个别个案的抉择。实践理性的第一原理是当行善避恶，这是基于万物均寻求善的基础。自然法有一定的秩序，正如自然性向也有一定的秩序。从第一原理推论的一般原理，首要的是与一切自立体共通的倾向：保存自身，于人而言就是保存生命。其次是与动物共通的倾向：生育，于人而言是生产、喂养、教育。再其次是人独有的倾向：认识关乎上帝的真理和活在社会中。不过因着实践理性的对象，是偶发的事物，因此越远离一般原理的结论，越容易出现错漏。③

有见及此，上帝赐下诸如十诫的神谕法。十诫规条属自然法，因为它们全都符合理性。首四诫属神圣的成文法，末六诫属不用启

---

① Lisska, Aquinas's Theory of Natural Law, P. 103－105. Lisska 指出阿奎那的伦理自然主义（ethical naturalism）理论有以下九项特色：（1）性向的特质具发展性；（2）性向之自然所向是发展过程的完成；（3）人和谐地完成其性向特质，即人本质的内容，构成人的美满（well-being）；（4）目的，即美满，按定义是一善；（5）目的有多少，善就有多少；（6）善的概念是不可共量的；（7）发展过程的阻滞窒碍整个过程；（8）人的自然过程被窒碍否定人达至美满的可能性；（9）全面发挥的人是道德概念的源头和基础。（参见 P. 103）

② Lisska, Aquinas's Theory of Natural Law, P. 105－106.

③ 《神学大全》，第二集，上册，第94题，第2及4条。

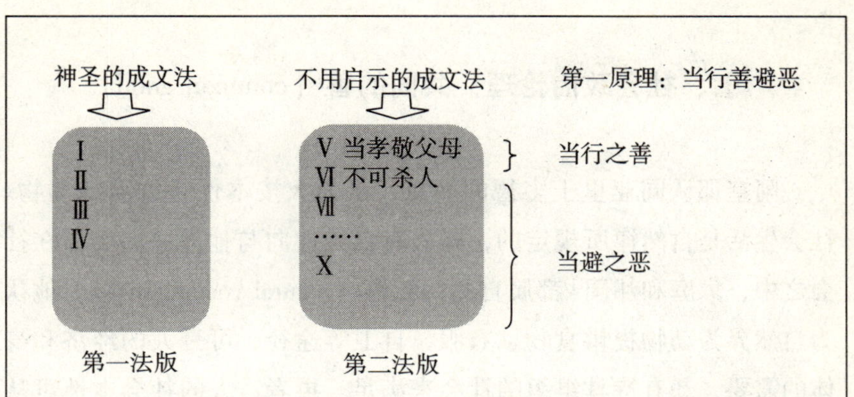

图4.10　十诫与理性第一原理的关系

示的成文法，与第一原理极近。“当孝敬父母”是“当行善”之具体化，其余的是“当避恶”之具体化。摩西法属自然法，例如当尊敬老年人，虽然它们并非极近第一原理。对自然法的义务是基于事物的本质秩序，也是基于万物至终是上帝所造。只有少部分自然法可以借成文法作制裁，例如：成文法难以制裁心里动淫念的人。不过，人借良知之直观，可认识自然法。①

自然法的规条是对终极目的的一般性指引，越是概括性，越能涵盖人全幅之善。因为人的每项行动之善都内蕴着终极的目的，因此阿奎那认为自然法对处于任何时代的一切人皆适用。从自然法也可引出绝对的道德原理，也即对人所当作之事判为善，所不当作之事判为恶，此判断不容有例外。当然也有不少非绝对性的规条。人的终极目的和自然法规条的发展为人提供道德理想，此理想提供准绳，以判定规条在某处境是否具绝对性。例如：禁戒式规条之不可谋杀和不可贪恋他人妻。这些都属绝对性规条。阿奎那认为人是无法以谋杀或奸淫行善的。②

---

① New Catholic Encyclopedia, vol. 10, s. v. “Natural Law: Thomistic Analysis” by Wu, P. 257.

② McInerny, Ethica Thomistica, P. 47－78.

七、社会政治伦理：共同的善（common good）

阿奎那认同亚里士多德的观点，认为人按本性是群居的动物。社会生活是自然律所规定的，即人有自然性向与他人一同生活在社会之中，家庭和邦国[①]都属自然的社群（natural communities）。他认为自然界为动物提供食物、衣服、自卫等途径，可是人的经济和身体的需要，却有待具组织的社会来满足。再者，人的社会本性可从语言的发展得悉，因为唯独人才能发展语言，作为思想的表达和沟通的途径。因此社会并非纯然"人为"（artificial）的结果，而是本于人的存有之自然建设，故社会是在上帝旨意之内。[②]

阿奎那认为邦国的任务是维护共同的善（common good），那么这共同的善是否等同成全（fulfillment）每个市民，而政府和法律是否应促成此成全，使每人的德行得以完全（complete）呢？阿奎那对此却不以为然。这是基于他区分人为法与神谕法：

> 人为法与神谕法的目的各异。人为法的目的是邦国暂时性的安宁，法律导引外在行动以达至此目的，所针对的是破坏邦国平安状况的恶。……神谕法的目的是领人到永恒福乐的目的，罪构成达到这目的的拦阻，不单外在行动，内在行动亦然。故那足以使人为法完备的，即禁戒和刑罚罪，并不足以使神谕法完备……唯有圣灵的恩典或恩赐——仁爱，才能成全律法。[③]

之所以如此区分，是基于阿奎那对善之区别：全备的善（perfect goodness）与不全备的善。当事物自身足以导至命定的目的

---

① 这里采用"邦国"（拉丁文 civitas，state）一词，是指城邦（city state）和国度（kingdom）而非国家（State）。Finnis 认为"civitas"与政治社群（communitas politica，political community）或民众社群（communitas civilis，civil community）同义。参 Finnis，Aquinas，P. 219－220.

② Copleston，Aquinas，P. 237－238.

③ 《神学大全》，第二集，上册，第98题，第1条。

(ordered end)，则具全备的善。当事物自身只有助于达至命定的目的，却不足以实现此目的，则具不全备的善。正如某药物若能使人恢复健康，则是完备的善。该药物若只有助于治疗，却未能使人恢复健康，则是不完备的善。①

换言之，神圣管治与民事管治，无论在目标和方法上，皆有差异。人为法施诸的社群所关注的是外在行动，在公义之下彼此联系相交。故其焦点不离开公义的范围。人为法并不为人类一切德行立法，只为与公义直接或间接相关的事项立法。毫无疑问，除了共同的善，也有个人和小众的善，这些私人的善（private good）却不在政治上共同的善（political common good）的范围。②

因此政治上共同的善是有限的，它不必包括教会作为另一社群。它排除了涉及大众却非全体的善，例如信仰和敬拜。阿奎那称此针对政治社群的、有限的，共同的善，为公众的善（bonum publicum，public good)，以别于私人的善。公众的善基本上是人与人之间的(interpersonal)，是以他者为导向的（ad alterum，other-directed)，是人之于人的（hominum ad adinvicem，person to person）善。③

构成公众的善的两项元素是公义和平安（拉丁文 *pax*，peace)。平安的涵义极广，它不单指在基要事上没有分争，彼此协谐，也包括愿意达成协议，更蕴涵个体与个体之间欲求达至彼此和谐（拉丁文 *unio*，harmony)。阿奎那认为人为法的主要意图是使人与人之间的友谊稳固，因为唯有以友谊和爱（拉丁文 *dilectio*，love）为基础，方能以公义的律则来维护和平。④

阿奎那认为若然人只是单独的生活，单凭理性的引导便成。然而“人按本性是社会性和政治性的动物”。⑤统治者作为公义的监护人，可以是立法者、施法者、最高的审判者。政治体制是以公义管

① 《神学大全》，第二集，上册，第98题，第1条。

② Finnis，*Aquinas*，P. 222－226.

③ 同上，P. 226－227.

④ 同上，P. 227－228. Finnis 认为这与阿奎那在 De Regno 的立论并没有冲突。见同书，P. 228－234。

⑤ Thomas Aquinas，“On Kingship：To the King of Cyprus，” I.（原著为 De regno）收于 Aquinas，*On Law*，*Morality*，*and Politics*，P. 263.

治的，统治者应以公义的律法管治，换言之，所依之法必须基于公义作为第一原理，按理性推衍而来，而非出自个人或集体的意愿。①

阿奎那认为君王对其国度的责任，有如灵魂对身体的责任，又有如上帝对宇宙的责任。君王的职分是按上帝的名，在其管治范围内秉行公义。②“管治就是引导所管治的到其指定的目的。……若某物的目的在其自身以外，例如船只的目的地是某港口，则管治者的责任不单在于保存它丝毫无损，更应确保它达至指定的目的地。”③虽然人类社会的对象是过德行的生活，然而人是以享受上帝为更高目的，个人如是，社会亦然。不过君王对此却难以胜任，因为托管给他的，是地上的事。唯有属神的管治，方能达到这目的。上帝把这责任交付那位既人且神的君王，耶稣基督。④

阿奎那论属灵与属世权柄，的确带含混性。在《论君王》（*On Kingship*）中，他提出在层级性的目的结构下，那导人向永恒救恩者，自然高于在那导人向地上快乐者，以致他提出君王应在祭司之下。然而他的立场并非全然倒向神权统治。在《神学大全》第二集，下册，第60题，第2条，他认为统治者负责民众社会的共同的善，并以社群代表的身份管治，故神职人员介入的唯一理据，是关乎直接威胁灵魂的救恩之事项。两处文章的观点有出入。⑤

管治社群的统治者，若非以该社群的共同的善为依归，却单着眼于一己的私利，已构成不公义（unjust）的管治。阿奎那认为按圣

---

① Dino Bigongiari, “Introduction,” in *The Political Ideas of St. Thomas Aquinas: Representative Selections*, ed. with an Introduction by Dino Bigongiari（New York: Hafner Press, 1953）, xv-xviii. Bigongiari. 指出法律中内蕴的强制性是难以施于统治者身上，因为强制必然涉及强制者和被强制者，统治者不能同时扮演此二角色。因此对统治者的制约，只能从上帝而来，亦即良心的制约。在此可见阿奎那以道德来平衡政治。（见页xviii-xxi 的讨论。）

② Thomas Aquinas, “On princely government,” V. 1. Thomas Aquinas, “On princely government（*De Regimine Principum*）”, V. 1 - 9 此文收于 Robin Gill, *A Textbook of Christian Ethics*, new revised ed.（Edinburgh: T & T Clark, 1995）, P. 168 - 174.

③ Aquinas, “On princely government”, V. 4.

④ Aquinas, “On princely government”, V. 7.

⑤ Paul E. Sigmund, “Introduction”, in *St. Thomas Aquinas On Politics and Ethics*, A Norton Critical Translation. Trans. and ed. by Paul E. Sigmund（New York: W. W. Norton & Co., 1988）, xxii.

经的教导，若然君王执行暴虐的统治，人民宜忍受之。不过若一社群按其权利为自己立王，此王却暴虐，滥用赋予给他的王权，则这社群废掉这王或削减其权柄，并不违反公义。因为所拥戴的王并没有忠心履行职务，故其子民没有必要持守与他所立的约。①

阿奎那按统治者的人数，区分三组政制，每组有好有坏：君主制（monarchy）与暴君制（tyranny）、贵族制（aristocracy）与寡头制（oligarchy）、民主制（polity）与暴民制（democracy）。每组的首项都是公义的政体，次项是不公义的政体。就统一性和效率而言，君主制是最佳的制度，与之相对的暴君制却是最坏的制度。他的标准是统治层人数越少则越佳，但也可以越坏。②

其实阿奎那尝试走中间路线。虽然他赞同君主制，却也认为另两类也有贡献。他强烈意识到对君权规限的重要性，以免君王变成暴君。这些规限包括社群的常规法律、人民选王废王之权、教会的道德和属灵引导、以及统治者意识自己须向上帝交账。可见阿奎那以内在结构性规限为轴心，结合了下而上的民众传统，和上而下的神权君主传统，好在理性与信仰、唯理主义与经验主义、个人主义与集体主义、掌权与参与之间，求取中位。③也许这也是他对亚里士多德中位伦理的另一应用。

八、结 论

借用迦尔态（R. A. Gauthier）的结论："阿奎那从来不是，也从来没有想过，在神学家以外立足。若他的《神学大全》的第二部，论述尼各马可伦理学（Nicomachaean ethics），这纯然因为他在亚里士多德的道德哲学中，找到理性工具，令信仰能教导人有关生命的目标。托马斯从来没有纯然为了亚里士多德的原故，撰写道德哲学

① Aquinas, "On Kingship," VI. 此文收于 Aquinas, *On Law, Morality, and Politics*, P. 267 – 271.

② Aquinas, "On Kingship," III. 此文收于 Sigmund, *St. Thomas Aquinas On Politics and Ethics*, P. 14 – 29.

③ Sigmund, "Introduction," xxiii.

或对其作品作注释。……他在其神学中借用亚里士多德的道德哲学，而这神学的活泼心灵，是亚里士多德无从知晓的。”①他的神学伦理学的创意，在于运用亚里士多德的洞见，描述在基督的灵促使下，活出登山宝训的模式，会是一个怎么样的生活形态。若不从他作为神学家的角度去理解他，就必然误解他。②

阿奎那的伦理，很大部分是就亚里士多德的思想，建立从超本性到本性的行动神学。他的神学伦理学，是建基于其形上学和超自然秩序的心理学之上。他的德性神学，并非苦修法、避世主义、英雄式的主体性或为亚里士多德披上宗教的外衣。在恩典与自然二分却不对立的格局中，阿奎那注入亚里士多德心理学的创见，以实体和主体、行动从本性经由性向或习性而出的理念，在本性和恩典下安顿人的主体性，为人的活动提供稳定性。③

现今的德行伦理往往不是太哲学化，便是过于机械化，令德行仿佛成为人努力的成果。当今宗教性德行伦理，太偏于亚里士多德、人文主义或启蒙思想。又或过于注重修习而来的德行。单凭人意志的仁爱或顺从，使意向对道德行动的道引，成为伦理规范的唯一准绳。阿奎那肯定存有和恩典既合且分，他兼顾创造与恩典，认定二者各自都在荣耀上帝。他并把恩典与人性的联合，座落于耶稣基督身上。道成肉身遂成为其思想的重点，从而确立恩典为一生命原理。④

在这场景中，严格来说，阿奎那的伦理算不上是德行伦理，因为德行既非其起点，也非终点。德行始于两源头：人的整体性（to-

---

① R. A. Gauthier, *L'Ethique à Nicomaque* (Louvain: Publications Universitaires, 1970), P. 275 转引自 O' Meara, “Virtues in the Theology of Thomas Aquinas”, P. 277, n. 60. 郑强对阿奎那的伦理，作严厉的批评。看来他未尝得其精义，只一面倒批评其宗教性。见郑强：《神权政治思想》之第三节“阿奎那的政治思想”，载于王振槐主编，李承副主编：《西方政治思想史》，（南京：南京大学出版社，1999），P. 76－82。郑强的“披着哲学外衣的神学论”、“打着理性幌子的信仰论”、“挂着君权招牌的神权论”等分题，相信是基于某种阴谋论的思考模式，看不到阿奎那结合和折中的努力。可能郑强是以无神论为其前设，拒绝以他作为神学家去理解他的思想。

② O' Meara, “Virtues in the Theology of Thomas Aquinas”, P. 277.

③ O' Meara, “Virtues in the Theology of Thomas Aquinas”, P. 277－279.

④ O' Meara, “Virtues in the Theology of Thomas Aquinas”, P. 279－281.

tal human personality）和上帝的恩典。德行终于圣灵所注入或充满的恩赐（instinctual gifts）。神学伦理所表达的，不外乎上帝的国度和在圣灵里的生活。阿奎那伦理的高潮，就是律法的内在化，活跃于人心中，亦即圣灵的临在，也即恩典。换言之，外在的宗教和盟约，已成为内在的圣灵临在。阿奎那的神学伦理，就是人活在上帝管治的实在中之伦理。①

阿奎那伦理及神学之精彩，在于他敢于面对亚里士多德哲学的挑战。他既非因着此哲学的威胁，便全然反对，与之割裂。但他也不因这哲学的吸引，便照单全收，毫无批判。他的伦理学，无疑是神学伦理学，在恩典神学之下反省亚里士多德的思想，既尊重哲学的成果，亦提供一超越的基点作反省。其思想能在天主教中占举足轻重的地位，是实至名归的。何况更可成为与当今哲学对话的宝贵资源。

阿奎那的神学伦理学，无疑紧扣其形上学。对某些人看来，可能是项缺点，然而神学伦理学或任何伦理学，又怎能不紧扣形上学呢？没有形上学，就不能解答善与正的问题。若然如此，伦理学只会成为一社会伦理现象，或说只算为描述伦理学。阿奎那所建基于其上的，是经修正的亚里士多德的形上学，是一具动态而非静态的形上学。因此其形上学，具备与当代形上学对话的能力，也蕴含自我更新的潜质。若以为阿奎那的神学伦理学，是建基于一“过时”的形上学，便迫不及待地否定它，实为不智。

阿奎那指出人是处于绝对需要中，人有待完成，而这完成唯有在爱中领受才能达至。仁爱调校人的欲情和愤情，促使人的嗜欲合乎本性和超本性。欲情的动向使人的道德生活从爱到喜乐，愤情的动向使人排除万难，专注求善。仁爱也使人意志的决定，符合自然法。如此人与上帝相似，与上帝联合，享受福乐，即恒久亲近上帝。这样的人具德行，安于行善，因为他们渐渐成善。②简而言之，阿奎那的伦理是处于恩典之下，渐在爱中成善的伦理。

---

① O' Meara, “Virtues in the Theology of Thomas Aquinas”, P. 279 - 284.

② 参 Wadell, *The Primacy of Love*, P. 146 - 148.

阿奎那神学关注的是：善是什么？如何达至善？对他而言，上帝就是善本身。是以一切导致善的事物，皆在神学领域之内。故在他的思想中，神学与伦理不单不可截然二分，甚至可以说他的神学伦理学也就是伦理的神学，意即以伦理主导，以伦理为旨趣的神学。因此神学反省与行动是相互蕴含的。阿奎那的系统，可为当今的社会和个人伦理，提供实质和鲜明的立场。

再者，以人的本性为伦理的成分之一，也使其伦理与当今世俗伦理有不少对话空间。例如孟子知善知恶、好善恶恶、为善去恶的良知，可与阿奎那的相比。孟子之知善知恶，可相应于阿奎那之良习和良心的运作。孟子之好善恶恶，可相应于感性嗜欲被道德德行塑造其能力。孟子之为善去恶，可相应于意志的推动，以及内在的行动和外在的行动的施行，以致行动之对象、处境、目的全皆合乎善，能以为善去恶。

若从基督教的角度看，阿奎那把救恩纯然视为人回归上帝（return to God），成为追求永恒福乐的过程，某程度上有把救恩功德化之嫌。若然把救恩分辨得救与成圣，视阿奎那的神学伦理学为成圣论的反省，则既可在某程度缓解人为与恩典的张力，也可为成圣论提供丰富内容。

最后，为使读者能把握阿奎那的庞大系统，图 4.11（见下页）尝试总结这两章的内容：

九、阅读指引

甲、生平

1. Anthony Kenny, Aquinas (New York: Hill and Wang, 1980).

2. 江作舟、靳凤山：《经院哲学的集大者阿奎那》（合肥市：安徽人民出版社，2001）。

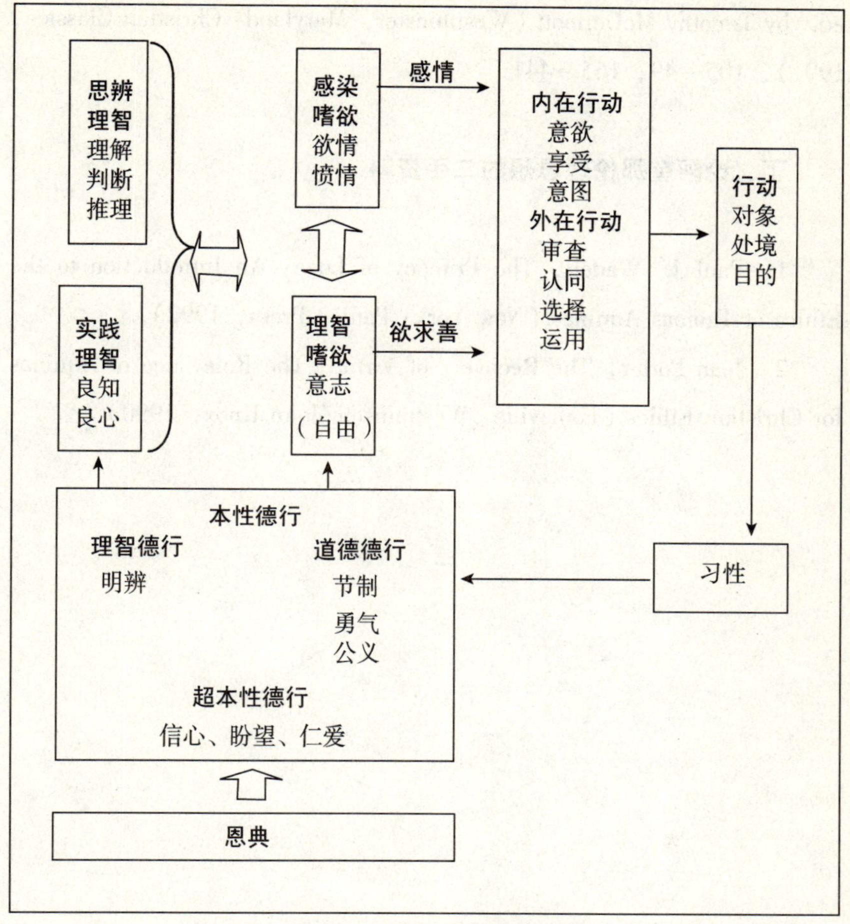

图 4.11　阿奎那神学伦理的人类学结构

乙、思想概略

1. F. C. Copleston, Aquinas（New York：Penguin Books, 1955）.

2. Josef Pieper, Guide to Thomas Aquinas, trans. by Richard and Clara Winston（Notre Dame：University of Notre Dame, 1962）.

丙、阿奎那的读本

St. Thomas Aquinas, Summa Theologiæ：A Concise Translation,

ed. by Timothy McDermott (Westminster, Maryland: Christian Classics, 1991), 105 - 49, 165 - 441.

丁、论阿奎那伦理思想的二手资料

1. Paul J. Wadell, The Primacy of Love: An Introduction to the Ethics of Thomas Aquinas (New York: Paulist Press, 1992).

2. Jean Porter, The Recovery of Virtue: The Relevance of Aquinas for Christian Ethics (Louisville: Westminster/John Knox, 1990).

第五章
路德：十架和信心

一、引言：如何理解路德？

马丁·路德（Martin Luther，1483－1546）的神学，就是他的信仰，他的信仰，也是他的神学，二者融合于其生命中。正因如此，他的神学极具处境性[①]，他的伦理亦然，遂与阿奎那的思想特色构成强烈对比。他的伦理观也随着时间发展，从改革前到晚期定形的思想。荷尔（Karl Holl）指出路德的洞见在于人在称义中，对上帝爱的律之领会，成为个人和社会伦理的基础。它建立神国的群体，导致个人无私的服事，并社会不止息的改革。[②]路德的著作，收于《路德全集》[③]。本文按本书的宗旨，尽量引用坊间较易购得的书籍。

对于路德神学的理解，须要做点交待。若读者对路德的认识不多，宜略过本段和下段，看毕本章才回头阅读这两段也不迟。最近冒起的芬兰学派（Finnish school），其创始人文洛马（Tuomo Mannermaa）提出理解路德神学一个新的进路。他指出与神联合（希腊文 *theosis*），即参予（participation）上帝的生命，才是对路德的本体论

① 罗永光，“路德论神学”，《神学与生活》第24期特刊（2001年）：P. 187－188。

② Karl Holl，The Reconstruction of Morality（Minneapolis：Augsburg，1979）.

③ Martin Luther，D. Martin Luthers Werke，Kritische Gesamtausgabe，Weimarer Ausgabe（Weimar：Hermann Böhlau，1883－）. 英译 Martin Luther，*Luther's Works*，55 vols.（St. Louis：Concordia and Philadelphia：Fortress，1955－）本文的翻译全按英译本。另参最新中译本：伍渭民主编：《路德文集》，第一卷，《改革文献 I》（香港：香港路德会文字部，2003）；雷雨田主编：《路德文集》，第二卷，《改革文献 II》（香港：香港路德会文字部，2004）。

和认知论的合宜理解。这参予涉及信徒有份于上帝的特性（properties），以致上帝活在信徒之内，给予他们爱的能力，故牵涉圣化（德文 *Vergöttlichung*，divinization）的概念。与神联合与十架神学可以是相辅相承的。[①]普华（Simo Peura）更指出路德的因信称义不单是法律裁判上宣布恩典（forensic declaration of grace），也是基督把自己作为礼物（拉丁文 *donum*，gift）赐予罪人，使人有效的成义（made effectively righteous）。若忽略礼物的一面，会令路德的救恩论失去本体层次。[②]

对于芬兰学派的创见，比科（Dennis Bielfeldt）颇有保留。他指出芬兰学派的论点主要来自早期路德的文献，可是这论点能否延展至后期思想，的确令人产生怀疑。而且早期文献的主要五段，是否足以建构此派的论点，实属疑问。再者，把参予的概念置于路德神学的核心，未必是唯一的可能理解。在本体层次而言，临在于其中（present in）可取代参予的概念。较可取的是基督作为礼物临在于人，构成两主体在理知上的统一（ontic unity）。因为有限的人参予无限的实体，未必是路德的思想，正如基督的身体临在于饼之中，而非饼参予基督的身体。[③]笔者认同比科的看法，故不采取芬兰学派的诠释进路。

路德的伦理思想，极具"实存性"，并非从系统开始，而是以生活开始。他的神学和伦理目标，是要理解人与上帝及上帝所造之物的关系。他关注人身处的实在场境，却不介怀系统化与否。因此他绝不避讳，常以吊诡方式表达其思想，例如信徒同时既是罪人亦是义人，却没有在正与反之上寻求更高之整合，而是具体实在的展示

---

① Tuomo Mannermaa, "Why is Luther So Fascinating? Modern Finnish Luther Research" and "Justification and Theosis in Lutheran-Orthodox Perspective," in Union with Christ: The New Finnish Interpretation of Luther, ed. by Carl E. Braaten and Robert W. Jenson (Grand Rapids: Eerdmans, 1988), P. 1–20 and P. 25–41.

② Simo Peura, "Christ as Favor and Gift (donum): The Challenge of Luther's Understanding of Justification," in Union with Christ, ed. by Braaten and Jenson, P. 42–69.

③ "Dennis Bielfeldt, "Response to Sammeli Juntunen, 'Luther and metaphysics,'" in Union with Christ, ed. by Braaten and Jenson, P. 161 – 166. Bielfeldt 还列出 Klaus Schwarzwaller 对此学派的五项批判，参 P. 166 注 8。早期文献的主要五段，全取自 Dictata super Psalterium（1513–1515）（见 P. 164）。

人生在世的实在境况。因为唯有如此才足以展现启示和人生的实在。正因他兼顾信仰和人生的多面性，往往令惯于系统化的神学家，难以适从。①

二、路德的思考框架：从十架到信心

对路德而言，神学述句必须建基于耶稣基督的启示。人不能越过基督的十架来理解新约的信息。十架为人对上帝的理解揭开了新的一页。他在海德堡论辩中说：

> ……
>
> 19. 那视上帝不可见之事物仿佛清晰可见，一如实在发生之事物者，配不上称为神学家。（圣经罗马书一章20节）
>
> 20. 那从受苦与十架理解可见和显明的事物者，才配得上称为神学家。②

神学是启示的神学，十架神学家并非从可见的、上帝所启示的事物，窥探背后上帝的存有或属性。就是上帝的启示也只是间接的，人只能像摩西般看见上帝的背。人认识上帝，并非基于上帝创造之工，乃基于受苦和十架。路德称他所反对的神学为荣耀神学（拉丁文 *theologia gloriae*，theology of glory）。他认为伦理之工和创造之工，作为达至上帝的途径，属同一等次，道德主义和理性主义，神圣之工和宗教思辨都同出一源，这些都出自人欲求与上帝直接和不间断的感通。这就是他所冠以“荣耀神学”之名。③

若借用现代的述语，这些人可尊称哲学家、形上学家、伦理学家，唯独不能称为神学家。他们假设人的理智可透视创造和历史，

---

① Forell, Faith Active in Love, P. 45 -50.

② Martin Luther, “Heidelberg Disputation (1518)” in Martin Luther's Basic Theological Writings, ed. Timothy F. Lull (Minneapolis: Fortress, 1989), P. 43.

③ Walther von Loewenich, Luther's Theology of the Cross, trans. Herbert J. A. Bouman (Belfast: Christian Journals, 1976), P. 17 -21.

借类比从可见推至不可见，直达上帝的本性和逻辑。这些看来可见的事物，包括“德行、敬虔、智慧、公义、善”等等。从之而来的引申，是人能借其本然能力，尽己所能预备上帝的恩典。[①] 这假设和引申是路德不敢苟同的。

换言之，神学必须是与思辨不相两立的十架神学（拉丁文 *theologia crucis*，theology of the cross）。他采取十架神学的进路，是基于上帝间接和隐藏的启示，亦即在上帝的受苦，而非在创造的作为中领受启示。因人的滥用，使被造界的启示倒过来隐蔽了上帝的本质和旨意。故上帝选择了十字架的启示方式。人在十架见不到任何神圣的东西，只见到羞辱、贫穷、死亡，也直指人的困境、痛苦和软弱。上帝把自己隐藏在受苦中，表面看来上帝的作为毫不吸引，看似被扭曲了。我们甚至可说上帝在反面中启示自己，在软弱中启示其能力，在看似愚拙中启示其智慧。上帝的“正工”（proper work）在人看来是“异工”（alien work），在咒诅、罪的意识、死亡和悲痛中，隐藏着祝福、义、生命和安慰。[②]

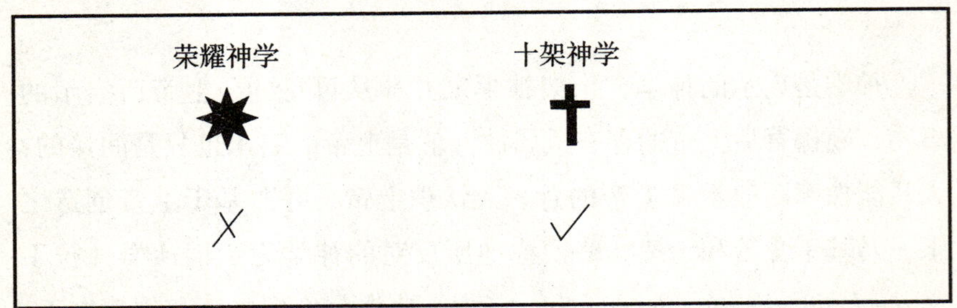

图 5.1　路德以十架加神学反对荣耀神学

路德的十架神学，绝非某一时段的思想而已，反倒是贯穿他整个神学的主轴。他论隐藏的上帝，也和他对信心的理解相互紧扣。信心并非始于上帝的临近而沾沾自喜，反倒因着上帝的远离而惊惧万分。信心是经由对反的经历（contrary experience）所点燃的。信心与经历经常是彼此排斥的。信心的对象并非感性知觉、理性思想

---

① Gerhard O. Forde, On Being a Theologian of the Cross: Reflections on Luther's Heidelberg Disputation, 1518 (Grand Rapids: Eerdmans, 1997), P. 72 – 77.

② Loewenich, Luther's Theology of the Cross, P. 22, P. 28 – 29, P. 39 – 41.

或同情共感可把握，却是隐藏的。①

与十架神学相应的信心，是不信任经验证据（empirical evidence）的信心，尤其以堕落理性的推断为然。上帝的道与人的评估往往南辕北辙，却能使人能与自己的实况接触。信就是让上帝之为上帝（Let God be God），接纳他隐藏的丑闻，在理性、经验、证据相违之下信靠他。② 路德如此解说：

> 这有如一病人到医院看医生。他事前对自己的病已有一定的看法。他发热、呕吐、头痛、骨节硬直、突如其来的活动令他手臂痛楚难当。这些病症却不能告诉他身处何方，病情愈见沉重还是在复原的过程之中。医生却能为他作客观的诊断。设若医生断定他在复原中，他却可把信心投向其病症，认定医生只不过是好言安慰，掩饰他患了绝症。若单凭理性和常识对经验证据作评估，达至这结论是在所难免的事。然而他也可以无视感官的证据，并理智推论而得的悲观结论，信靠医生的说话，从而评估身处之境。在看似顽疾的背后，对反的事实原来显示他已步上复原之途。他必须蔽眼不看其病征，开耳聆听医生之言，纵然所说的正好与即时的苦痛经验对反。③

路德认为人的基本困局是不信。人不把终极的信任投注于上帝，不认定自身的生命是上帝的赐予，却把终极的信任投注于自己，或投往被造界。人如此行，因为人骄傲。上帝必须在人骄傲的深处对付人。上帝的隐藏性启示，正好拆毁人的骄傲，因为上帝所启示的，与人所期待的恒常背道而驰。④

如此的理解，与路德对《圣母颂》（*The Magnificant*）的注释彼

---

① Loewenich, Luther's Theology of the Cross, P. 12－13, P. 78.

② David C. Steinmetz, "Luther and the Hidden God," chap. in Luther in Context (Bloomington: Inidana University Press, 1986), P. 229.

③ Steinmetz, "Luther and the Hidden God," P. 28－29. Steinmetz 指出此例是引自路德早期的罗马书讲课。对路德之信心的详细分析，参 Loewenich, "Luther's Doctrine of Faith," chap. in Luther's Theology of the Cross, P. 50－111.

④ Steinmetz, "Luther and the Hidden God," P. 28.

此吻合，同样强调基督徒的谦卑（Christian humility），而谦卑这课题也可说是出自他的十架神学。上帝对现实的衡量，有别于人的评估。①路德开宗明义指出：

> 上帝不是别的，而是那位抬举在低处的人，也把有权势的从皇座上拉下来，简而言之，他捣碎那完整的和使那破碎的得以整全。……甚至现在以至世界的末了，他的一切作为都是使那无有的、一文不值的、被藐视的、悲惨的、死亡的，成为有实质的、贵的、被敬重的、蒙福的、活着的。另一方面，那有实质的、贵的、被敬重的、蒙福的、活着的，他使之成为无有的、一文不值的、被藐视的、悲惨的、死亡的。"②

在上帝的"否"（no）中，隐藏着上帝的"是"（yes）。人必须透析律法的"否"，把握深藏于其内的福音之"是"。正如他对叙利非尼基妇人要求回答的"否"，"虽然听来像'否'，却是不确定的'否'。……因此得把这些感觉，从你的心清除净尽，并紧紧地信靠上帝的道，找着他的'否'之上或之下深藏的'是'，如同这妇人找紧它，牢牢地相信上帝的公义。"（马太福音15：21－28）③人必须凭借上帝的应许，胜过律法的谴责，达至上帝慈悲的应许。

是以信徒的信心徘徊于两个领域之间，一者是基督在上帝里的隐藏世界，一者是可见和可触摸的世界。信徒是处于属天与属地的时代之间，即恩典的永恒时代与律法的非长久时代。因此，信心是悬于天地之间的存在，缺乏地上的安全感，只能全然信靠上帝。路德甚至称此存在形态为数学点（拉丁文 *punctus mathematicus*，mathematical point），是可见与不可见相遇之点，是人遇上上帝，自然遇上

---

① Heino O. Kadai, "Luther's Theology of the Cross," in Accents in Luther's Theology: Essays in Commenoration of the 450th Anniversary of the Reformation, ed. Heino O. Kadai (St. Louis and London: Concordia, 1967), P. 245－246.

② 《路德全集》，第21册，P. 299。（英：The Magnificant, trans. by A. T. W. Steinhaeuser.）

③ （德）《路德全集》，第17册，卷2，P. 203。转引自 David C. Steinmetz, "Luther and the Hidden God," chap. in Luther in Context, P. 30. 笔者找不到此文的英译本。

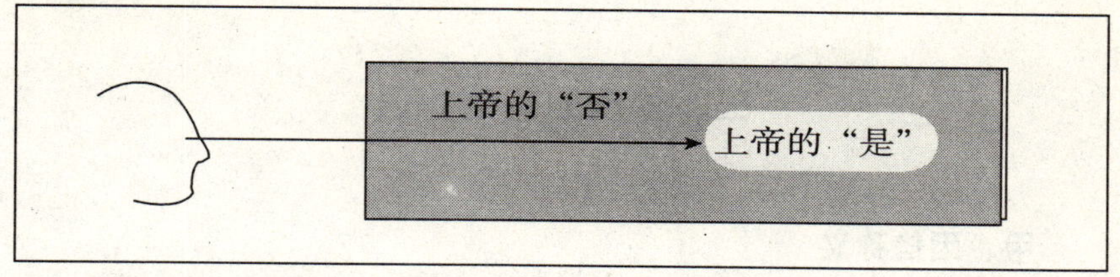

图 5.2 透视隐藏在上帝的“否”背后那上帝的“是”

恩典的一点。①

这数学点也可视为基督论的比喻，因为基督道成肉身，叫人遇见他，与他会遇。其中涉及信心的两方面：其一，与基督联合，借着信心和圣礼，使人迁入复活和升天的基督那不可见的领域中。在此信心“抓紧基督为信的对象，或说不是信心的对象，而是更临在于信中（present in faith）的那位。”②其二，有如基督在世作为具体的人，信心也具物质的内容。正如圣道并非无躯体，信心也如是。信心是在外在的道（external Word）和圣礼的场境发生，同样属灵事件也不离外在的视、听、言、找、吃、喝。③

总而言之，路德视十字架为万物的准绳（拉丁文 *crux probat omnia*，the cross approves all things）。它是了解上帝启示的不二法门。十架是上帝启示的关键内容，显出基督受辱和苦痛，上帝的震怒和审判；不过在背后也隐藏了基督的荣耀与生命及上帝的救赎和赦罪。骄傲的人看不见隐藏的荣耀，唯有凭信心、蒙圣灵光照才能有此真知灼见。十架神学教导人过十架的生活。上帝能把惨绝人寰的悲剧化为美丽的祝福，门徒也能坦然面痛对苦。因此十架神学是认识上帝、确定救恩、谦卑自己、面对苦难的神学框架。④

---

① Thomas Torrance, "The Eschatology of Faith," in Luther: Theologian for Catholics and Protestants, ed. George Yule (Edinburgh: T & T Clark, 1985), P. 176 – 177.

② 《路德全集》，第 26 册，P. 129。（英：Lectures on Galatians 1535: Chapters 1 – 4, trans. by Jaroslav Pelikan.）

③ Torrance, "The Eschatology of Faith," P. 177.

④ 俞继斌："编者序"，《管窥十架神学》（台湾新竹市：信义神学院，1997），P. 5 – 6。内容稍加更改。亦参杨宁亚：〈路德十架神学的精意〉，《管窥十架神学》，P. 69 – 86。

三、伦理的基础：信

甲、因信称义

路德一直抗衡以亚里士多德哲学为基础的阿奎那神学。这是一种渐进式的神学，从人到上帝那里，可是二者相隔甚远，需要通过告解、认罪、功德、朝圣、教宗的赦免、弥撒等行动，遂为人与上帝设下重重关卡，令人无法一蹴即达。再者，上帝成为人的审判者，对人的罪恶斤斤计较，恩典显得遥不可及。路德撇除这渐进式的关系，继而发现上帝与人处于两极的关系，而这两极却因爱而合一。这关系在理性上显为吊诡性，因此人不能用理性去理解，却需以信心去把握。[①]因此跨越人与上帝的两极，不是从人那端开始，以善行为方法，却是从上帝那端开始，以恩典为途径。

对路德而言，一切的伦理行动都是以称义为基础。或说称义构成基督徒气质、情操和道德观的基础，而伦理行动正由此产生。反面言之，人的一切活动并不能得到上帝的认可，也不能为人赚取救恩。因为没有人能全然把其心归向上帝，而且令人良心无愧的，并不是善行，乃是上帝的赦罪。救恩是上帝在基督里，按其主权和怜悯自由地赐予人。善行是以依循上帝命令为主导，以邻舍的好处为唯一的目的。[②]

可是人的罪性已渗透了人所作的一切，人自始至终是罪人，上帝毫不计较地接受人，同理上帝也毫不计较地接受人所作的一切，尽管人所做的既不正，也未达到可接受的水平。因此基于上帝早前对人说的“是”（yes），人可怀着无愧的良心，以自信和喜乐行事。[③]

---

① 杨庆球：《马丁路德神学研究》（香港：基道出版社，2002），P. 137。

② Paul Althaus, The Ethics of Martin Luther, trans. and with a Forward by Robert C. Schultz (Philadelphia: Fortress, 1972), P. 3-5.

③ Althaus, The Ethics of Martin Luther, P. 5-6.

路德的因信称义，必须从他的经历去理解。早年他按教廷的教导，认为认罪以先必须寻索内心，带来与罪相称的悔改。然而当他进入内心深处，却发现他并没有纯然为了上帝而逃避罪恶，他的悔改是为了逃避犯罪带来的后果，或是为了自身利益的缘故而已。真悔改必须包括爱上帝，可是路德发觉他惧怕上帝，却不因上帝为上帝来爱他。他无法以意志使自己以纯然不杂的心去爱上帝。自私一而再地占据他内心的欲求。在上帝面前，任何发自内心的行动顿时失去价值。如此他无法达到赦罪的先决条件。①

再者，路德对预定论的研究，令他相信自己所处的状态，并不是在上帝面前蒙恩的，亦即他是被弃绝的。于是他不期然地对上帝产生憎恨之心，恨恶上帝向人发出无法达到的要求，并以此为他施恩的条件。尽管俄坎的神学指出若人克尽己力，上帝不会吝惜其恩典。然而路德认为在神学上，此论调却与上帝的威荣不相符，因为审判人的标准在上帝，不在人那里。在实践上，他也不可能“尽己之所能”。故唯有靠赖赐予的义，而不是依靠人所能成就的事，才构成蒙恩的先决条件。人只能做的是张开双手，心怀感恩地接受。或说信就是不信靠自己的善行，却以谦卑和感恩让上帝伸出之手，拖带着自己。②

路德的突破，系于他对上帝的义的理解。先前他视“上帝的义”为定罪和刑罚的义。然而当他昼夜思想圣经罗马书一章17节，他顿悟“上帝的义就是上帝的赐予/礼物，是人赖以存活的，亦即信心。其中的含意如下：福音所启示上帝的义，是指被动的义（passive righteousness)，是慈悲的上帝借此以信称我们为义，如经上所记：‘义人必因信得生。’”③上帝的义是上帝赐予罪人的义，是一份礼物。

---

① Bernhard Lohse，A Short History of Christian Doctrine：From the First Century to the Present：From the first Century to the Present，Revised American Edition. Trans. F. Ernest Stoeffler（Philadelphia：Fortress，1985），P. 159－160.

② Lohse，A Short History of Christian Doctrine，P. 160－161. 注意路德并非以信取代功德，不然信便成了称义的条件了。反之，信是称义的实现，而此实现也是上帝的赐予。信也是上帝在人身上的作为。（见 P. 162）

③《路德全集》，第34册，P. 337。（1545 *Preface to the Complete Edition of Luther' s Latin Writings*，trans. by Lewis W. Spitz.）

称义的前提不再是人的善行，而是满有恩慈的上帝，他满足了人无法满足的条件。真悔改是恩典的结果，不是其前提。这石破惊天的突破，可算是重新发现或重新把握奥古斯丁的洞见。二人的差异在于路德认为上帝的义与人的义不相两立，奥古斯丁则认为二者相辅相成。①

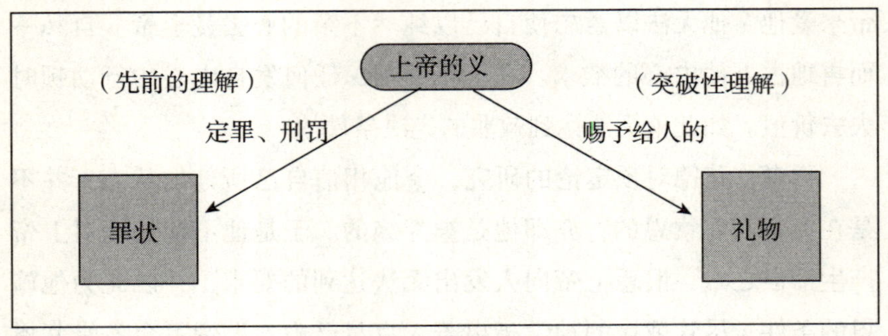

图 5.3　对上帝的义的突破性理解

路德指出人尚未称义之时，会视上帝为审判的神，人对上帝不信任，产生奴性的恐惧，继而逃避上帝。人不能管窥和经历上帝的真实本性。律法的道德要求看来是人无法满足的。然而当人听到福音，方才认识上帝的真实本性，知道上帝是舍己的爱之神，人心被上帝的爱所点燃，被吸引到上帝的爱之内。律法变成可爱的东西，因为基督已为人成全了律法的要求，律法成为上帝永恒善意的表达。因着圣灵的工作，人得以卸下重担，全心全意爱上帝的律法。②

从上文的表述，可见路德的神学伦理，是以上帝的道为基本原则，故是基于福音见证的“福音性”伦理（“evangelical” ethics）。哲学伦理的起始点是理性，其动机是对福乐的欲求，其假设是建立具理序的自爱的基督徒品格（Christian character of ordered self-love）。背后隐藏着享乐主义和宗教利益的动机。他认为称义才是基督教伦理的基础。这基础所倚仗的，不单来自启示，也基于基督教伦理关注的焦点：对于信基督的人。基督教伦理的焦点不是行动，而是人。

---

① Alister E. McGrath, *Reformation Thought: An Introduction* (Oxford: Blackwell, 1993), P. 93–97.

② Althaus, *The Ethics of Martin Luther*, P. 10–14.

人比行动优先。有了道德的人，才有道德的行动。[1]换言之，路德认为存有（拉丁文 *esse*，being）先于行动（拉丁文 *operari*，work）。

路德说："不是好行为使人成为好人，而是好人会有好行为。"人的改变是善行的先决条件。路德以苹果树作类比。人可借观察或生物学教科书，得知苹果树在秋天结果。可是为什么苹果树会在秋天结果？因为它是苹果树，而不是别的树。同理，基督徒用不着别人告诉他应该行善，因为身为基督徒，行善是自然不过的事。又例如做主教所做的事并不使人成为主教，不然一个演员穿上主教袍，做主教当做的事，便成为主教了。职分先于功能，反过来却不然。[2]同理，称义的人自然行义，而非行义使人称义。

行义 ⇨ 义人 ▶ 例子：舞台上扮国家元首　　国家元首

义人 ⇨ 行义 ▶ 原则：存有（being） ⇨ 行动（action）
　　自然

图 5.4　基督教伦理的焦点

因信称义涉及他的人论。早期的路德借用医疗的意象，以注入（infusion/ impartation）来理解人的义，视恩典为渐次治疗罪的伤痕，并以奥古斯丁的"使之成义"（to make righteous）为诠释基础。后来他改用法律的意象，以"宣告为义"（to declare righteous）理解之。上帝接受基督十架得胜的义，此义全然异于我们的本性。我们因信得称为义，有如婚姻中之"甜密的互换"，是基于基督的义。对于"同时既为义人亦为罪人"（拉丁文 *simul iustus et peccator*，justified and sinner at the same time），奥古斯丁的理解是人局部为义也局部为罪，在经验的现实中是罪人，在未来终末为义。路德把"局部"化为"整个的领域"，激化内中之吊诡，把"同时"理解为"恒常"

---

① Forell, *Faith Active in Love*, P. 80 – 85.

② 麦葛福著，曹明星译：《再思因信称义》（台北：校园书房，1999），P. 168 – 170。（此书之英文原著如下：Alister E. McGrath, *Justification By Faith* (Grand Rapids: Zondervan, 1988).）

（拉丁文 *semper*，always）。意即人生在世必然陷在罪中，不过在上帝的审判台前，因基督的原故，人已获宣告无罪。如此称义的状态与人所行的，并没有直接关系。①

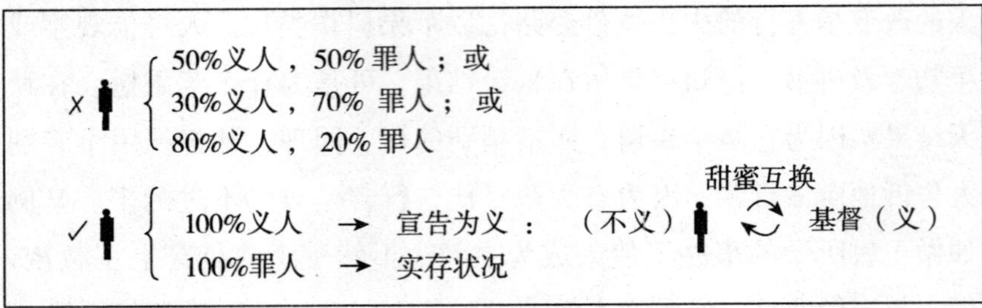

图 5.5　因信称义下的人论

不过话得说回来，若信心是善行的实在基础，则善行成为我们知道自己有信心的根据。②不错，我们唯独因信称义，可是信心却不是孤独的，必然有善行伴随。信从来不闲懒，却自发地主动行善。因信称义并不排除善行，却把善行置于正当的位置——信心的产品。在基督徒的生活中，信心和善行彼此紧紧连结。善行是信心的表达，也是信心运行的可见结果。③同理，路德虽然重视爱心，仍把爱心视为信心的果子。爱使信实在，信在爱中得以实现。若没有信，爱便失去方向；若没有爱，信便失去本质。④

路德的因信称义，并不限于法理上（forensic）的宣告为义。荷尔更指出路德的因信称义涵盖了人的整全更新（total renewal），直到成全之时（consummation）。因此因信称义的教义，把宣告无罪（acquittal）与生命更新紧紧扣在一起。它肇始于信仰基督，并包涵整个基督徒的生活，遂与“披戴基督”的概念互相呼应。⑤

---

① Timothy George, Theology of the Reformers (Nashville: Broadman, 1988), P. 69-72.

② Paul Althaus, The Theology of Martin Luther, trans. by Robert C. Schultz (Philadelphia: Fortress, 1966), P. 246.

③ Jose B. Fuliga, "Luther's Teachings on Good Works," Tugón 8: 1 (1988): P. 21-22.

④ 杨庆球：《马丁路德神学研究》，P. 33。

⑤ Bernhard Lohse, Martin Luther's Theology: Its Historical and Systematic Development, trans. and ed. by Roy A. Harrisville (Minneapolis: Fortress, 1999), P. 262-263.

乙、信与律法

因信称义并非与律法告别，反倒让我们更深了解律法的含义。让我们先从诫命讲起。路德坚持上帝的诫命具一体性。十诫既涵盖敬拜秩序，也包含法律的本质。他以基督为焦点来诠释律法。首先，成全律法是指从外在行动到内心动机的动向。其次，这是从律法的负面形式到正面含义的动向。例如“不可奸淫”是指活出忠贞的生命，也助人如此生活。中古时代把按字义的守法与超义务的修院生活二分，认为守了其他诫命就已守了第一诫。路德却把这思想倒过来，因为他认为一切的诫命在第一诫之内。守了第一诫，就已守了所有的诫命。而只有一个途径守第一诫：信。更准确地说，凭信方能成就第一诫。①

第一诫使人不致误解守诫命是一种成就。从十诫的序言作为福音来看，可知信是上帝的赐予。当人的心对准上帝并且谨守这诫命，其他的诫命也顺理成章得以遵从。上帝诫命的一体性是植根于信，而信也就把十诫的第一和第二法版紧紧结连一起。中古的主流思想认为人具本有的道德知识。自然律蕴含有一位神的知识，路德却认为这与认识上帝是谁有天渊之别。再者，中古神学多视第二法版为自然律的内容，即所谓金律（golden rule），以相互性（reciprocity）来解释爱邻舍如同自己。路德却把它二极化：若不是爱自己就是爱邻舍。因基督无私的爱，人才有自由让这爱涌流，能无欲无求地爱邻舍，不用斤斤计较。这是基于参予基督的牺牲的非相互性（non-reciprocal）理解。②

因此把律法与福音对立，不能涵盖路德对二者的反省。律法早在创世记伊甸园已出现，即上帝吩咐亚当可吃和不可吃那果子。可见律法不是人犯罪堕落后的补救，却属亚当原初之义（original right-

---

① Bernd Wannenwetsch,。“Luther's Moral Theology,” in The Cambridge Companion to Martin Luther, ed. by Donald K. McKim (Cambridge: Cambridge University Press, 2003), P. 121 – 123.

② Wannenwetsch, “Luther's Moral Theology,” P. 123 – 124.

eousness)。它并不与自发性的爱上帝对立。律法原初的目的，是对上帝命令作爱的顺从回应的具体形式。故至终律法具敬拜的含义，并且这敬拜座落在一社会性处境之中。而律法的存在是以恩典而非罪恶为前设。其目的不是达至义，也不是控诉罪，亦不是防止不法之事。①

可是人犯罪堕落，把律法的意义变更成为外在的规条。它本是“既律法且福音”（both law and gospel），却变成“单单律法”（mere law），成为外在的条文，从外任意地加诸人身上，或任由人把它客体化，成为一系列的要求，最终成为赚取人之义的途径。然而路德认为律法不单要求人行义，也要求人成为公义的人，从内心敬畏、爱和信靠上帝的人。正因如此，律法成为对人的指控，指证人的罪。因此人须与基督同死同活，同死于外在条文，死于它的骄傲和绝望，活于律法的本义，在基督里过喜乐的生活。②

四、伦理的重心：基督徒的自由

若然称义与人所行的没有直接关系，会否导致无律法主义（antinomianism）？这涉及路德如何理解基督徒的自由。

论到基督徒的自由，路德的著名对联如下：

> 基督徒是一切人的全然自由之主，伏在无一人之下。
> 基督徒是一切人的全然尽责之仆，伏在一切人之下。③

这看来是对信徒生活极其吊诡的定义，也是路德对自由的古典定义。不过路德的重点并非在吊诡性，却在合一性。基督徒借信拥有的自由，是以爱服事的自由。倒过来说，唯有在自由中所行的，

---

① Wannenwetsch, “Luther's Moral Theology,” P. 124 - 125.

② 同上，P. 125 - 126.

③ Martin Luther, “The Freedom of a Christian (1520),” in Martin Luther's Basic Theological Writings, ed. Lull, P. 578.

才称得上是爱的服事。自愿的爱是福音所启示的自由之果子。它是恩典之工，而非自然之工。①

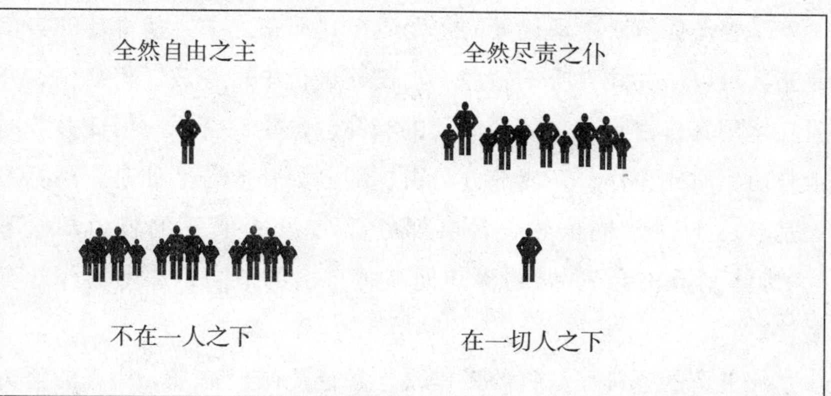

图 5.6　基督徒的自由

路德论基督徒的自由，必须在两个国度之下理解。背后的关键性神学问题是："福音如何得以被视（原文为"听"）为福音?"（How the Gospel comes to be heard as Gospel?）不过不少学者却误把属世的国度等同国家或政府。其实上帝的作为并不局限于属灵的国度。上帝以其圣道当下管治人，构成了属灵的领域。在此福音是上帝在基督里的工作，涉及整个人，使人成为"一切人的全然自由之主，伏在无人之下"。此领域不单不是抽离的，反倒是关乎人对整个实在的把握，它要求人重新调校其世界观。故当宣讲者评论或指引当权者，前者并非越界，却是成全上帝的训令。②

另一方面，属地的国度也是上帝管治和行动的领域，是上帝托付给人，以律法施行管治的领域。在此领域中基督徒与非基督徒并肩生活，同样被赋予爱邻舍的训令。两个国度相辅相承，而非孤立无关。二者都座落于上帝管治范围之内。当然两国度的"义"各异，属灵国度的"义"是在基督里之义，属地国度的"义"是"公民之义"（civil righteousness）。不过伦理生活并非两个层次的生活，俗世

---

① Gerhard Ebeling, "Freedom and Bondage," chap. in Luther: An Introduction to His Thought (Philadelphia: Fortress, 1972), P. 212 - 213.

② Martin E. Marty, "Luther on Ethics: Man Free and Slave," in Accents in Luther's Theology, ed. Kadai, P. 207 - 211.

的范围并非独立自主的，也非信仰者可置身事外的，因为邻舍就在那里。在这范围内，上帝以律法向人发出善待邻舍的要求。①

基督徒凭信活在基督里，凭爱活在其邻舍之中。基督徒的自由是指人可以从关注自身的救恩、功德、善行中得释放、得自由，并且在运用其自由来满足邻舍需要的当儿，也感到喜乐。信徒并非时或自由、时或为仆，又或部分自由、部分为仆。若然如是，则算不上是自由的。②他们虽然"凡事都可行"，可是真正的自由却永不"为肉体制造机会"。路德深知他高举自由的危险，却不愿作丝毫妥协。③

从上帝的恩典和基督的工作看，基督徒已经称义。从人的努力和基督的要求看，基督徒仍是罪人。借因信称义，先前对律法的恐惧，信徒已得释放，可以自由地以福音为福音，而不是把福音视为另一种律法来聆听。律法不再成为行事的场境，反之，唯有爱在掌权。如此，"基督徒是一切人的全然尽责之仆，伏在一切人之下。"基督徒可以视邻舍为邻舍，而非从自我中心出发看邻舍。仆人之道并非奴役，而是借服事邻舍，信徒在事奉上帝，以基督为邻舍，因为他临在于邻舍的需要那里。④

另一方面，基督徒已不再有任何需要。他已得着永生，并且深信今生和来世需用的东西，上帝会供应给他。因此基督徒用不着注目于自己，并且能以自由的委身于邻舍的需要。信与爱可说是与上帝和邻舍关系的重点。信把人带到上帝跟前，爱把人带到邻舍那里。⑤

信徒既经历上帝接纳和称义的爱，这爱在信徒心中也创造爱。上帝的爱有如水泉，流入水管中，又不间断地流往我们的邻舍。这爱的流动并非勉为其难或矫揉造作的，却是自发的、自由的、自动

---

① Marty, "Luther on Ethics: Man Free and Slave," P. 211 – 214.

② 同上，P. 215 – 220.

③ Timothy F. Lull, Introduction to "The Freedom of a Christian (1520)," in Martin Luther's Basic Theological Writings, P. 578 – 579.

④ Marty, "Luther on Ethics: Man Free and Slave," P. 220 – 221.

⑤ Fuliga, "Luther's Teachings on Good Works," P. 24.

自觉的、快乐的、充满渴望的。命令式的“你必须”已变成陈述式的“我要”，以致善行发自内心。[①]

总而言之，路德的伦理可说以信为核心，以邻舍为导向的自由伦理（faith-centered，neighbor-oriented ethics of freedom）。信作为核心的伦理，并不在乎所作之事的价值（是否有助于救恩）和后果，而是寻求遵行上帝的旨意。爱是信、圣灵、称义的果效和果子。伦理的存在，是穿梭来回于上帝的道和邻舍之间的伦理生活。上帝的道以福音临到，使基督徒得自由，成为主宰，以至能够自由的、存着盼望的为邻舍而活。[②]

自由与奴仆，不是一种对立，而是一个多元的关系。内心（inner person）的自由，使人的外在（outer person）可以成为邻舍的奴仆。内心的自由，也使人内心成为上帝的奴仆，顺带成为邻舍的奴仆。当人从罪中得自由，虽然内与外也作奴仆，却不对人的自由构成威胁或对立。[③] 故这崭新的双重奴仆，反倒成全人的自由。

五、意志：自由抑或捆绑？

路德论反对意志的自由，一方面是针对俄坎（William of Ockham，1280－1349）派的学者，例如比尔（Gabriel Biel，1420－1495）的思想，另一方面也出自与伊拉斯谟（Desiderius Erasmus，约1469－1536）[④]的争论。其实所谓意志的自由，更准确的翻译是“选择的自由”（freedom of choice）或“决定的自由”（freedom of

---

① Althaus，The Ethics of Martin Luther，P. 14－15.

② Marty，“Luther on Ethics：Man Free and Slave，”P. 202，P. 223－227.

③ Wannenwetsch，“Luther's Moral Theology，”P. 126－127.

④ A. N. Marlow and B. Drewery，“Introduction，”in Luther and Erasmus：Free Will and Salvation，ed. by E. Gordon Rupp and Philip S. Watson. Library of Christian Classics：Ichthus Edition（Philadelphia：Westminster Press，1969），P. 1－32. 有关此课题还有重洗派学者胡伯迈尔（Balthasar Hubmaier，1480－1528）对他的公开批评，不过他并没有对胡伯迈尔作公开回应。（参 David C. Steinmetz，“Luther and Hubmaier on the Freedom of the Human Will，”chap. in Luther in Context，P. 59－71.）

decision)。[1]不过二者都直接涉及意志的自由与否，故以意志的自由为题也无不可。

比尔对人性颇为乐观。虽然他认为人的自然能力被人的欲情所损，包括理性和意志，不过人仍保留良知和良心的运用，即趋善避恶的倾向。人受损的意志不用超自然的帮助，仍可以至极地爱上帝，即便只有一刻而已。上帝在盟约中，誓言把恩典赐予那用意志至极地爱他的人。这是上帝的慷慨，而非他的义务。因此一切系于罪人的自由意志，上帝并没有预定人的归宿。罪人若全然顺从律法的精义，则可赚取恩典。[2]

那么为何人仍需要上帝的恩典？比尔认为罪人须要罪得赦免、善行被接纳为功德、灵魂得医治，这些都来自恩典。另一方面我们须分辨：满足律法的要求，在于行为的实质（substance of the deed），还是在于合乎立法者的意愿（intention of the lawgiver）。例如须分辨爱上帝是基于自然的情意（natural affection），还是被赐予的仁爱（infused charity）。他认为罪人若没有上帝赐予的仁爱，仍然能以爱上帝，这是就行为的实质而言。不过上帝却命定，只有与赐予的仁爱合作产生的善功，才算为善行，才赐予永生的奖赏。故后者有如赴筵席者必须穿上礼服，这没有讨价还价的空间，只有顺从与否。这也就是恩典角色之所在。[3]

早期的路德全面反对俄坎以至比尔的宣称，他认为上帝的拣选是不计较人的先前功德或预知人如何运用典。拣选（election）并非预知（foreknowledge），而是预定（predestination）。预定才是蒙恩的真正预备，与人的行动无关。而且基于奥古斯丁的传统，人的作为若缺乏上帝的恩典，不可能在道德上是善的。人的德行不可能配得恩典；若没有起始的恩，人也不可能建立德行。因此比尔认为上帝把恩典赐予具德行者，路德则认为上帝把恩典赐予罪人。人对上帝

---

① 邓肇明，〈敬虔与自由——伊拉斯谟及马丁路德〉，《回到根源去：福音信仰与改教精神》，邓绍光主编（香港：基道，1999），P. 36。

② Steinmetz, "Luther and Hubmaier on the Freedom of the Human Will," P. 60 - 62.

③ 同上，P. 62 - 63.

的正确取向，不是提交德行，而是认罪呼求。[1]

因此路德在“反经院神学辩论”（Disputation Against Scholastic Theology，1517）指出：

> ……
>
> 5. 说人的倾向是在两对立中自由的选择其一，是错误的。事实上，人的倾向并不自由，而是被掳。此说是与一般意见相对立。
>
> 6. 说意志可按本性合乎正确的律例，是错误的。这是针对俄坎和比尔说的。
>
> ……
>
> 29. 对恩典的最佳和无误的预备，并朝向恩典的唯一取向，是上帝的永恒拣选和预定。
>
> 30. 在人而言，没有任何东西在恩典以先，除了本性不向着（indisposition）甚或悖逆恩典。[2]

他又或在海德堡辩论（Heidelberg Disputation，1518）中指出：

> 13. 在堕落后，自由意志的存在是有名无实的；就是它按其所能而作，也犯了致死的罪。[3]

路德与比尔的思想可谓南辕北辙，背后的问题在人观的差异。而路德持守的，是整全的人观。对路德而言，欲情（concupiscence）并非意志上稍微倾向罪，而是败坏人的整体，使人无法爱上帝，除非人经历恩典的医治。肉体和圣灵并非分别描述人性中低等和高等功能之别，而是对全人的表述。受肉体操控是指整个人专顾自己的

---

① Steinmetz，“Luther and Hubmaier on the Freedom of the Human Will，” P. 63 – 65.

② Martin Luther，“Disputation Against Scholastic theology（1517），” in Martin Luther's Basic Theological Writings，ed. Lull，P. 13，P. 15.

③ Martin Luther，“Heidelberg Disputation（1518），” in Martin Luther's Basic Theological Writings，ed. by Lull，P. 31.

向心力，无法驯服其自我中心，并与上帝全然隔绝。被圣灵掌管则指整个人向上帝开放，信靠上帝的应许。人虽然仍然是罪人，却因信靠上帝的应许，成为属灵的人。这好比基督的神人二性，他既具全备的人性，也具全备的神性。[①]而肉体与圣灵正处于争战状态，正如他说："这张力在我们有生之年，是不会止息的。……整个人既属灵亦属肉体（both spiritual and flesh），并且人与自己争战，直到全然成为属灵。"[②]

伊拉斯谟指出人是上帝的孩子和伙伴，被召为上帝的同工。罪虽然削弱了人的力量，却没有全然破坏上帝给予人的理性、知识和良心。只要凭借上帝恩典的助力，人能以肩负责任。人的伟大正正在于人在软弱中，却能以自恃，弃恶从善。伊拉斯谟认为"若然我们所作的一切，都是单单出自必然性，没有任何事是出自我们的意志，我们是否被出席审判座前?"[③]人若没有自由选择和自由决定的能力，人不必对所作的事负责，伦理道德也继而崩溃。[④]

然而对路德来说，伊拉斯谟的自由选择触及福音的神经线，即上帝的应许、荣耀和恩典。[⑤] 路德从上帝方面入手，寻问为何圣子要成为肉身，进入世界之中？为何基督要死在十字上？这显示唯有他才是人得救的盼望。再者，自由意志是上帝的属性，因为唯有上帝才能完全按他的意愿行事。若说人也有这种自由，则是人的僭越，对上帝不敬。路德强调人之不自由，为要指出人是被造物，不能自己作主。不单如此，人性的软弱，每下愈况。除非人把自己交付上帝手中，完全相信上帝的恩典，以自己为上帝的工具，不然人就无法脱离自我中心的捆锁，无法讨上帝的喜悦，也无法获得自由。[⑥]

---

① Steinmetz, "Luther and Hubmaier on the Freedom of the Human Will," P. 65 - 66.

② 《路德全集》，第35册，P. 377。

③ Desiderius Erasmus, "On the Freedom of the Will: A Diatribe or Discourse," as "Erasmus: De Libro Arbitrio," trans. and ed. E. Gordon Rupp, in collaboration with A. N. Marlow in Luther and Erasmus, ed. by Rupp and Watson, P. 87.

④ 邓肇明，《敬虔与自由——伊拉斯谟及马丁路德》，P. 36。

⑤ Marlow and Drewery, "Introduction," in Luther and Erasmus, ed. by Rupp and Watson, P. 9.

⑥ 邓肇明，《敬虔与自由——伊拉斯谟及马丁路德》，P. 36 - 37。

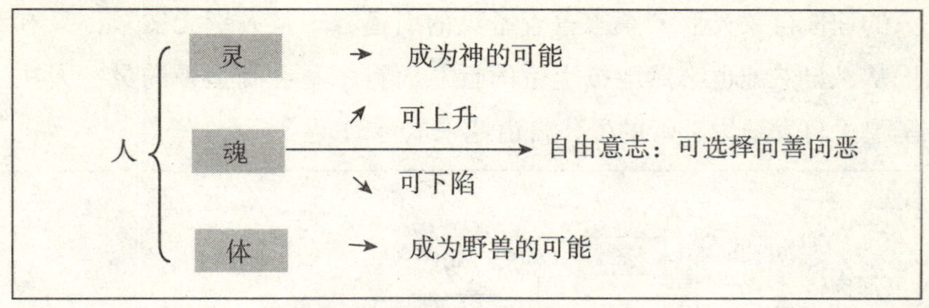

图 5.7　伊拉斯谟的人观

伊拉斯谟的人观，把人作灵、魂、体三分。灵使人成为神的可能，体使人成为野兽的可能，魂在二者之间，可下陷仿似野兽，也可上升仿似神圣，魂有自由，具自由意志，可决定向善向恶。①

不过，按路德对罗马书的阐释：

> 人是全然的对上帝无知，既不寻求上帝也不敬奉他，如何能以追寻善？……现在相信你也同意，一切人最高尚的，不单是不敬虔，更是对上帝无知，厌恶上帝，倾向邪恶，和在善之下毫无价值的事情。何谓邪恶，岂不是意志这高尚的东西邪恶吗？何谓对上帝和对善无知，岂不是理性这高尚的东西对上帝和善无知、或是对敬虔之事物眼瞎吗？②

伊拉斯谟无法接纳人在救恩中毫无主动的角色，他认为人起码具选择的自由，亦即顺从上帝诫命的自由。上帝采取主动，人必须回应。自然既应与恩典配合，人的意志必须与上帝的意志相关，而救恩是神与人合作的事项（拉丁文 *synergismos*，cooperative enterprise）。路德却认为事情并非如此粗疏浅漏。在人犯罪堕落以先，人全然倚靠上帝，上帝的恩典，亦即人不配得的爱，引发人以信心作回应，即信靠和顺从。人作为被造物，如此才构成自然的神人关系。

---

① Oswald Bayer, "Freedom? The Anthropological Concepts in Luther and Melanchthon Compared," Harvard Theological Review 91: 4 (Oct 1998): P. 376-377.

② Martin Luther, "On the Bondage of the Will," as "Luther: De Servo Arbitrio," trans. and ed. by Philip S. Watson, in collaboration with B. Drewery in Luther and Erasmus, ed. by Rupp and Watson, P. 87.

人的理性得蒙光照，意志得着圣灵的引道，于是人别无欲求，只有顺从，自然地也必然地按上帝的旨意而行。圣灵既是爱的灵，人在圣灵里自发地以上帝的爱，自由地采取行动。[①]

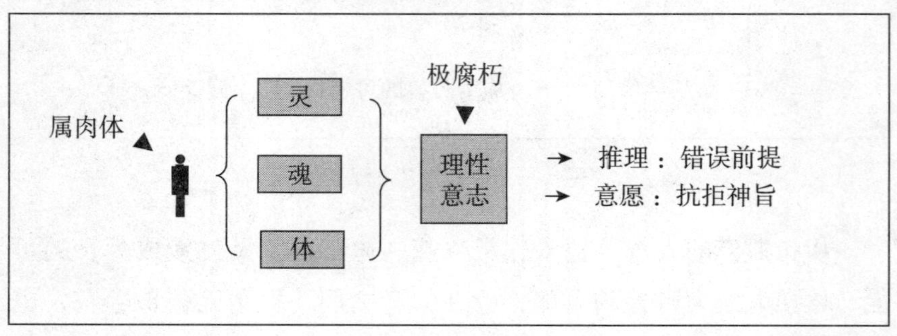

图 5.8　路德的人观

可是自从人犯罪堕落，便落入撒但魔掌之中，于是人向上帝宣告独立，并且以此为自由。人不再由圣灵推动，遂从信转向不信，即不信靠和不顺从。人变得属乎肉体，灵、魂、体三者皆属乎肉体。堕落的人仍是人，仍有理性和意志，仍保留一些对上帝和他律法的知识。然而人的推理和意愿却极度腐朽，从起始已被撒但注入错误的前题。因此人对上帝的认识尽皆扭曲，若上帝的旨意与人的心意相对立，人便视之为任意和强暴。人自身没有反抗邪灵的意志，人仿佛遂其意愿行事，其意志却非自由，因为并非出自真爱的自发性。[②]

路德也承认人有某种自由，即"在人之下的事物"（things beneath him [sic]）的自由。人有能力选择以不同的可能性，来过世间的生活，包括是否遵从上帝的律例。人能作律法之工，不过善行并不能使人成为善人，因为所作的尽然动机不良。人尽管按律法而行，却永远不能满足律法的要求，因为律法所要求的是爱。作律法所要求的事（doing the works of the law），与满足律法的要求（fulfilling

① Marlow and Drewery, "Introduction," in Luther and Erasmus, ed. by Rupp and Watson, P. 15－16.

② 同上，P. 16－17.

the law），诚然有天壤之别。[①]

路德讨论圣经约翰福音十六章第八节、第九节时指出："从这节可见不信基督是罪。此罪肯定不在皮肤或头发那里，乃在理性和意志。……从上帝的角度看，自由意志，以及其理性和意志，皆被这罪捆绑和定罪。"[②]具体地说，如圣经加拉太书五章16－21节的经文列出属肉体的事，如背道、拜偶像、争竞、分争，毫无疑问出自理性和意志这些更高的（功能）。若然在圣徒中，属肉体以这些欲情与圣灵相争，在不敬虔的人和自由选择中，与上帝相争当然更甚。故他在罗马书八章七节称之为与神为仇。[③]换言之，所谓"自由意志"，只不过是"自我意志"（self-will），即受撒但捆绑的意志。

当然，人没有"在人之上的事物"（things above him［sic］）的自由，即关乎永恒救恩与灭亡事情的自由。简单地说，无论人如何自由地作选择，也无法选择其选择的动机。推到至极，一切的选择都由终极原理所掌管。内中只有两个可能，若非由上帝的灵掌管，便由邪恶的灵所操控。在二者之间并没有中立之地。[④]

故倒过来，自由意志更威胁得救的确据。路德说：

> 一方面，在众多艰难和危险之中，并魔鬼多方攻击之下，我不能站稳及抓紧它（救恩），……根本无人能以得救。另一方面，就是没有艰难、危险和魔鬼，我亦须经常在不确定中劳碌，如同人打空气般争战，因为就是我活到并行善到永恒，我的良心也无法得着确据，确定当作多少才能满足上帝（的要求）。[⑤]

至终意志的捆绑是基于基督论。路德指出"倘若我们相信基督以其血救赎人，我们不得不承认整个人是迷失的；不然，我们若不

① Marlow and Drewery，"Introduction，" in Luther and Erasmus，ed. by Rupp and Watson，P. 17.

② Martin Luther，"On the Bondage of the Will，" P. 327.

③ Luther，"On the Bondage of the Will，" P. 328. 括号内文为笔者所加。

④ Marlow and Drewery，"Introduction，" in Luther and Erasmus：Free Will and Salvation，ed. by Rupp and Watson，P. 18.

⑤ Luther，"On the Bondage of the Will，" P. 328－329.

令基督成为可有可无，就令他成为人最卑下部分（lowest part）的救赎者而已，此举实为轻蔑和亵渎。"[①]换言之，人的高尚部分用不着救赎，只有卑下部分才须要救赎，便是低贬基督的救赎了。人的失迷并非纯粹基于经验的命题，而是基于基督救赎的启示。或说伊拉斯谟缺乏从十架神学的角度，只从荣耀神学的方向去理解人的境况，故有此失误。

那么，路德如何处理人的道德责任的问题？例如：当如何理解犹大出卖耶稣？路德的公理是："'若上帝预知任何事情，该事必然发生'。因为基于圣经，上帝不会犯错或被欺骗。"[②]因此，若上帝预知犹大会成为出卖者，则犹大必然成为出卖者。这不是是否强如此行的问题，而是上帝的认知在时间上不可能有误。伊拉斯谟质疑条件述句的后项，即"犹大必然成为出卖者"，可是对路德而言，这条件述句既有圣经的支持，加上前项既为真确，后项必然真确，从而再推衍人没有自由的选择。[③]他指出犹太卖主是命定的（determined），却不是勉强的，而是甘心情愿的（voluntary）。[④]

为何路德如此坚持意志的捆绑？因为它是十架神学的反面引申。路德感到在伊拉斯谟对自由、功德和善行的关注的背后，人的骄傲正萦绕不散。这骄傲显为人渴求把某些东西献予上帝，以纾缓人对恩典的极大需要。[⑤]路德的人观可说与俄坎和比尔的人观割席，他采用奥古斯丁的思想，却比奥古斯丁有过之而无不及。纵然他对人性悲观，这悲观却以福音为背景。福音之为好信息，因为它对人类德行的脆弱和行事动机的模棱两可，采取了如实观。它指向上帝的慈悲，并把人的虚幻和邪恶吞灭。因此领受恩典的先决条件，并非在

① Luther, "On the Bondage of the Will," P. 333.

② 同上，P. 242.

③ 同上，P. 246-249.

④ Lohse, Martin Luther's Theology, P. 167-168. 见 Luther, "On the Bondage of the Will," 240. Lohse 认为路德借用了经院学派分辨无条件的必然性（unconditioned necessity）和有条件的必然性（conditioned necessity），可是却没有交待这两项必然性指什么。

⑤ Timothy F. Lull, "Introduction to Bondage of the Will," in Martin Luther's Basic Theological Writings, ed. by Timothy F. Lull, P. 152. 当然伊拉斯谟的关注是人的道德责任。

人的德行，乃在人的信，而这信也是上帝的赐予。①

六、信徒皆祭司：召命

中古信徒相信灵魂的生命是经由圣礼得以被创立、喂养和完备。而圣礼是神甫施行的，因着他们被按立，使他们能每天献耶稣基督为祭，得以叫他临在于圣饼或圣体中，遂具赦罪的能力，并其神圣权柄教导救恩的真理。在人的一生中，出生之洗礼以去除罪、属灵成熟之年受坚振、婚礼以去除情欲、以至死亡的预备，并平日犯罪之认罪和赦罪之言、弥撒之属灵供给、忏悔挽回之恩，无一不离神甫的祭司中介角色。②

路德的经历，使他体会上帝是那在基督里启示自己的父，每一位谦卑痛悔和忠心的寻求者，都可到达他的面前。从这基要信条推出的原则，是一切信徒皆祭司（priesthood of all believers），或说信徒的普遍祭司职分（universal priesthood of believers）。他指出：

> 我们不单是最自由的君王，也是永远的祭司，这与君王相比，更是好得无比，因为作为祭司，我们配在上帝面前，为他人祈求，并且彼此教导神圣的事。这些皆祭司的功用，它们不曾被赋予任何未信者。故若我们相信他，基督使我们不单能成为他的弟兄、同为后嗣、一同为王，更与他同为祭司。③

借着洗礼信徒成为信仰群体的一份子，在上帝面前（拉丁文 *coram Deo*，presence of God）处于同等的地位，每人对其邻舍都担负着祭司责任。④信徒皆祭司的涵义，自然包括去除圣俗之分。无论在属灵位份、特权、责任，平信徒和圣品人员都处于同一层次，可借着

---

① Steinmetz, "Luther and Hubmaier on the Freedom of the Human Will," P. 70 -71.

② James Atkinson, Martin Luther: Prophet to the Church Catholic (Exeter: Paternoster, 1983), P. 97.

③ Martin Luther, "The Freedom of a Christian (1520)," P. 607.

④ Torrance, "The Eschatology of Faith: Martin Luther," P. 188.

信当下到上帝面前，对邻舍也有同等的义务。[1]路德的《小教理问答》是为父母和主人撰写的，使他们能在家中作祭司，把上帝的道教给家中的成员。[2]

路德把社会的秩序，分作三个一般性的岗位（拉丁文 *Stand*，station）：经济、政治和教导。岗位是人采取行动的立场。上帝设立这些岗位，免得人随己所欲行事，却把人置于这些岗位之内。这些岗位是上帝对人的呼召（拉丁文 *Berufung*，calling），好叫人履行其职分（拉丁文 *Beruf*，vocation）。[3]可见论到职位与召命，牵涉三个核心概念：呼召、职位和岗位。

对他而言，经济（拉丁文 *oeconomia*）的岗位，也就是家庭的岗位。家庭不单指狭义的婚姻，也包括父母与子女，以至广义的包括仆人的群体。故家庭是指属于同一社会结构的人之经济关系。政治（拉丁文 *politia*）的岗位包括管治和顺从。教导的岗位亦即教会（希腊文 *ecclesia*）的岗位。这三个岗位并没有高低之分，人可以从一个岗位转到另一岗位。当然无论哪个岗位，都有罪在其中，因为没有岗位能全然履行上帝的命令。[4]

路德为这些岗位冠以“神圣”的形容词，因为它们是上帝所设立，有上帝的道使之分别为圣。不过“神圣”并不意味着它们属“救恩的途径”（拉丁文 *media salutis*，means of salvation）。它们是上帝创造的“自然之物”，也是上帝托付给人，也容易为人误解和误用。可见路德小心分辨神圣（德文 *heilig*，holy）与得救（德文 *selig*，saved），认定二者是迥然不同的事。[5]

路德声称男女无论在家或在田中，在工作间（workshop）或作公务员，对其工作也是出自上帝的呼召，以成全上帝在其身上的旨

---

① Atkinson，Martin Luther，P. 103.

② Fuliga，“Luther's Teachings on Good Works，” P. 25. 参看 The Evangelical Lutheran Synod of Missouri，Ohio，and other States，ed. A Short Explanation of Dr. Martin Luther's Small Catechism，with Additional Notes for Students，Teachers，and Pastors，by Edward W. A. Koehler（River Forest：Koehler Publ. Co.，1946）.

③ Hans Schwarz，True Faith in The True God：An Introduction to Luther's Life and Thought，trans. by Mark William Worthing（Minneapolis：Augsburg，1996），P. 135 - 136.

④ 同上，P. 136。

⑤ Wannenwetsch，“Luther's Moral Theology，” P. 131.

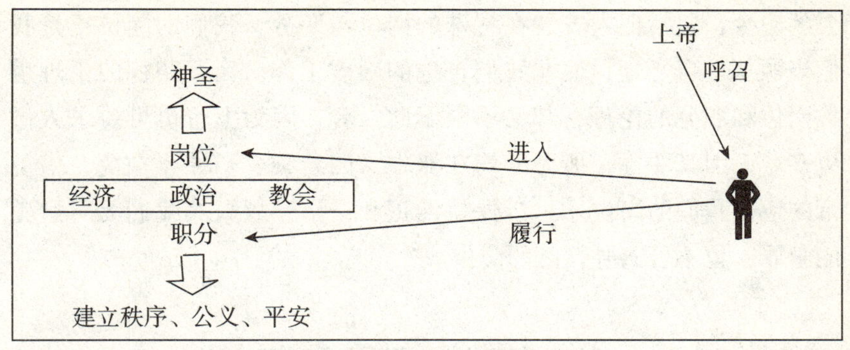

图 5.9　路德的召命观

意。圣品人员和平信徒的差别，不在前者有更高的属灵职分，后者有较低的世俗职分。所有的人都是因信称义，站在同一位置，只在职责上有差别。倘若有圣品人员不能履行其职分，民众也可把这些人更替。①

每个人都是蒙上帝呼召，投身于某一职分。上帝也会给与人参与这职分的确据。这呼召投身于某职分，恒常借着他人进行。当然适切的教育和训练，使之合乎资格，是呼召的必要条件。既借别人呼召，选择职分和履行责任不再是私人的事。当人蒙召参与某职分，意味着要求人全然投入，同时也就是要求人准备去服侍和爱。②

所有的职分都是上帝创造和维护人类的途径。它们为的是建立秩序、公义、平安于世上。这些岗位是要服事上帝的世界。因此若然这些职分"反对上帝"和"有罪恶"，则是不对和不适切。例如教廷和修院，因为它们并没有参予研读、教导或聆听上帝的道。可见路德并非对既定的岗位毫无批判，却对现存的社会秩序加以评鉴。③

每人可有多个岗位，例如君王同时既是丈夫，也是父亲。当一个人知道上帝呼召他到某岗位服事，他已领受了他的职分。上帝对

---

① Atkinson, *Martin Luther*, P. 103 – 104.

② Schwarz, *True Faith in The True God*, P. 137 – 139. 路德认为人被安置于某一职分，是不可改变的既定（givens），有如女性不能成为男性，或是养猪的不能成为律师。生物和教育的差异把我们放置在某一岗位和某一特殊职分之中。不过他又曾挑战固定不变的观点，认为非婚生子女也可任职备受专重的职分，又或一般百姓的孩子亦可以大有长进，在技艺和商贸的专业上胜任。（P. 138）

③ Althaus, *The Ethics of Martin Luther*, P. 37 – 38.

人的谕令，包括把人安置在特殊的岗位与职分。我们的岗位正是我们当顺从上帝之地，而非我们自选的敬虔工作。无疑路德的伦理堪称岗位和职分的伦理，却又不限于此二者，因为上帝也可要求人做更多。人因其罪性，所做的均在罪中，因着称义，罪得赦免，借上帝的道，我们的岗位才可以保持纯正和圣洁。故纵然我们无可避免的犯罪，也不可离开自己的岗位。①

七、社会和政治：两国度和两管治

路德的社会伦理与他的两个国度有密切关系，上文已稍稍提及两个国度的概念。②在上帝国度的人，过的是自由的生活。他说：

> 我们得把亚当和全人类的后裔分作两类，前者属于上帝的国度，后者属于世上的国度。那属于上帝的国度的，全都是在基督里和在基督之下的真信徒，因为基督是上帝国度的王和主。……这些人用不着俗世的法律或配剑。……基督徒在心中有圣灵，他教导他们并使他们不对任何人行不公义，爱一切的人，和无论落在任何人的手中，仍然甘愿的和喜乐的忍受不公义，甚或死亡。……然而不义的人不依从律法的要求，因此他们须要法律去教导、规限、强制他们行善。③

两个国度并非以两组不同的法则运作，互相争宠，却是由律法与福音构成。基督的国度以福音掌权，却并非与律法毫无瓜葛。同

---

① Althaus, *The Ethics of Martin Luther*, P. 39－42.

② 见第本章第五节。好些学者认为路德的两个国度的概念源自奥古斯丁。*Civitas dei* 所指的是教会，*civitas terrena* 所指的是属世的国度或地上的邦国。然而 Lewis Spitz 指出奥古斯丁的框架涉及五个城：*civitas caelestie*, *civitas dei*, *civitas permixta*, *civitas terrena*, *civitas diabloi*。他也从来不以 *civitas dei* 指 *ecclesia* 作为一建制，也不把世界或 *saeculum* 交付魔鬼。奥古斯丁的思想是超越的，与恩典和缺乏善有关。见 Lewis W. Spitz, "The Christian in Church and State" in *Martin Luther and the Modern Mind: Freedom, Conscience, Toleration, Rights*, Toronto Studies in Theology, ed. by Manfred Hoffmann (New York and Toronto: Edwin Mellen Press, 1985), P. 128－129.

③ Martin Luther, "Temporal Authority: To what Extent it should be Obeyed (1523)," in Martin Luther's Basic Theological Writings, ed. Lull, P. 662－663.

理，世上的国度由律法掌权，律法却是上帝的律法。

路德的两个国度，分别由两个政府或管治（two governments）掌管。他说：

> 若非如此，人会相吞，因为全世界皆邪恶，在千人中鲜有一个真基督徒，世界会陷入混乱。有见及此，上帝设立两个管治：属灵的（spiritual），借此圣灵产生基督徒和在基督下的义人；并属地的（temporal），借此抑制非基督徒和邪恶的人，好让他们有责任保持安静和维护外在平安。故当保罗说这话，并非对善行加以威吓、对恶行才是；他是如此理解罗马书第十三章第三节的属地配剑。①

教会作为属灵的国度，理应是自由和爱的群体，由上帝借福音管治。这群体用不着任何方式的强制。圣经并没有订定任何特定的教制（polity），当然任何教制都应包括宣讲圣道和施行圣餐。路德甚至愿意接受教皇的存在，只要教皇是福音性的，即教导因信称义的道理。他所不能容忍的，是压制基督徒自由的复杂教会规条系统，和声称对属神的人的属灵生命不可或缺的教会官僚体制。②

世界是邪恶猖獗之地。因此上帝命定了另一政府或管治，借以保障守法市民的生命财产，并维护他们免受毫无根据和毫不合理的侵扰。这管治与教会同样是上帝的管治。不过邦国的管治却借法律、理性、人的智慧和强制来执行。治安官可以用剑来执法，非因强暴比爱心更佳，却因这是规限人的邪恶之唯一方法。若非人罪恶的事实，实无需设立政治秩序。可见路德并不认同亚里士多德的思想，以为邦国和社会秩序于人是自然的。反之，邦国是上帝所设立，为的是回应人的罪，规限人的邪恶。③在今生这两种管治缺一不可，如他所言：

---

① Luther, "Temporal Authority: To what Extent it should be Obeyed (1523)," P. 665.

② David C. Steinmetz, "Luther and the Two Kingdoms," chap. in Luther in Context, P. 121-122.

③ Steinmetz, "Luther and the Two Kingdoms," P. 122, P. 114.

……我们必须小心分辨这两管治。必须容让二者存留；其中之一成就义，另一则带来外在平安和防止恶行。倘若没有其中之一，另一诚然不足。若没有基督的属灵管治，无人能借属地管治成为义。……单有属地管治或法律，则虚伪在所难免。因为若然圣灵不在人心中，无人能真正成为义。……若徒有属灵管治，则邪恶会张狂跋扈，为无赖的行径大开方便之门。[1]

信徒是在两个国度之内生活，在两种管治之下。世界不能凭福音管治，如某些激进份子所倡导。公义和剑是维持外在秩序之所需。基督徒也如其他人一般，须要持守十诫中的第二法版，也要以新时代的极端伦理——登山宝训，作为基要的律法。

我们可借以下表格来表述两个国度的关系：

上帝的国度	世上的国度

上帝右手的管治	上帝左手 的管治
十诫的第一法版	十诫的第二法版
耶稣基督为主为王	君主、贵胄为主为王
福音掌权	法律掌权
属灵的管治：在基督下的义	属地政府的管治：抑制恶人
爱和自由的群体，无特定教制	和平公义的群体，受秩序规管

图 5.10　路德两个国度的理念

也许我们会产生疑问：路德所倡议的是否可行？为要恪尽这双重责任，路德提出基督徒的“两个位格”（two persons），即基督的位格（Christ-person）和属世的位格（world-person）。[2] 这概念多出现在他讲章的释经，尤其关乎现实生活的反省。基督徒既有照顾他人的责任（十诫第二法版），则并非必然不抵抗邪恶（登山宝训），因为他们有义务保护邻舍。这基督位格和世界位格并非内在伦理与外在伦理之分，焦点却落在基督徒身处的岗位，并他与他人的关系。

---

① Luther, “Temporal Authority: To what Extent it should be Obeyed (1523),” P. 666.

② 路德并不是倡议人格分裂，而是指人作为一整体的不同面向：或面向上帝（*coram Deo*），或面向世界（*coram mundo*）。参见 Wannenwetsch, “Luther's Moral Theology,” P. 126 - 127。

例如他可能首先须以官员的身份，处理人事问题，随后才以基督的位格跟进。①

路德所关注的，是邦国不应伏在教廷之下，因为教会不应在地上建立其王国，使君主、国王、王室人员落在其权势之下。另一方面，邦国也不应备受咒诅，民众社会（civil society）并非落入撒但手中，正如某些教派所倡导。邦国也属上帝管治范围，是上帝左手的国度，可见路德认为世上的国度具合法性，也扮演重要角色。②

一方面路德把教会的事工规限于属灵的领域，在人的内在生命之中。在此他不单依从哲学与神学二分的传统，也分辨内在的人与外在的人，以旧亚当和新亚当把全人类归类。这区分与当时的方济会属灵传统吻合，也可算为对教会世俗化的反动。另一方面他比奥古斯丁更进一步，认为属灵权力和世俗权力，二者皆上帝管治的方法，而非交付给人的权力。他把这两种权力从人的主权收回，安置于上帝直接的行动之内，遂为世俗的政治权柄提供神学理解，并指出是上帝直接把权柄赋予非基督徒。因此无论在属灵或属世的岗位，人只是领受者，被召分享上帝在世上爱的工作。第三方面，路德结合了两个管治和奥古斯丁的两个国度。他建立政治权柄的必要性，同时又为它设界限。政治权柄作为履行地上国度的使命，须建立外在平安和公义，规限罪恶的影响。既是如此，政治权柄便不可干涉人内在的生命存在，不可指令人的良心当如何运作、当拥抱怎么样的信念。③如路德所言，"除他以外，上帝不会也不容许任何人掌管灵魂。"④

邦国除了配剑对付恶人，亦具正面功能，为社会的好处努力，取回好些被教廷褫夺的事工。基督徒的生活作为信心的生活，是表达于爱邻舍。这不单是路德的个人伦理，也是他社会伦理的基要。邦国应以自然法行事，即仁爱的法则（拉丁文 *lex charitatis*），这是一切道德和社会法律的基础。邦国的合法性在乎它作人民的仆人，

---

① Lohse, *Martin Luther's Theology*, P. 320 - 321.

② Spitz, "The Christian in Church and State," P. 136.

③ Wolfhart Pannenberg, *Ethics*, trans. by Keith Crim (Philadelphia: Westminster Press, 1981), P. 125 - 126.

④ Luther, "Temporal Authority: To what Extent it should be Obeyed (1523)," P. 679.

并上帝的爱之器具。邦国应以公平（equity）管治，带着慈爱来秉行公义。其实除了传统的保障和平，路德还为邦国的使命，添上维护公义的要求。①

虽然路德强调两种管治互不相属，却并不赞同二者全然独立、彼此互不干涉。既然邦国和教会同样伏在上帝主权之下，教会的教导职事，有责任提醒掌权者为上帝行事公义。教会既有责任确立和加强邦国的权柄，在某些情况下也可对它进行严厉的批判。批判的准则是自然律，与自然律相对的，是凭借人的权柄建立的成文法。某些真理对两个管治皆宜，例如行事须凭自然和公义的理性，而这又等同于爱。②

对路德而言，属灵的世界与自然的理性是不相两立的。不过这并不意味理性在服事的岗位上无能。理性在照顾家人、建立家庭、法庭判决、以至饲养牛只等，全都适用。问题是当它越界，侵入属灵国度，则人所作的尽皆是罪。教廷的问题正是把两个国度混淆。上帝不单认可（拉丁文 *approbat*，approve），更要求（拉丁文 *requirit*，demand）人达至理性之义，正直理性是一种民众的义（civic righteousness），却不是真正的义，是属地国度之义，有别于因信称义之义。哲学范畴的思维，绝不可引进神学的领域。③

在路德立场的背后，隐若可见的是路德对自然秩序（natural orders）的理解。自然秩序的标准在自然律和理性。政治、经济等领域是运用理性的合宜范围。不过这些领域也是罪恶污染之所，被误用来违反上帝的诫命。对路德而言，自然也是堕落了的自然、理性也是败坏了的理性。在自然秩序掌权的人，很容易忘记他们权柄源自上帝，甚至以自己为神。纵然如此，自然秩序是上帝所立的，源于上帝护佑的旨意（will of providence），有助于保存世界，直到主再来的日子。④

---

① Spitz，"The Christian in Church and State，" P. 136；Forell，*Faith Active in Love*，P. 110；Pannenberg，*Ethics*，P. 119.

② Pannenberg，*Ethics*，P. 112 – 114.

③ Brain A. Gerrish，*Grace and Reason*：*A Study in the Theology of Luther*，Midway Reprint（Chicago and London：University of Chicago，1979），P. 72 – 75.

④ Forell，*Faith Active in Love*，P. 112 – 155. 路德列举的自然秩序有三：家庭（*Hausstand*）、政治及世俗权柄、和教会。（P. 123）

若政府的要求与爱邻舍相违，路德认为基督徒可依从使徒的教导，凭良心顺从上帝而不顺从人。不过他只容许被动的不顺从（passive disobedience），却不认同主动的革命。直到1530年代后期，好些律师说服他当时皇帝有违反传统的帝皇法和宪法的威胁，他才万般不愿意的认可抗争的理论，赞同选侯萨克森的约翰（Elector Johann of Saxony）对皇帝的抗争。可见他的政治立场基本上颇为保守。①

总的来说，两个国度的理论，是路德用来清理教廷政教混淆的工具，免得把权柄从一方转移到另一方。在他的时代，福音是贯注生活每个领域或岗位的。两个国度的理论，为的是辨明上帝行使权柄的不同方法：借配剑或借上帝的道。而上节讨论的三个岗位，结合了人的信和创造的秩序，构成了社会生活，把属世的领域（经济和政治）与属灵的领域（宗教），连在一起。②

八、结　论

路德所希望建立的，是：

（1）以十架神学为诠释框架，基于唯独因信称义的基督教伦理，换言之，基督教伦理的主要关注，是人在上帝跟前的状况，而非行为之正误；

（2）基督徒因信得自由，以爱服事邻舍，或说这是活跃于爱中的信心（faith active in love）的伦理实践；

（3）人得遵从上帝的召命，在其岗位上服事邻舍，岗位是没有圣俗高下之分的；

（4）上帝以福音掌管教会，以理性、智慧、自然律、武力强迫为工具，掌管这失序的世界；

（5）登山宝训并不止于修道院伦理或未来上帝国的伦理，却可应用于每一基督徒的生命，虽然这道德要求未必适用于基督徒作为公众代表的决定；

---

① Spitz, "The Christian in Church and State," P. 139-141.

② Wannenwetsch, "Luther's Moral Theology," P. 132.

(6) 上帝以教会和邦国治理，邦国是上帝所创立，借以成就教会所不能也不应尝试成就的；

(7) 一切基督徒都须履行公民（civil）和社会责任，并且有些基督徒可在邦国中担任公职。①

路德的伦理，无疑是神学性伦理，以信为经，以自由为纬，以爱为实践。爱的主题，是基督教传统的延续。自由的主题，则为信徒带来极大的释放。路德把中古从善行到救恩的次序倒过来，免除了对是否得救的焦虑，以致人可自由地爱邻舍。伦理遂紧扣于生命，比过去伦理系于德行的进展，或行为之好坏，更直击人的生命存在。这可算是先立乎其大者。

路德强调良心的自由，因为他深知良心的折腾可使人绝望和自毁。他也知道经由上帝的道释放，并系于上帝的道的良心，能产生责任感、勇气和动力去为真理抗争。良心须经历借福音称义带来的释放，好能为更高的价值努力。他强调的福音性信仰，可简约为“三个唯独”：唯独圣经（拉丁文 *sola Scriptura*）、唯独恩典（拉丁文 *sola gratia*）、唯独信心（拉丁文 *sola fide*）。此三者又聚焦于唯独基督（拉丁文 *sola Christus*），他是在圣经之上、恩典的内容、信心的前项。如此信仰和伦理便不致失去其参照点。②

路德论基督徒的自由，虽然局限于信仰层次，却不乏引申的可能。博夫（Leonardo Boff）认同田立克（Paul Tillich）的看法，认为路德的基本洞见在于以福音之名反对圣品人员的压倒性权力，反对制宰者操控被制宰者，反对把历史上伟大的人物加以神圣化。在这层次，纵然路德自己的政见颇保守，却蕴含解放的潜力，解放被欺压者。③ 因为自由包括不畏权势，与弱势者认同，作为爱邻舍的具体表达。

作为宗教改革的鼻祖，路德要面对的事情实在太多，其伦理思

---

① 参 Steinmetz，“Luther and the Two Kingdoms，” P. 114. 第二和三项为笔者所加，其他略有修改。

② Walter Altmann，*Luther and Liberation：A Latin American Perspective*，trans. by Mary M. Solberg（Minneapolis：Fortress，1992），P. 136 - 141.

③ Leonardo Boff，“Luther，the Reformation，and Liberation，” in *Faith born in the Struggle for Life：A Rereading of Protestant Faith in Latin America Today*，ed. by Dow Kirkpatrick，trans. by Lewistine McCoy（Grand Rapids：Eerdmans，1988），P. 195 - 212.

想仍有好些改善的空间。在社会政治伦理，路德建立了两个国度和两个管治，为的避免教会侵扰地上的管治。可是他却没有对地上的管治干扰教会，作深思熟虑，例如不按立同性恋者会触犯性倾向歧视法。其实教会和政权，彼此有着千丝万缕的关系。教会作为社会组织，本身就是社会的实体，是政治中的建制，社会和政治的政策，也因着教会爱邻舍，成为教会所当关心的议题。

从信到爱也非像路德所设想般自发。虽然路德对现实作如是观，正视罪的恣虐以至意志的捆绑，却对蒙恩的信徒，有过份乐观之嫌，因此在成圣论上留下不少空隙，有待后人填补。不过他以因信称奠基，确立作为自由与爱的基督徒伦理生活的大方向，诚然功不可没。

九、阅读指引

甲、生平

1. Roland Bainton, *Here I Stand: The Classic Biography of Martin Luther*, A Lion Paperback (Herts: Lion Publishing, 1978, Nashville: Abingdon, 1983).

乙、思想概略

1. Bernard Lohse, *Martin Luther's Theology: Its Historical and Systematic Development* (Philadelphia: Fortress, 1999).

2. 杨庆球：《马丁·路德神学研究》（香港：基道出版社，2002）。

丙、路德的读本

1. Timothy F. Lull, ed., *Martin Luther's Basic Theological Writings* (Philadelphia: Fortress, 1989).

2. 伍渭民主编：《路德文集》，第一卷；雷雨田主编：《路德文集》（香港：香港路德会文字部，2003，2004），第二卷。

丁、论路德伦理思想的二手资料

1. Bernd Wannenwetsch, "Luther's Moral Theology," in *The Cambridge Companion to Martin Luther*, ed. by Donald K. McKim, (New York and Cambridge: Cambridge University Press, 2003), P. 120-135.

2. Paul Althaus, *The Ethics of Martin Luther* (Philadelphia: Fortress Press, 1972).

3. Timothy J. Wengert, ed. "Luther and God's World", Part 2 in *Harvesting Martin Luther's Reflections on Theology, Ethics, and the Church* (Grand Rapids: Eerdmans, 2004), P. 121-205.

第六章
加尔文：与基督联合

一、引言：重新定位

约翰·加尔文（John Calvin，1509－1564）属于第二代的改革家。经过第一代改革人物的耕耘，他可身处稍稍安定的环境，进行较系统的思考。他所持守的思想原则，是“唯独在启示界限之内的神学”（theology within the limits of revelation alone）①。他的著作甚丰，包括他的名著《基督教要义》（Institutes of Christian Religion）②，以及他的释经书③、讲章、小册子与专文、书信、礼仪和信仰问答。④

加尔文的为人，以及他的神学和伦理，常被人与十七世纪的殖民地清教徒式伦理混淆，甚至视他为人固执和残忍，或其思想甚具律法主义色彩。例如早年美国学者乔治雅·克尔勒（Georgia Harkness）的《约翰·加尔文：其人及其伦理》（1931）⑤和俄国学者梅

---

① Timothy George, *Theology of the Reformers*（Nashville：Broadman，1988），P. 219. 此句与康德一书 Immanuel Kant，*Religion within the Limits of Reason Alone*（New York：Harper Torchbooks，1960），成为一对比。

② 加尔文，《基督教要义》上、中，下册（香港：基督教文艺出版社，第七版，1996；第六版，1997；第七版 1998）。本章将按一般学术著作的引述，只用《基督教要义》及其卷、章、段数作为引用的注脚。引文译自 John Calvin，*Institutes of the Christian Religion*，vol. 1 & 2，ed. by John T. McNeill（Philadelphia：Westminster，1960）.

③ John Calvin，*Calvin's Commentaries*（Edinburgh，1843－1855；reprint，Grand Rapids，1981）. 本文沿用英语学术界惯用的缩写。

④ 参 W. de Greef，*The Writings of John Calvin：An Introductory Guide*，trans. by Lyle D. Bierma（Grand Rapids：Baker Books and Leicester：Apollos，1994），P. 219－223 的书目。

⑤ Georgia Harkness，*John Calvin：The Man and His Ethics*（Nashville：Abingdon，1958）. 此书原于 1931 年出版。

列日科夫斯基的《宗教精神：路德与加尔文》（1939）[①]。及后巴特（Karl Barth，1866－1968）和卜仁纳（Emil Brunner，1889－1965）重开对加尔文的研究，其形象和神学才得到平反。[②]近来对加尔文神学的研究，推翻了早年由单一主题统摄其神学的看法，即上帝的至高主权（sovereignty）和相应的预定论。[③]韦利斯（Ronald Wallace）亦深表赞同，认为主权或预定论已不能成为组构他的神学以至《基督教要义》的核心原则。他的“系统性”，只不过是反映上帝的道的理性和合一性而已。[④]

二、伦理的框架：重生与称义的意含

刚迪（Marion Conditt）认为对上帝旨意的顺从，是加尔文的伦理和拣选的核心。[⑤]对上帝旨意的顺从，无疑是加尔文伦理的重要主题，可是若说它是整个伦理的核心，却嫌言过其实。加尔文的伦理框架，可从他的《基督教要义》（1559 年）卷三得悉。兹以下图展示其结构[⑥]：

加尔文神学伦理的框架，是人活在三一上帝的恩惠中的相交生

---

① 梅列日科夫斯基著，杨德友译：《宗教精神：路德与加尔文》二十世纪俄国精神哲学精选系列（上海：学林出版社，1999）。此书分别叙述路德和加尔文的生平，对路德还算客气，对加尔文则责难有加。原著的论路德和加尔文分别于 1938 和 1939 年完成。

② Richard C. Gamble，“Current Trends in Calvin Research，1982－90，” in *Calvinus Sacrae Scripturae Professor：Calvin as Confessor of Holy Scripture*，ed. by Wilhelm H. Neuser（Grand Rapids：Eerdmans，1994），P. 102. Gamble 指出 Herman Balke 早在 1922 年 *Die Probleme der Theologie Calvins* 的研究，已把加尔文视为象牙塔内的系统神学家的图像打碎。

③ 同上，P. 105－106。

④ Ronald S. Wallace，“A Christian Theologian：Calvin's Approach to Theology，” in *Scottish Bulletin of Evangelical Theology* Special Study（1987）：P. 137－138；reprinted in Articles on Calvin and Calvinism：A Fourteen-volume Anthology of Scholarly Articles，ed. Richard C. Gamble，vol. 7，*The organizational Structure of Calvin's Theology*（London & New York：Garland Publ.，1992），P. 121－122.

⑤ Marion W. Conditt，*More Acceptable than Sacrifice：Ethics and Election as Obedience to God's Will in the Theology of Calvin*，Th. D. Dissertation（Basel：Friedrich Reinhardt Kommissionsverlag，1973）.

⑥ 这是基于 Wilhelm Niesel 的理解，并加以补充。见 Wilhelm Niesel，*The Theology of Calvin*，trans. by Harold Knight（Philadelphia：Westminster，1956），P. 140－141.

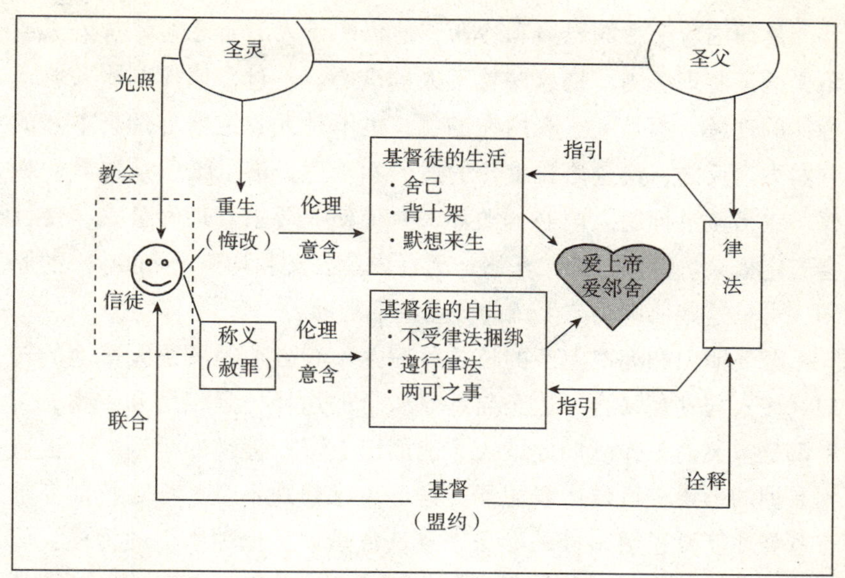

图 6.1　加尔文的伦理结构

活。圣父上帝具至高主权，他在所颁布的律法中显明他美善的心意，尤以十诫为主，作为信徒道德生活的指引。圣子上帝与信徒联合，亦成为信徒学效的楷模。他也是律法的诠释者。他是上帝与其子民盟约的核心，而律法是这盟约关系下赐予人的礼物，指向基督的来临。圣灵上帝不单使人重生或成圣，能以学效基督，按律法过着合乎上帝心意的生活，他更光照信徒能以明白上帝的心意，因此圣父、圣子、圣灵三位各有其份，参与信徒的伦理生活。

首先，让我们为加尔文的伦理，提供一个鸟瞰。在三一上帝的恩惠与信徒回应的生活中，基督徒伦理作为生活的秩序，安身立命之所，属创造的领域，是万物秩序之一，也是上帝掌管万有之途。可是因着人犯罪堕落，理性不再成为充足的指引。对理性的质疑，成为他与古典哲学家和中古神学家分道扬镳的关键。人分辨善恶的能力，以及引导的意志和情感的能力，全都遭到腐蚀。罪使人无法认识道德真理，也不被道德真理吸引，当然更不会付诸实行了。[①]

① Guenther H. Haas, "Calvin's Ethics," in *The Cambridge Companion to John Calvin*, ed. Donald K. McKim (Cambridge: Cambridge UniversityPress, 2004), P. 93 -94.

然而因着上帝的恩典和怜悯，他仍赐予人对善恶对错、公义或不义的某些理解力，把这些置于人的良心。不过，他强调罪人对道德律的理解，不是基于人内在的善，也不是人对道德真理具本然的洞察力。反之，这全出自上帝的恩典和善意，借以维系被造界的秩序，也借圣灵抑制人内心的败坏，并促使人寻求真理和公义，使社会安定繁荣。十诫的第二法版，无疑内蕴公义和均衡（equity）的原则，可是这些原则仍与上帝的心意相距甚远。①

若要明白和拥抱上帝的道德秩序，人心必须经历翻天覆地的转向，使人与基督联合。达至与基督联合的途径，是相信和重生，二者都是圣灵的工作。如此，人才能活出上帝所喜悦的生活。人被造本有神的形象，可惜因着犯罪，这形象已残缺不全，损毁扭曲。唯有基督才能真正活出神的形象，故基督是信徒伦理生活的榜样，信徒被召去依循基督形象，而基督徒的生活，可说是复得神的形象的生活。是以基督徒的生活，或说伦理的精义，也就是学效基督。学效基督的外在表征是背十架，内在表征是舍己，和默想未来的生命导向。②

总言之，与基督联合是一个动态的联合，包括两方面：重生和称义。对加尔文来说，重生或成圣也可理解作顺从或学效基督，即对上帝在耶稣基督里的复和行动，因着感激而作回应，表里一致地过纯正的生活。③

有了如此的基督徒生活，人才能享受及活出基督徒的自由，亦即称义的伦理意含。基督徒的生活包括三方面：舍己、背十架、默想来生。舍己和背十架也可说是顺从上帝旨意的具体表达。对加尔文而言，上帝旨意基本上已显明于律法中。基督徒的自由也包括三方面：不受律法的捆绑的自由、遵行律法的自由、行两可之事的自由。前两项也和律法有密切关系。第三项则涉及适中（morderation）的德行。

---

① Haas, "Calvin's Ethics," P. 94.

② Haas, "Calvin's Ethics," P. 94-95. 并没有清晰谈及默想来生，这点为笔者所加。

③ Steven D. Hoogerwerf, "Ecclesiology and Christian Nurture in the Theology of John Calvin: A Study of the Church's Instrumental Role in Nurturing Christian Life," *Church Divinity* 1989-90, ed. by John H. Morgan, Graduate Theological Foundation (Bristol: Wyndham Hall, 1990), P. 46.

可见加尔文的伦理，是以三一上帝与人的动态相交做整体结构。若如哈斯（Guenther H. Haas）从创造论推至上帝的律法，以律法作为理解伦理的主轴[①]，虽然能够涵盖加尔文伦理的主要质料内容，却未能展示使这内容成为可能的能动性，即基督和圣灵在信徒生命中不止息的作为。再者，虽然加尔文并不是把恩典与律法对立起来，反倒确立律法的训导功用，律法始终容易引起误解，被视为单向的要求，忽略了三一上帝与人的动态相交。加尔文既视人对自己认识不离人对上帝的认识，同样人对上帝的认识也不离人对自己的认识。伦理作为上帝对人的美意和人回应上帝恩典的生活，岂非更是如此。

三、加尔文的律法观

在加尔文的神学和伦理中，律法是一基要的概念，指导着他对福音和对善的理解。他追随奥古斯丁的看法，认为律法之一源是自然界。自然律[②]并非从人的标准而来，却从上帝而出。上帝创造的万物，是具秩序、和谐和美善的。这有异于希腊哲学把律法植根于人的习俗、道德和政治行为。加尔文倡议良心是上帝普遍恩典的赐予，在其自然状态中，人已在某程度上，察觉创造主的心意。十诫的道德律附以旧约礼仪，进一步扩展良心所发的命令。因此人当按本性颂赞，也当荣耀上帝和应避免谋杀、奸淫、偷盗、说谎和贪婪。这些既古旧且普遍的禁令，是上帝所颁布的。[③]

对加尔文来说，无论是自然律、摩西的律法、耶稣的命令或是使徒的教训，上帝的律法都是一体的，其目的是要启示他的恩典给

---

① Haas, “Calvin's Ethics,” P. 93. 看来，Haas 只把基督与圣灵的做作，视为全律法的途径。其实，他已全面展释加尔文的伦理观，可惜却单以律法来阐释其伦理，不免把伦理狭义化，看不到当中的互动，并有把教义和伦理二分（dichotomize）之嫌。

② 有关加尔文对自然律的理解，参见 R. S. Clark, “Calvin on the *Lex Naturalis*,” *Stulos Theological Journal* 6：1－2（May-November, 1998）：P. 1－22；Paul helm, “Calvin and Natural Law,” in *The Organizational Structure of Calvin's Theology*, ed. by Richard C. Gamble（New York and London：Garland, 1992），P. 177－194.

③ William F. Keesecker, “The Law in John Calvin's Ethics,” in *Calvin and Christian Ethics*. Papers and Responses presented at the Fifth Colloquium on Calvin and Calvin Studies, 1985（Grand Rapids：Calvin Studies Society, 1987），P. 20－21.

亚伯拉罕的约民，并且借着他们，为人类预备成就律法的耶稣基督的来临。一切宗教和道德活动都是为要尊崇和荣耀上帝，真正的敬虔必然带着道德的意含。基督徒的伦理使命是要反省上帝的心意，而道德行动是负责任的行动，揭示和成就上帝的目的。因此没有所谓自律的基督教伦理。①

然而人犯罪堕落，加尔文认同奥古斯丁的罪观，相信罪的关键在意志而非在思维之中。人欲成为上帝，于是产生骄傲，使人歪曲上帝创造生命的秩序，包括人的自由，遂败坏人自己的意志。遵行律法的外在法令并不能使人回归原先的状态，人需要耶稣基的救赎，使人脱离律法的咒诅，得以称义和重生/成圣。重生或成圣，是在恩典和善行之中，也是在问责下的成长（accountable growth）的过程。②

加尔文认为律法的功用有三：（1）一般性维护社群的生活，（2）指出罪以预备人相信，和（3）作为重生者的生活准则。他相信律法是完备和全面的，并以提喻法（synecdoche）来解释律法，例如禁令必须附以正面要求的推断（corollary），反之亦然。律法的完备性和全面性，是圣经的充足性和完备性之特殊情况。这信念一方面抗衡天主教神学，另一方面针对重洗派（Anabaptists）和属灵派（spiritualists）的思想。③

加尔文指出“道德律”有三项功用，第一项如下：

> 它展示上帝的义，即上帝单单接受的义，它针对每个人的不义施予警告、知会、控诉、最后也定罪。……律法有如一面镜子。在其中我们可默想我们的软弱，从之而来的罪孽，并至终因此二者而来的咒诅。……使邪恶的人惊惧，对上帝的儿女

---

① William F. Keesecker, “The Law in John Calvin's Ethics,” in *Calvin and Christian Ethics*. Papers and Responses presented at the Fifth Colloquium on Calvin and Calvin Studies, 1985 (Grand Rapids: Calvin Studies Society, 1987), P. 22.

② 同上。

③ Klaus Bockmuehl, “Protestant Ethics: The Spirit and the Word in Action,” Evangelical Review of Theology 12: 2 (April, 1988): P. 105 - 106. 命令与禁令须渐次应用于我们的行动、言语和思想，如此十诫成为一全面的基督教伦理系统。（P. 106）“提喻法”是指以局部代表全部的表达方式，例如：“十帆”代表十艘船。重洗派认为先前的洗礼不完备，因此必须重洗。属灵派认为律法不够全面，其欠缺有待圣灵补足。

律法却另有目的……使他们体会他们唯独靠着上帝之手，才得以站立和支持下去。[①]

第二项功用如下：

对于某些不为公义和正直所动的人，除非被强制聆听律法中的严峻威吓，起码借着惧怕刑罚，施以抑制。[②]

第三项功用如下：

它更贴近于律法的正当目的，座落于信徒当中，他们的心有上帝的灵活着和掌管着。……（一方面）它是最佳的工具，使他们每天仔细学习主的心意，这是他们所心仪的，也确定他们所明白的。……（另一方面）甚至属灵的人也不会不被肉体的担子拖累，律法之于肉体，有如鞭子之于闲懒和不动的驴，促使它作工。[③]

律法的三项功用，是基于“律法包括三部分：一、生活的教义，二、威胁和应许，三、建基于基督恩典的盟约，包含了一切的特殊应许。”[④]此三项功用直接与基督教伦理相关：（1）政治或民事（civil）的功用，揭示从自然界可见之上帝的善，包括在犯罪堕落后，以摩西律法为主，并遍及整本圣经，叫人以圣洁与和平度日的神圣管治，所显出的上帝之义。（2）教育（pedagogic）或属灵（spiritual）的功用，揭露恶人的不义，定他们的罪，好领罪人归于基督和得着救恩。（3）教诲（didactic）或引导（guidance）的功用，借着基督的完备顺从，指导信徒按上帝的旨意，过圣洁的生活。因着人自由的领受，上帝在基督里自由赐予的慈悲，人因感恩自愿顺从律法。[⑤]

---

① 《基督教要义》卷二，第七章，第六节至第八节。

② 同上，第十节。

③ 同上，第十二节。

④ John Calvin, Comm. on Isaiah, vol. 1, xxvi. Quoted in Keesecker, “The Law in John Calvin's Ethics,” P. 25.

⑤ Keesecker, “The Law in John Calvin's Ethics,” P. 25.

功用	类别	关乎人的揭示	关乎上帝的揭示
(1)	政治或民事	人应以圣洁与和平度日	上帝之善和义
(2)	教育或属灵	恶人的不义和定罪（救恩的预备）	上帝的审判
(3)	教诲或引导	信徒因感恩自愿顺从律法	上帝在基督里赐予的慈悲：基督和救恩

表 6.1 律法的功用和所揭示者

加尔文论律法的功用，与他的认识论有密切关系。他提出“对他（上帝）的双重知识（拉丁文 *hinc duplex emergit eius cognitio*, twofold knowledge of him [sic]）”[①]：对创造者上帝的知识和对救赎者上帝的知识。此二者并非一般启示和特殊启示之别，更非新约与旧约之分。对创造者的知识来源有二：创造和圣经的“一般教义”，对救赎者的知识则只有基督一源。无论新约或旧约，皆提供这两类知识。[②]

基于对上帝的双重知识，以致产生两个自然的概念（two concepts of nature），加尔文也有两个律法的概念：一者指被造的完备（created perfection），一者指堕落后的境况。前者与限制罪恶无关，却单单指创造主与被造物具理序的、和谐的关系。上帝与人、以及人与人彼此相爱，正是律法的本质。“若有人……声称‘律法是属死的职事’（圣经哥林多后书三章第七节），我回答说这是偶发的（拉丁文 *accidentale*, accidentally），并且是因为（人）性的败坏。”[③]可见律法作为创造主上帝所颁布的，丝毫没有罪或不和谐的味道。[④]律法的杀害性只属附质（accident），而非律法的本质（essence）。

加尔文指出保罗用“律法”二字有二义：首先，“律法”经常用来指整个摩西的宗教。在此意义下，律法与旧约同义，是摩西

① 《基督教要义》卷二，第七章，第六节至第八节。

② Edward A. Dowey, Jr., The Knowledge of God in Calvin's Theology, expanded edition (Grand Rapids: Eerdmans, 1994), P. 43.

③ John Calvin, Comm. on Genesis, 2: 16.

④ Dowey, The Knowledge of God in Calvin's Theology, P. 223 - 228.

的职事起先铺陈的，并涵盖救恩的教义和敬虔生活的规则。除了为律法与摩西整个职事划上等号，加尔文也把律法规限于摩西的特殊职事。他说："有时它是指，整体摩西的教义，但有时却特指摩西职事的某部分，即包含在律则（precepts）、奖赏和刑罚之内。"①可见加尔文分辨律法之二义。摩西的"普世职事"教导和宣讲悔改和信心，即敬虔行为和白白赐予的生命之约。摩西的特殊职分却强调"律法顽固的要求"。加尔文认为恩典之约才是律法的正确脉络，而"赤裸裸的律法"（拉丁文 *nuda lax*，bare law）则是脱离这脉络的律法。他分别称这两方面为"福音性"（evangelical）的应许和"法律上"的应许。②

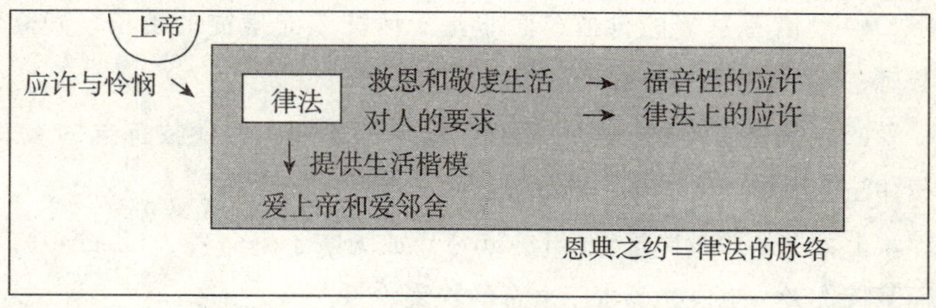

图 6.2　恩典作为律法的脉络

加尔文坚持这道德律是以上帝的应许与白白的怜悯为其脉络，它所奠定的是"生命的律则"（rule of life），对上帝的子民是恒常有效的。它展示一个全面的公义和圣洁的生活是怎样的。基于这方面，加尔文坚持律法是圣洁和善的，它为人提供的生活楷模，正是按"神圣纯正的原型"（archetype of divine purity）而立，也可以总归为爱上帝和爱他人。而基督并不是废除律法，反倒是律法最确实的诠释者。因为借着他，信徒才得以受教关乎律法的本性、对象和

① John Calvin，Comm. on Romans，10：5.

② Cornelis P. Venema，"The Twofold Nature of the Gospel in Calvin's Theology：The duplex gratia dei and the Interpretation of Calvin's Theology"（Ph. D. diss.，Princeton Theological Seminary，1985），P. 338 – 341.

范围。[①]

因此，加尔文倡议：（1）在人未犯罪的原初状态中确认律法；（2）坚持律法的本质是正面的，其抑制和定罪的性质只属偶发的功用，虽然因人犯罪堕落，二者已不能分割；（3）认为律法为对上帝和对人完备的爱提供全面的救恩，虽然因着罪，此路已无法通行。路德把爱与律法对立来，加尔文却认为二者在本质上是相同的。[②]

在基督里，上帝所做的是：

（1）自己与人联合；

（2）全然顺从自然律和道德律；

（3）甘心忍受一切人所当受的刑罚；

（4）借着基督的价值，而非基于信徒或非信徒的价值，确立救恩；

（5）提供悔改和得救的信心，圣灵的恩赐，促使蒙拣选的人，按律法的引导而非受律法的奴役，活出顺从的新生命。

上帝遂从颁布律法者（Lawgiver）成为赐予生命者（Lifegiver）。而蒙拣选者，也成为问责于上帝的管家。[③]

按加尔文的思想，律法的第三项功用（拉丁文 *tertius usus legis*，third use of the law），构成律法的主要功用，也是单单关乎信徒的功用。他声言律法为基督徒的生活赋予规范性价值。加尔文被指摘回到律法主义，可是在他而言，律法既有助信徒认识主的心意，也能使他们胜过肉体的拖累，因此全无律法主义的意味。反之，因为信徒有上帝的灵光照，唯独他们才能正确地理解和应用律法。[④] 是项功用并非单在《基督教要义》卷二、第七章、第12和13节交待而已，其实他在《基督教要义》卷三，第六和七章处理重生或成圣论，也

① Cornelis P. Venema，“The Twofold Nature of the Gospel in Calvin's Theology：The duplex gratia dei and the Interpretation of Calvin's Theology”（Ph. D. diss.，Princeton Theological Seminary，1985），P. 342－343。

② Dowey，The Knowledge of God in Calvin's Theology，P. 228－231.

③ Keesecker，“The Law in John Calvin's Ethics，” P. 24.

④ François Wendel，Calvin：Origins and Development of His Religious Thought，trans. by Philip Mairet（Durham：Labyrinth，1986），P. 200－201.

展示了律法的第三项功用。[①]

基于圣经申命记十章 12－13 节，加尔文指出律法的目的是要“使人借圣洁连于他的上帝……使这圣洁完备的有二，……首先，我们的灵魂应全然被上帝的爱充满。从这爱会直接涌流对邻舍的爱。”[②]对他而言，爱是伦理行为的规范，唯有爱才构成掌管信徒行动的规则，是正确运用上帝恩赐的唯一指引。缺乏爱的行动是不会得着上帝的认可的。爱包括对邻舍行公义，如他所说：“当我们致力对所有的人行善，在弟兄中栽植正直（right）和人性，禁戒不作一切的恶、欺诈和暴行，这可称为公义。”[③]公义是从十诫的自然律而出，人运用良心来分辨对错，这是人在自然状态中能力所及的。[④]

四、伦理向度之一：顺从上帝的心意

如上文指出，加尔文的伦理，可理解为顺从上帝的心意、恢复上帝的形像、学效基督等，视乎从哪个角度看。其实这数方面都是彼此相通的。让我们从顺从来加以展释。加尔文指出：

> 他要我们体会的是：随了顺从以外，并无别的要求。[⑤]
>
> 主颁布完备的义的规条，曾指明每一部分皆都是他的旨意，以此显明没有比顺从更蒙悦纳。[⑥]
>
> （人）对上帝的顺从，奥古斯丁有称之为一切德行之母和守护者，也有称之为其（指德行）源头。[⑦]

---

① I. John Hesselink, “Christ, the Law, and the Christian: An Unexpected Aspect of the Third Use of the Law in Calvin's Theology,” in Readings in Calvin's Theology, ed. by Donald K. McKim (Grand Rapids: Baker, 1984), P. 187. Hesselink 这里借用了 Paul Jacobs 的看法。见 Paul Jacobs, Prädestination und Verantwortlichkeit bei Calvin (Darmstadt: Wissenschaftliche Buchgesellschaft, 1968 reprint), P. 103.

② 《基督教要义》卷二，第七章，第五十一节。

③ Comm. on Genesis, 18: 19.

④ Keesecker, “The Law in John Calvin's Ethics,” P. 28－29.

⑤ 《基督教要义》卷四，第十章，第七节。

⑥ 《基督教要义》卷二，第八章，第五节。

⑦ 同上。

从这些引述，可见上帝要求人顺从他的旨意，是无可异议的事。可是若把顺从上帝抽离其脉络，则容易引误解。顺从的要求，是要把人的心思提升，好叫人感激和尊崇上帝。十诫的第一法版所要求的顺从，差不多全关乎内心的情意（affection），亦意味着以心思和意念委身于服事和荣耀上帝。当灵魂充满对上帝的爱，而这爱正向着邻舍扩展，这才是道德律的脉络。上帝所要求的顺从，是被爱推动的顺从，为了邻舍的好处不顾身。轻一法版重另一法版，诸如轻公义重圣洁，又或轻服事人重服事上帝，都是不蒙悦纳的服事，也非真正的助人。[①]

正因如此，倘若没有第一法版对上帝的知识，并爱和尊崇（reverence）的敬虔，则人无法正确地把良心的催迫，付诸实行。上帝要求的顺从，不是因着惧怕上帝的审判或忿怒，从之而生的顺从，因为不是出自心甘情愿的顺从，并不荣耀上帝；动机不纯的顺从也如是，在上帝看来更是可厌恶的。上帝要求的，是对律法每一部分完备的顺从（perfect obedience），而不是教条或律法主义式的顺从。[②]

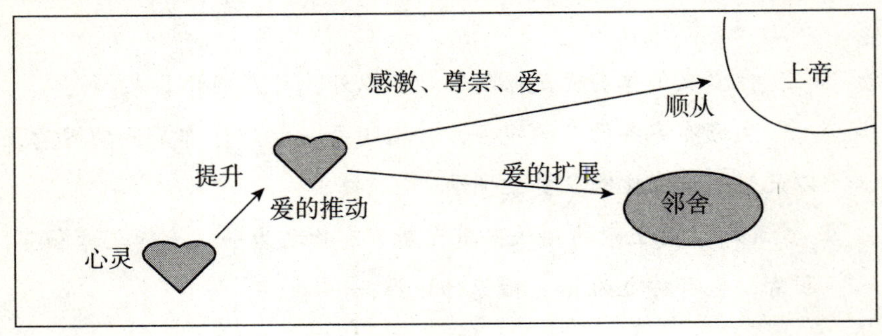

图 6.3　顺从上帝的脉络和动力

那么人如何能以实行完备顺从？答案简单不过：人压根儿不可能！“如何可能”的关键，不在人自己，却在上帝的定旨，即在圣子降世、死亡和复活的事件，叫人的不顺从得着赦免，也在他生命中

① Conditt, More Acceptable than sacrifice, P. 32－34.

② 同上，P. 34－37。

展示真顺从，把一切的感受和意欲，以爱降服于上帝之下。基督成就的复和，是人不顺从和失序的唯一出路。除非人参与基督顺从带来的益处（benefits），人便无法按着上帝的旨意生活。信心是圣灵的主要工作，是人对上帝呼召的回应，并且外显于顺从的行动。对上帝的正确认识，也不能在顺从以外。因为信是承认上帝的主权（lordship）的行动。[①]

信徒与基督属灵的联合，得以称义和成圣，被上帝接纳为他顺从的儿女，因着信能以体会上帝在基督里白白的赦罪，“也立时以毫不迟疑的顺从紧随，好使他确信上帝会成为他的忠实指引，以致他安然放下自己，顺从上帝的引导。”[②]如此才与律法的真义相应，因为良心从律法的咒诅中得释放，并不意味“我们用不着顺从/遵守律法，却意味我们可自由的喜乐地顺从。”[③]意即信徒并非为律法所去顺从，而是甘愿的顺从，自由的顺从。[④]

顺从本来就与善行彼此配合。加尔文说：“对行善的主要要求是使我们明白我们是分别为圣给主；并从这思想引出我们必须停止为自己活，并且今生的一切行动都要专注的顺从他。”[⑤]因为“唯有人注目于上帝的旨意，才能正确地为自己的生命赋予秩序，因为所作的全都串连于他的旨意……换言之，我们或活或死，都是按他的旨意而行。”[⑥]

当然信徒的义并不在于“全然遵守律法，而是信心的顺从，无论是如何的不完备，也蒙上帝所悦纳”[⑦]。为什么呢？因为是基督的顺从而非信徒的顺从，叫人能以称义，这是基于“他的顺从归与我们（imputed to us）为义”[⑧]。

---

① Conditt，More Acceptable than sacrifice，P. 37－45，P. 53－54。

② John Calvin，Comm. on John，9：6.

③ John Calvin，*Comm. on Galatians*，4：4.

④ Conditt，*More Acceptable than sacrifice*，P. 62－63.

⑤ John Calvin，*Comm. on Romans*，12：1.

⑥ John Calvin，*Comm. on Romans*，14：7－9。

⑦ John Calvin，*Comm. on 1 John*，2：17.

⑧ John Calvin，*Comm. on 1 Corinthians*，1：30.

五、伦理向度之二：学效基督

加尔文认为耶稣基督的生平是基督徒生活的模式（pattern）。基督叫我们成为他的门徒，为的是借学效他来模造我们。基督的样式是“我们信心的主要支持”[1]，因为他也同样经历信徒面对试炼和面对邪恶的挣扎，故对信徒面对的困难甚适切。他的得胜成为信徒的订金。当然加尔文深知学效基督（拉丁文 *imitatio Christi*，imitation of Christ）的危险，因为并非所有基督所作的信徒都当学效，那些涉及他威荣和神性的行动，都不在学效之列。信徒所当学效的，是他的信心、忍耐、顺从，亦即与舍己和背十架有关的质素。再者，学效与抄袭不同，它是按圣灵而行，正如耶稣被圣灵引导行事，因此并非复制耶稣言行的细节。[2]

学效基督与律法主义是迥然不同的事。律法的角色，是要召信徒成为活祭，作主的门徒。信徒并非要实现某些道德理想，而是放下自己，把自己交给那位在基督里启示自己的上帝。[3]学效基督是以信为前设，基于重生悔改。重生悔改涉及三方面：（1）灵魂的改变，而非单单外在的行为；（2）惧怕审判，以致为自己的罪忧伤和憎恶罪；（3）离恶从善，意即把自己的肉体治死（拉丁文 *mortificatio*，to put to death）及让身心“穿上”（拉丁文 *vivificatio*，to put on）善的性向。此正反两方是基于信徒与基督联合，基督的被钉毁灭罪，他的复活带来新生命。[4]

重生悔改引发的是学效基督的舍己和背十架，并且默想来生。[5]论到舍己，加尔文说：

---

① John Calvin，*Comm. on* 2 *Corinthians*，13：4.

② Ronald S. Wallace，*Calvin's Doctrine of The Christian Life*（Tyler：Geneva Divinity School，1982），P. 41 -43.

③ Niesel，*The Theology of Calvin*，P. 143.

④ T. H. L. Parker，*Calvin*：*An Introduction to His Thought*（London：Geoffrey Chapman，1995），P. 85 -86.

⑤ 加尔文论舍己、背十架、默想来生，分别参《基督教要义》卷三，第七章、第八章、第九章。

我们已是分别为圣和奉献给上帝，好叫我们从今以后之所思、所言、所想、所行，全都为了他的荣耀。……

我们不属于自己，不要容让我们的理性和意志左右我们的计划和作为。我们不属于自己，因此让我们不要以自己肉体的好处，作为我们的目标。我们不属于自己，让我们尽所能忘却自己和属于我们的东西。

反之，我们属于上帝，让我们为他而活、为他而死。我们属于上帝，让他的智慧和旨意掌管我们的行动。我们属于上帝，让我们生命的每一部分都全力以赴，以他为我们的唯一合法的目标。①

舍己（拉丁文 *abnegatio nostri*，denial of self）可算是基督徒生活的总归。舍己可说是放下一切属于自己的，好腾出空间让上帝工作。首要的是去除私欲（拉丁文 *cupiditas*），铲除据为己有、个人野心和荣耀自己的欲求。舍己无疑带着负面的意味，却不无正面意义。舍己不是为退缩而退缩，却是让基督掌管。它不是被动地否定自己，反倒是积极地否定信徒的意愿和欲求。它不是神修者的自我倒空，而是把焦点校准上帝和基督，全然顺从。同时亦以情意的爱（affectionate love）来满足爱邻舍的责任，遂引发弟兄姐妹彼此相爱之心。②

加尔文谈及双重的治死（拉丁文 *duplex mortificatio*，twofold mortification），一方面关乎信徒外在四周的事物，另一方面关乎信徒内在的理解和意志。他也论及与基督之死的双重相似（拉丁文 *duplex mortis Christi similitudo*，twofold likeness of the death of Christ），并信徒须效法他外在面对艰难，以及内在旧人之死和属灵生命的更新。他更谈到与基督之死的双重相交和沟通（拉丁文 *duplex est societas et*

---

① 《基督教要义》卷三，第七章，第一节。

② 参 Parker，Calvin，89；Wendel，Calvin，P. 248－249；Niesel，The Theology of Calvin，P. 144－145.

communicatio mortis Christi, twofold fellowship and communication of the death of Christ)，内在而言这相交是治死肉体或钉死旧人，外在则指背十架。不过治死旧人与治死外在的人是两回不同的事。后者是指失去健康、财产、名誉、友谊和今生的福分，前者却指治死自我意志和肉体。两方面都有同一目的：像基督。内在的治死直接达到这目的，外在的治死却是达至这目的的间接途径。[①]

为何加尔文如此重视治死呢？因为他认为人心因着亚当的罪弄至全然失序，在自然状态下被情欲（concupiscence）摆布，或说罪的律或原理玩弄，故人所发出的爱欲冀求，均与上帝为敌。滥用上帝的赐予，成为人的骄傲和拜偶像的基础。人的心思意念全被影响，舍己成为对付人的自然情欲、否定邪情私欲的途径；此时内心成为激烈的战场，恒常与自己的本性争战。置诸死地也包括放下自己的判断和自然理性，让位给上帝的智慧。简而言之，舍己是以恨恶自己取代自恋，因为自恋使人无法爱邻舍。耶稣基督是信徒舍己的榜样，尤见诸他面对十架的挣扎。[②]

舍己的过程与基督的死有密不可分的关系。舍己可被视为与基督同在的过程，这过程大有能力的在信之内，借着与基督的死之契合发生。换言之，基督的死在今天之有效性，不单在于因信罪得赦免，更是因信借此参予治死肉体或钉死旧人，是人今天可经历的具体因素，塑造人的品格和归属。这不是一种自我抑制，而是对人的自然的旧本性，给予致命一击。如此才能按人心中的情欲对症下药。基督的死有效地在信徒内心发动，是因着圣灵的能力。圣灵传达基督之死的功效（benefits）给信徒，并使他们参予在其中。圣灵把信徒“置于（inserted into）基督的死之中”[③]，令信徒因着基督的死得以结果子。[④]

背十架也属于舍己的一部分，却比舍己的层次高。基督背十架

---

① Wallace, *Calvin's Doctrine of The Christian Life*, P. 52.

② 同上，P. 53 -63。

③ John Calvin, *Comm. on* 1 *Peter*. 4: 1.

④ Wallace, *Calvin's Doctrine of The Christian Life*, P. 63 -67.

和以忍耐经历苦难，是基督成为信徒之首、忠贞之镜子和学效榜样的主要原因。因为上帝预定他的儿女都要效法耶稣基督的形像，尤其指背十架。既然基督也需在苦难的试炼中学习顺从，何况信徒呢？上帝借着艰难和愁苦，破除信徒对他旨意的抗拒，训练信徒顺从。十架应恒久作信徒的标记。十架不单训练忍耐和顺从，也更正过去所犯的错误，叫信徒关注过去的言行举止。背十架是要叫信徒胜过焦躁、愤恨和不信任。如此加尔文除掉受苦的功德一面，指出受苦本身并没有价值可言，只因信徒与基督一受苦，也为基督受苦，与他的契合就更见坚固和亲密，而有份于基督的受苦更是信徒与他联合的明证。①

加尔文指出成为教会的一份子亦即进入受苦的领域。基督徒维护福音必然带来迫害和受苦，包括羞耻和侮辱。若如此受苦，应感到特别的光荣，因为为福音的缘故受苦是一“特殊标记”。当然若上帝单单以他的手攻击信徒，仍不足以有效地令信徒像基督，上帝同时也以圣灵抚摸信徒的内心，故虽然苦难本身是恶的，信徒却能以喜乐。信徒既然参与基督的受苦，与基督的相交就更见甜密。受苦有助治死肉体的私欲，毁灭自信和自恋，好见到自己软弱，不再靠赖自己，却唯主是靠，培养顺从的质素。②

“无论我们经历什么患难，都应恒常展望以下目的：习惯厌恶今生并被激发去默想来生。”③厌恶今生（拉丁文 *contemptio mundi*）并非恨恶它或对上帝的赐福毫不感激。反之，在感激之余，当体会今生的败坏状态，因为信徒会自然而然以此生为家，并且执迷于它。要厌恶今生，是就它与属天的生活相比而言的，而非因苦修主义等原因。当然若爱慕今生，就容易与这世界的邪恶势力妥协。信徒须意识到今生地上之旅，将会有终结的一天。届时学效基督将达至其目的。若信徒参予基督的受苦，也将参予他的荣耀。默想来生也能

① Wendel, *Calvin*, P. 249 - 251; Wallace, *Calvin's Doctrine of The Christian Life*, P. 43 - 45; Parker, *Calvin*, P. 90 - 92; Niesel, *The Theology of Calvin*, P. 145 - 149.

② Wallace, *Calvin's Doctrine of The Christian Life*, P. 68 - 77.

③ 《基督教要义》卷三，第九章，第一节。

叫信徒背十架感到轻省点。厌恶今生是相对于来生之比较而言，而非意味着对世界乐观或悲观，却是以今生为客旅，以学效基督为主导。[①]

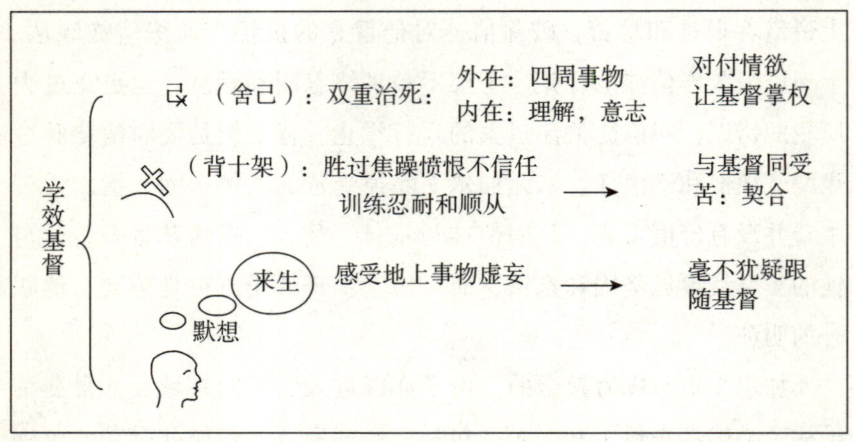

图 6.4 学效基督的含义

"默想来生"（拉丁文 *meditatio futurae vitae*）中的"默想"一词，既有安静的内在默想之意，也具预备（preparation）的意味，亦带着实践（practice）的含义。此三个涵义共同构成加尔文论"默想来生"的不同面向。[②]默想来生是要使信徒感受到地上事物的虚妄，好舍弃自己，叫加诸基督徒的十架得以完备。如此信徒才会毫不犹豫地跟随基督，并挣脱人对今世紧握不放的心态。[③]"若信徒的目光转向复活的能力，在他们心内的基督十架，至终会胜过魔鬼、肉体、罪和邪恶的人。"[④]可见加尔文所关注的成圣，不单在乎历程，也在乎目的地，并二者的互动。学效基督的朝圣之旅，也就是回复上帝形像的过程，或说是学习顺从上帝的旨意。

---

① 参 Parker, *Calvin*, P. 92 – 93; Wallace, *Calvin's Doctrine of The Christian Life*, P. 123 – 130; Niesel, *The Theology of Calvin*, P. 149 – 151.

② Parker, *Calvin*, P. 92.

③ Wendel, *Calvin*, P. 251 – 252.

④ 《基督教要义》卷三，第九章，第六节。

六、伦理向度之三：基督徒的自由

基督徒的自由，是信徒称义的引申。信徒得以称义，是因着基督的顺从。基督的顺从，是在他为奴仆显出的，或说是按他的人性彰显的。加尔文提出双重称义的教义：（1）称罪人为义（justification of the sinners）；（2）称已称义的人为义（justification of the justified），意即称已称义的人所作的工为义，因为就算是已称义的人，所作的无不被罪污染。这双重的称义，都是基于基督的恩典。而次项又以首项为基础。在此加尔文与路德是一脉相承的（参前章）。只是加尔文较注重这两项的平衡，借以强调称信徒所作之义，也纯然是基于恩典，以防回到当时天主教善行的客观之义（objective righteousness of works）。[①]

加尔文认为基督徒的自由有三部分，前两部分分别引述如下：

> 第一：信徒的良知在寻找他们在上帝面前称义之时，应超升于律法之上及行在律法之外，忘掉一切律法的义。[②]
>
> 第二部分靠赖第一部分：良心遵行律法，非因律法制约之使然，却是得自由免担负律法的轭，进而却甘愿顺从上帝的旨意。[③]

前部分所关注的，是信徒自由的运用良心。无亏的良心是可贵的，然而没有人可享有纯洁无瑕的良心。真正良心的平安，必须源自信心，使人自由地与上帝复和。次部指出脱离了律法的审判，并非与律法从此割席，良心反倒自由遵行律法。“甘愿”或“自愿”（willingness）是指不受个人情绪或外在环境的影响，单单信靠上帝

---

① Wendel, *Calvin*, P. 260 - 262.

② 《基督教要义》卷三，第十九章，第二节。

③ 《基督教要义》卷三，第十九章，第四节。

之善，尽管四周波涛汹涌，仍深信上帝的保护，自由按上帝的心意行。①

论到自由的第三部分，加尔文指出：

> 关乎自身两可（indifferent）的外在事物，在上帝面前我们没有任何宗教义务，禁止我们不在乎地（indifferently）时或运用它们，时或不运用它们。②

基督徒生活的要素之一，是在一切感情（passion）、自然欲望（appetite）和热心上适中（moderation）。加尔文在圣经中找到“节制的规则”（rule of temperance），并认为一切肉体的不节制都是恶的。他认为基督徒是那些使自己感情、欲求和雄心壮志调节适中的人，以至他的行为显出谨慎、谦和、明辨的特质。不敬虔的人往往在多方面过量，例如在宴会上吃过量，虽然不至于陷入贪食，却因失序而犯罪。不少美善的事物，皆因过量而适得其反。属上帝的人却能对世上的舒适快乐加以节制，合宜地为自己生命赋予理序。例如基督徒要求官员更正谬误是对的，却须以爱来调和，以友善姿态诉诸法律，不带任何私人报复的心结。当然也得以忍耐面对错谬，等候天上审判者的作为。耶稣基督在其人性中全备的适中表现，正是信徒学效的榜样。③

适中的另一面是安于现状，或说安于上帝给予信徒的召命，满足于上帝的赐予，而非好高骛远，不安于本位。在苦难中忍耐也如是，这并非压抑人的忧伤、焦虑和愤怒，甚至窒息人的感受，使人变得冷酷无情。目标却是叫人不致过度，免得泛滥成灾。因此基督徒须在明辨中调校自己。但得谨记，达至智慧和明辨并非人的能力所能及，还有赖智慧和明辨的圣灵的工作，赐予适度、满足和忍耐，

---

① Keesecker, “The Law in John Calvin's Ethics,” P. 26.

② 《基督教要义》卷三，第十九章，第七节。

③ Wallace, *Calvin's Doctrine of The Christian Life*, P. 170 - 173.

让圣灵掌管信徒的心。[①]

至于论意志的自由与捆绑[②]，加尔文依从奥古斯丁的立场，却拒绝采用“自由选择”（拉丁文 *liberum arbitrium*）一词。他说他认同奥古斯丁采用此词的含意，却因此词容易引误会，故不用它。若意志之自由是指人的意志并非被强（coerced）的而是自决（self-determined）的，按自身自愿（voluntarily）的选择，则他接纳意志之自由。但是若意志之自由指“有选择善恶的均等能力”[③]，则他不接纳意志之自由。因为意志的败坏使它被捆绑，因此人必然会犯罪。[④]

加尔文认为圣经见证人陷在罪中，犯罪堕落对人的道德历史起了决定性作用。“人既因堕落败坏，意愿的犯罪，而不是非意愿的或被强的；是以心中极度殷切的倾向，而不是被强迫所逼使；以自己的情欲趋促，而不是被外在的东西强迫。”[⑤]他分辨自身的必然性（necessity）和强迫性（compulsion）。因着人犯罪堕落，本性败坏，使自由的犯罪变成必然性，意即人按其本性行事必然会犯罪。然而人并非因强迫而犯罪，而是按其自由意志的运用。[⑥] 例如：人有自私的本性，会自由地行自私的事。

值得注意的是，加尔文的意志捆绑论，并非座落在创造者上帝的知识，而是在救赎者上帝的知识之中，即信经第二条之内。他指出万物按其自然本性寻求善的思想，与意志之自由并没有关系。人

---

① Wallace, *Calvin's Doctrine of The Christian Life*, P. 170－173.

② 《基督教要义》卷一，第十五章；卷二、第一章至第五章；卷三，第一节至第二十节及 John Calvin, *The Bondage and Liberation of the Will*: *A Defence of the Orthodox Doctrine of Human Choice against Pighius*, ed. by A. N. S. Lane, trans. by G. I. Davies (Grand Rapids: Baker, 1996).

③ 《基督教要义》卷二，第二章，第七节。

④ A. N. S. Lane, “Introduction,” in Calvin, *The Bondage and Liberation of the Will*, xx.

⑤ 《基督教要义》卷二，第三章，第五节。

⑥ Scott David Foutz, “John Calvin on Free Will,” *Quodlibet* (May 1996). 此为网上期刊，网址如下：http://www.quodlibet.net/calfree.shtml。Dewey Hoitenga, Jr. 认为加尔文对自由意志的讨论未够深入，也不算具创见，并带着逻辑上的困难。Richard Miller 也赞同 Dewey Hoitenga, Jr. 的看法，认为加尔文并未为意志的课题，提供充足的疏解，他从哲学性前堕落论的理智主义（philosophical prelapsarian intellectualism），转到救赎性后堕落论的意志主义（soteriological postlapsarian voluntarism）也引致逻辑上不一致的问题。详见 Dewey J. Hoitenga, Jr. John Calvin and the Will: A Critique and Corrective, Forward by Richard A. Muller (Grand Rapids: Baker, 1997) 的讨论。

因犯罪致令本性败坏，其程度之严重，需要思想和意志的全面更新才成。因此他否定人的意志可与上帝的恩典合作，又或上帝的保守有赖人意志的努力。因此意志的自由与否，是关乎宗教改革的核心，亦即人对自身的救恩有否贡献，或能贡献多少的问题。故不自由的意志并非从原罪的概念作理论性推论，也非从上帝的主权推出对意志的重造，却是上帝在基督里带着主权的慈悲（sovereign mercy），寻索罪人和更新他所拣选的，从而引出意志的捆绑。①

基督徒的自由	含义
离律法的审判	良心得解放的自由
遵行律法	成全爱的律法的自由
两可的事物	适中运用的自由

表 6.2　基督徒的自由

让我们用“解放的自由”和“成全的自由”，进一步解释加尔文的自由观。他说：

> 在十字架，基督得着我们的自由（liberty）；并且借着福音，他把自由的果子赐予我们，成为我们所拥有的。……当人把不义的担子加诸我们的肩上，我们或能肩负它；可是当人尝试奴役我们的良心，我们应当顽强抵抗，至死也在所不惜。因为我们若让人捆绑我们的良心，我们会失去无价之宝；不单如此，我们更会羞辱基督，因为他是为我们带来自由的那位。②

可见信徒已自由，已在律法与良心之外，不再受它们的束缚，不再活在它们定罪的阴影之下。这可算为“解放的自由”。

自由除了消极的一面，作为解放的自由，良心不被奴役，更有积

① L. F. Schulze, “Calvin's Defense of the Will in Bondage according to the Institutes with Reference to a Few of His Contemporaries,” in *John Calvin' s Institutes: His Opus Magnum*, Proceedings of the Second South African congress for Calvin Research, July 31-August 3, 1984 (Potchefstroom: Potchefstroom University for Christian Higher Education, 1986), P. 168 – 172.

② John Calvin, Comm. on Galatians, 5: 1.

极的一面，即"成全的自由"。成全什么？让我们先听听他所说的：

> 让我们常常谨记，问题不是我们当如何在上帝面前具备自由，却是我们当如何在别人之中运用我们的自由。……若因着爱的原故，我们彼此服侍，则我们会以建立为取向；我们便不致把自己交付放任的生活，反倒凭借上帝的恩典，运用我们的自由来荣耀上帝和为邻舍的好处而行。……我们当问何以所有的律法都包含在爱中，……上帝吩咐我们要如弟兄般彼此相爱，借以测试我们对他的爱。因此爱被称为律法之成全（不单在这里（即圣经加拉太书五章 13－14 节），也在圣经罗马书十三章 8 节）：不是因为它比敬拜上帝更佳，而是因为它是叫人服膺的明证。①

从这里可见积极的自由，在基督里的自由，是成全爱的律法的自由。"律法所要求的爱，是无视人善行的爱，这爱同时向那些不配、邪恶和忘恩的人倾注。"②这才是爱的真谛，这才是基督展示的爱，把人对律法的误解和误导修正。如此去爱，才是运用基督徒的自由。

七、社会政治伦理：上帝管辖之所

加尔文经常认为世界的罪行是失序，反之，他认定秩序的恢复等同于上帝的管治。作为危机时代的改革者，他所指的秩序并非依循宇宙的抽象及非人性的法则，却是顺从上帝所立的实际秩序（practical order），因为上帝知道并意愿的，是叫他的被造物得着最好的东西。社会的存在，为要提供人类基本的需要，而加尔文的社会政治原则，是以实用性为主导。因此他的社会伦理带着某种程度的弹性，每人当按自己的召命考核其责任，切勿太快为他人定下所当作的事。有见及此，有学者称他的社会伦理为资产阶级的现实主

---

① John Calvin, Comm. on Galatians, 5：13－14。

② John Calvin, Comm. on Matthew, 5：43.

义（bourgeois realism）。[1]然而这个标签，却未能正视他在神学反省与社会现实之间的挣扎，也未能体会他否定单从理论推到实践的应用式心态。

在日内瓦的社会政治参予，无疑对他起了决定性的影响。他的实用主义，尤见于对层级建制的态度。他并不否定这建制，因为在某些目的和某些情况下，层级制是有效用的。不过他认为是上帝提升君主、皇族、贵胄、长官和统治者的等次，以便建立秩序。可是他却小心谨慎，不把层级建制等同神圣的秩序，只认定它是社会组织的可能性之一而已。他更认定在上帝的面前，原则上人人是平等的。再者，纵然他接受这建制，他也对身处顶层的统治者之恶行，仍加以口诛笔伐。[2]

加尔文的政治观及政教关系论，见于《基督教要义》卷四第二十章，并他致法王一世的书函（Prefatory Address to King Francis I of France）。他是以两个国度的概念入手的，即属灵的国度和属世的国度。属灵的国度和属世的国度或可指上帝的国度和魔鬼的国度，在此意义下两个国度是势成水火、无法共存的。但是属灵的国度和属世的国度也可指两个横向平行，却彼此相异的生活层面。加尔文采用此后者的区分，故两个国度属描述义而非规范义，并没有褒贬之意。[3]虽然二者是共存的，可是“那知道如何区分身体与灵魂，一瞬即逝的此生和永恒的来生的人，不难知道基督属灵国度与民事管辖权（civil jurisdiction），是截然不同的东西。”[4]因此不能因为它们横向平行，便混淆二者。为什么要如此坚持呢？

个中原因须从历史和社会背景寻找。加尔文认为古时统治者利用宗教来进行社会控制，在他当时则滥用敬虔和威吓的伎俩，宗教成为政治家手上的棋子，这是他嗤之以鼻的。因此他提出属灵领域

---

① William J. Bouwsma, John Calvin: A Sixteenth Century Portrait (New York: Oxford University Press, 1988), P. 192-193.

② William J. Bouwsma, John Calvin: A Sixteenth Century Portrait (New York: Oxford University Press, 1988), P. 194-195。

③ 林鸿信,《加尔文神学》(台北：礼记出版社，1995)，P. 185。

④ 《基督教要义》卷四，第二十章，第一节。

关乎“敬虔和尊崇上帝的事”，地上或政治领域则关乎“订定法律”和“作为人类和市民的责任”，此二者必须有如楚河汉界，泾渭分明。两个领域或世界有着不同的法律、君王和运作方式，何况一者关乎内在心思，一者外在行为。因此“敬虔君王”不应干预教务，教牧人员也不应干预公民（civil）事务。这原则一方面针对路德赋予君王过大的权柄，另一方面亦避免政治乌托邦主义（political utopianism）欲在此世实现基督的国度。①

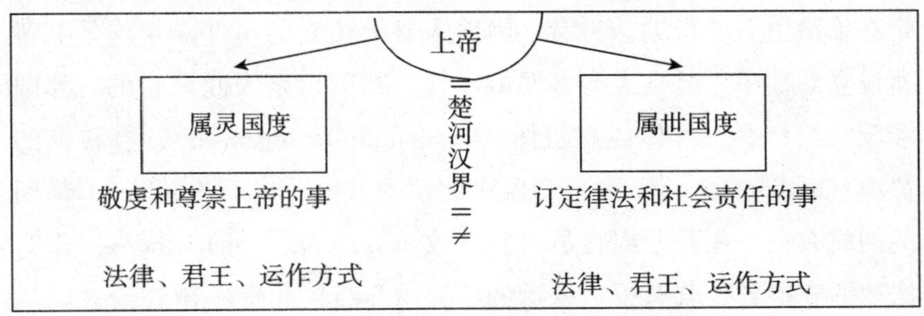

图 6.5　加尔文对两个国度的理解

除了历史上的因素，还有神学上的原委。加尔文指出基督徒的自由包括三方面：不用守律法来称义；自由顺从上帝的旨意；上帝的恩赐应按上帝的心意来运用。因此信徒并不伏在任何人之下。虽然信徒得着良心的自由，这并不意味他们可漠视法纪。两个国度的区分遂大派用场。他分辨在人身上的两个主权或管辖：属灵的管辖（拉丁文 *regimen spirituale*，spiritual dominion）和政治的管辖（拉丁文 *regimen politicum*，political dominion）。前者使人良心受指导，行事敬虔和敬拜上帝，后者则叫人受教育，履行合乎人性和市民当尽的职责。倘若混淆二者，会后患无穷，或引致无政府状态，或导致良心受暴虐。②

加尔文倡议邦国的双重本源论：首要源于上帝直接的意旨，其次是基于人的本性，而按本性人是寻求相交的受造物。按上帝的旨意，人在地上是客旅，朝着真正的家乡前进，邦国是人在旅途中上

---

① Bouwsma, John Calvin, P. 204 – 205, L. M. Du Plessis, “Calvin on State and Politics according to the Institutes,” in *John Calvin's Institutes*, Proceedings, 1984, P. 176.

② J. J. Steenkamp, “Calvin on the ‘State’ in the Institutes,” P. 354 – 355.

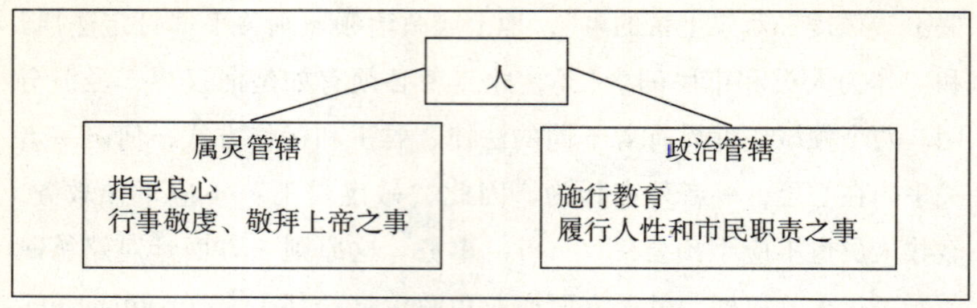

图 6.6　人身上的两个主权或管辖

帝眷佑给予人的帮助。再者，因着人寻求相交的本性，邦国是上帝所设立的秩序。况且人有邪恶的本性，邦国也是为此设立的。邦国涉及三组概念：群体或有机体（community or organism）、有权柄的势力（authoritative power）和秩序的建构（construct of order）。邦国的构成有三：在职者或官员（拉丁文 *magistratus*，magistrates）作为法律的守护者、政府按之统治的法律（laws）和受法律管治并顺从政府的人民（subjects）。邦国并非中古思想中神治下的人类合一体（拉丁文 *corpus christianum*），而是上帝邀请和保守人在基督的社群之内的外在途径。[①]可见邦国属神学反省的课题之一。

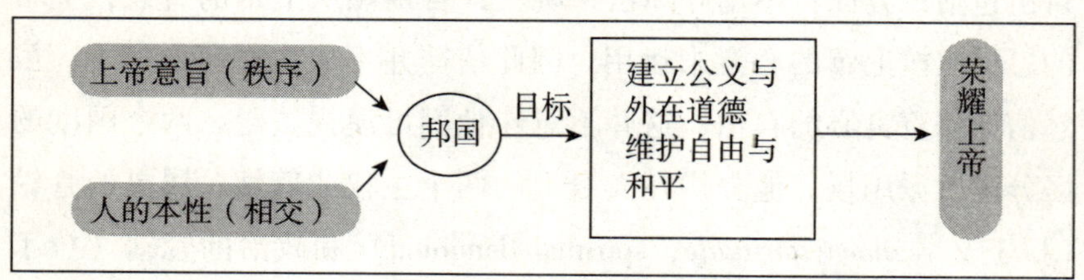

图 6.7　邦国的双重本源论

那么邦国的目的何在？加尔文说：

> 公民政府有指定的目的：在我们活在人间的日子，珍重和维护对上帝的外在敬拜，保存建立敬虔的纯正教义以及教会的地位，调校我们的生活使之符合社会的要求，按公民公义（civil righteousness）塑造我们的行为，使我们彼此复和，和促

---

① J. J. Steenkamp, "Calvin on the 'State' in the Institutes," P. 356 – 358。Parker, Calvin, P. 158.

进整体的彼此和睦平安。①

简而言之，一切主权都是以荣耀上帝之名为目标，包括世俗政府。邦国的一般目标是要建立公义和外在道德，它的特殊目标是要维护自由与和平。这里的自由，是指与无政府主义和暴政相反的社会。在加尔文的心目中，这是一有理序的社会，而这社会在严苛与宽松之间达至平衡，从而构成对自由的保障。公共和平（public peace）是以审判和公义达至的，而公义的目的是保护无辜的人。简而言之，为着上帝的尊荣和人类的好处，基督教城市（拉丁文 *christiana politia*）的目标是让宗教和人性得以彰显。②

加尔文对政教关系的处理，从上文可略窥一二。他绝不认同邦国是污染邪恶的，或与信徒毫不相干的思想。③他认为邦国不宜制定法律来积极推动宗教上的事，却应立法约束那些消极破坏或影响教会的事。他希望政教关系取得微妙的平衡，政治不干涉人与上帝之间的关系，但政府却能配合教会，订立相关的法律。故可说在政教截然二分与彼此融合的两极之间落墨。④

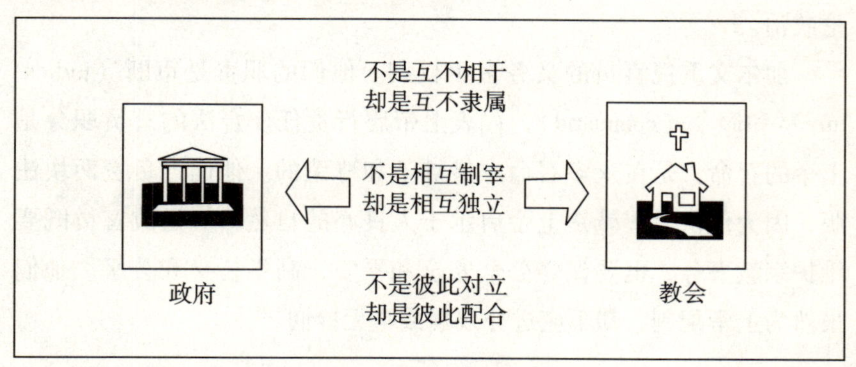

图 6.8　政府与教会的关系

在社会伦理方面，他经常运用自然律的概念。自然律对他而言，是指上帝把正误对错的概念写进人的心中。其内容与救恩或超自然

① 《基督教要义》卷四，第二十章，第二节。

② Steenkamp, "Calvin on the 'State' in the Institutes," P. 358 - 359.

③ 《基督教要义》卷四，第二十章，第二节。

④ 林鸿信，《加尔文神学》，P. 188。

事物无关，对今世的组织、政府和社会却极其重要。纵然人因着犯罪堕落，以理性分辨善恶的能力受损，然而这自然恩赐只是局部削弱和败坏而已，仍然能以运作。因此对社会伦理的反省，他尝试把自然律和神学结合，作分析和提出指引。①从以下论政体、论官员和论抵抗当权者，可见一斑。

他认为基本上政体有三种：由一人掌权的君主政体，由少数人掌权的贵族政体，由全民掌权的民主政体。三种政体各有危机。君主政体可沦为独裁统治，贵族政体可成为寡头政治，民主政体可变成无法无天。加尔文不对君主政体投以信任票，因为贤君毕竟罕见，暴君却常经出现，何况教皇也可算入独裁统治之列。他所选择的，是贵族政体和民主政体的混合体。贵族政体的意义在于由精英或有恩赐者治理，配以民主政体为使这些统治者向众人负责，以达到互相帮助、教导、规劝和监察的作用。加尔文的政体论算不上突破性，不过重要的是：他并不视政治领域为一“压制性秩序”（order of repression），却采用“行政”（拉丁文 *administratio*）甚或“任命”（拉丁文 *status*，appointed）的正面性字汇来论政治。②

加尔文重视官员的义务多于权利。他们的职责是审断（judicature）和颁令（command），代表上帝履行责任。合法的官员职分是上帝的召命，是在众多召命中最神圣和尊荣的。他们当负责两块法版，因为他认为十诫是上帝启示于人良心的自然律。是故官员既要维护宗教事务，也要保守公众安全和平安，高举公义和公平。他们虽然为上帝配剑，却不应过分残暴或毫无怜悯。③

---

① J. Alton Templin, “The Individual and Society in the Thought of Calvin,” Calvin Theological Journal 23：2（Nov 1988）：P. 174 – 176.

② 《基督教要义》卷四，第二十章，第八节；林鸿信，《加尔文神学》，P. 189；Parker，Calvin，P. 159；Steenkamp，“Calvin on the ‘State’ in the Institutes，” P. 363 – 364；Bouwsma，John Calvin，P. 205 – 208. 他从圣经指出“具正确秩序的邦国”（rightly ordered state）的关注依次如下：食用、军事、治国之道、先知职分、和技艺（mechanical arts），为的是促进关系和秉行公义。（见 Bouwsma，John Calvin，P. 210.）

③ Parker，Calvin，P. 159；Steenkamp，“Calvin on the ‘State’ in the Institutes，” P. 360 – 362.

人民（subjects）当尊重和顺从官员的职分，因为官员是上帝的仆人和代表，是上帝所赐，为的是保护市民。人民诉讼应属自卫性质，不应带着憎恨和报复的心态。个别的市民不宜参予政治，对加尔文这是有违召命和不胜任的问题。上帝以其眷佑任命统治者，故就算当权者是暴君，人民也当承认他。因着逼迫逃离国家是一个信心的行动，而非政治行动，信徒可被誉为上帝的战士；可是若因逼迫叛变则属政治行动，僭夺了他人的权责，何来称誉可言？故人民应当顺从掌权者，就是当权者不义也当如此。这保守心态可归因于当时君主政体的普遍性，以及改朝换代须付上血流成河的沉重代价。①

然而加尔文也为抵抗当权者留下少许空间，不过这空间并不属私下、个人的可能性。若然当权者命令人作违反信仰的事，个人只能作被动的公民抗命，不然便会僭越上帝的律法。只有两类人可合法地主动抵抗：解放或报应的差役（拉丁文 *vindex publicus*，public avengers）和民众的官员（拉丁文 *populares magistratus*，magistrates of the people）。②前者也有两种人，一是上帝所召的解放者，故是合法、带着更高权柄的人，因此并没有违反上帝赐予掌权者的尊严。例如摩西、俄陀聂和众士师。另一种是来自别国的报应者，例如埃及人征服推罗的狂傲，亚述征服埃及人的骄纵。③

第二类合法的主动抵抗，是指上帝把某些人安置于权位之中，目的是要牵制统治者，因为其职责是保障民众的自由。他列举斯巴达、罗马、雅典为例。④因此民众的官员对当权者的抵抗，可算是合乎宪法的抵抗，既符合合法召命的理据，也满足称职的要求。⑤

从加尔文对抵抗作出严格的限制，可见他处于自由和秩序的张

---

① 《基督教要义》卷四，第二十章，第二十节至二十八节；Steenkamp，“Calvin on the ‘State’ in the Institutes，” P. 367－371；林鸿信，《加尔文神学》，P. 192－194。

② Steenkamp，“Calvin on the ‘State’ in the Institutes，” P. 371－372.

③ 《基督教要义》卷四，第二十章，第三十节。

④ 《基督教要义》卷四，第二十章，第三十一节。

⑤ Steenkamp，“Calvin on the ‘State’ in the Institutes，” P. 372－373.

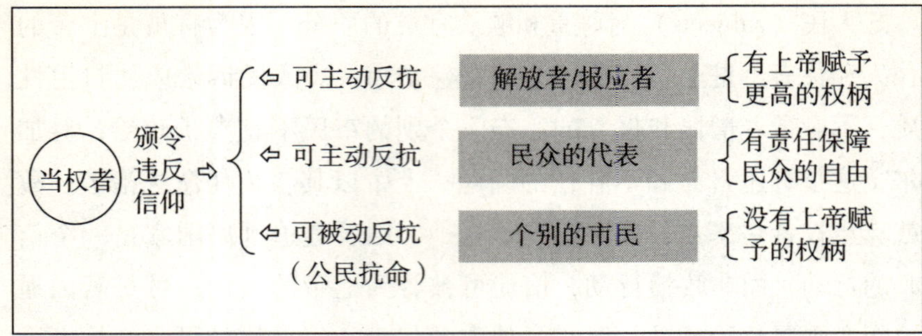

图 6.9　抵抗当权者的理据

力之下。他害怕抵抗带来更大的失序和混乱，多于不公义者逍遥法外。[①]不过他的基本立场是“上帝设立权势者在我们之上，为要使他的权柄不被左右。因此我们当按那些管辖我们的人之心意而行，却止于（to the extent that）他们违背上帝的权柄。”[②]加尔文从上帝的主权推出两方面的含意，一方面赋予管治者合法性的权柄，另一方面亦为人间的权柄设定界限。上帝是权力的源头，也订定运用权力的条件：善良、合法性和为着众人的好处。[③]

总的来说，加尔文的社会伦理特色有四：（1）基督中心 - 圣灵论式：牢牢的扎根于神学，全然倚赖福音信仰的中心——耶稣基督；（2）圣经启示：基于对圣经启示的准确认识，从之而出的是对社会的历史性改变的动态关系的诠释；（3）科学方法：以科学方法分析社会和经济资料；（4）辩证性：所要求的行动须与处境彼此作辩证互动，与现实接触下不断地更新。[④]

---

① Brandt B. Boeke, “Calvin's Doctrine of Civil Government,” in Calvin's Thought on Economic and Social Issues and the Relationship of Church and State, ed. by Richard C. Gamble (New York and London: Garland, 1992), P. 35.

② John Calvin, Comm. on Acts 1 - 13, 5: 29.

③ Anna Case-Winters, “Theological Affirmations and Political Arrangements: Two Way Traffic, or ‘Fear God, Honor the King (I Peter 2: 17)’,” in Calvin and the State, Papers and Responses presented at the Seventh and Eighth Colloquia on Calvin and Calvin Studies, October 26 - 29, 1989 and May 8 - 9, 1991, ed. by Peter De Klerk (Grand Rapids: Calvin Studies Society, 1993), P. 71.

④ Hans-Helmut Esser, “The Contemporary Relevance of Calvin's Social Ethics,” in Toward the Future of Reformed Theology: Tasks, Topics, Traditions, ed. by David Willis and Michael Welker, with the special collaboration of Matthias Gockel (Grand Rapids: Eerdmans, 1999), P. 368.

八、结　论

加尔文的神学伦理，是人在三一上帝的恩典中的道德生活。律法是上帝心意的表述，因此，律法在基督教伦理中占了主导的地位。律法的功用有三：政治或民事（civil）、教育或属灵、教诲或引导，因着上帝的慈悲，藉着基督的完备顺从，指导信徒按上帝的旨意，人当以感恩的心自愿顺从律法，过圣洁生活。

信徒因与基督联合，得以重生和称义，无不带着伦理的意含。重生直指顺从神旨，或说学效基督。前者注重对上帝旨意的遵从，后者侧重对付自己的旧人，也可说是基督徒生命的塑造。加尔文认为认识上帝与认识自己密不可分，因此在伦理上此二者也相互紧扣。称义意味基督徒得自由，包括不受律法捆绑的自由、遵行律法的自由、行两可之事的自由。

顺从与盲从有天渊之别。顺从要把人的心思提升，好叫人感激和尊崇上帝。十诫的第一法版所要求的顺从，差不多全关乎内心的情意，以心思和意念委身于服事和荣耀上帝。当灵魂充满对上帝的爱，此爱向着邻舍扩展，这才是道德律的脉络。上帝所要求的顺从，是被爱推动的顺从，为了邻舍的好处不顾身。因此第一和第二法版，虽有逻辑上先后之序，却没有轻此重彼之别。

学效基督包括舍己、背十架、默想来生。舍己所针对的是人过量的自恋，上帝以爱邻舍来取代之，好叫爱他们如同自己。背十架使信徒更上一层楼，胜过焦躁、愤恨和不信任，学习忍耐和顺从，在苦难中与基督相交契合。默想来生为的是校正焦点，叫人厌恶今生，体会此生的败坏，免得执迷于它，与这世界的邪恶势力妥协。舍己和背十架，其实就是顺从上帝的旨意，或说学效基督，又或恢复上帝的形像。这些描述都是相通的，只是侧重和角度稍有差异而已。

基督徒得着的自由，包括不受律法捆绑的自由、遵行律法的自由、行两可之事的自由。首项令人的良心无亏，次项叫人甘心行律法，末项面对两可之事，给人适中的原则自由行事。换言之，在一切感情、自然欲望和热心上，过犹不及，可令人失序以致犯罪。适中是合宜之道。再者，遵行律法的自由，是成全爱的律法的自由，无视对方的状况来爱他。

加尔文社会政治伦理的的基本信念，是认定属灵和属世皆上帝管辖的领域，二者不可分割，也不可混淆。邦国是上帝为人作为客旅给予人的帮助，也因着人寻求相交的本性为人设立的秩序，当然也关顾到邪恶的本性。邦国的目标是要建立公义和外在道德，但至终也是为着荣耀上帝。政教关系宜取微妙的平衡，政治不干涉人与上帝之间的关系，但政府却应配合教会订立相关的法律。官员当负责两块法版；人民当按官员的职分尊重和顺从他们，因为他们是上帝的仆人和代表。个别的市民不宜参政，这是有违召命和不胜任的问题。只有解放或报应的差役和民众的官员，才可合法地主动抵抗当权者。上帝是权力的源头，也设定运用权力的条件，任何抵抗必须以此为依归。

总的而言，加尔文具分辨属灵和属世的能力，在当时是十分罕见的。他拒绝让属灵领域被属世领域侵占，这是当时基督教鲜有的。他把属灵的价值贯注于属世领域，却不容让属世领域失去自身的身份，对今天的社会状况，的确可圈可点。①可惜的是，事情往往未能清晰地二择其一，明确地落入属灵或属世的领域，并因着个人因素，他在日内瓦参与管治，有为人诟病者。

再者，他对一个问题，往往从多个角度入手。例如信徒是罪人，神的形像却有某方面仍能运作，人当顺从上帝设立的政治领袖，可是在某些情况下却须不顺从他们，上帝借着启示让人得知救恩，但又让人在启示之外借自然律得悉好些事情。②这意味着他尝试把神学与文艺复兴的人文主义相结合，纵然有些结合未能达至全然融贯，

① W. Fred Graham, "Church and Society: The Difficulty of Sheathing Swords," in Readings in Calvins Theology, ed. Donald K. McKim (Grand Rapids: Baker Book House, 1984), P. 276. 此文列举不少加尔文在日内瓦为人诟病的个案。

② 此例参见 Templin, "The Individual and Society in the Thought of John Calvin," P. 176.

却为现代性的来临，提供了反省的基础。

九、阅读指引

甲、生平

1. Alister E. McGrath, A Life of John Calvin: A Study in the Shaping of Western Culture (Oxford and Cambridge: Blackwell, 1993).

乙、思想概览

1. 林鸿信:《加尔文神学》,(台北: 礼记出版社, 1995)。
2. T. H. L. Parker, Calvin: An Introduction to His Thought (London: Geoffrey Chapman, 1995).

丙、读本

《基督教要义》卷二，第七章至第八章；卷三，第七章至第十章；卷三，第十九章；卷四，第二十章。

丁、二手资料

1. Ronald S. Wallace, Calvin's Doctrine of The Christian Life (Tyler: Geneva Divinity School, 1982).
2. Peter de Klerk, ed., Calvin and Christian Ethics. Papers and Responses presented at the Fifth Colloquium on Calvin and Calvin Studies, 1985 (Grand Rapids: Calvin Studies Society, 1987).
3. Guenther H. Haas, "Calvin's Ethics," in The Cambridge Companion to John Calvin, ed. Donald K. McKim (Cambridge: Cambridge University Press, 2004), P. 93-105.

第七章
拉丁美洲：政治的解放

一、引言：去除偏见

拉丁美洲解放神学，是当今东西方神学界不能掉以轻心的课题，也成为触发多种解放神学的引线，例如黑人神学、妇解神学、非洲和亚洲解放神学。它的神学反省不能脱离伦理实践，本章以拉丁美洲解放伦理为题，介绍这不可或缺的伦理思考。

很多人对拉丁美洲解放神学抱有偏见，主要是因为不明白它是什么东西，只闻它是社会－政治性的东西，或说它把神学局限于某一处境之中，甚至说它鼓吹暴力斗争。其实一切有分量的神学，都应对不公义有所批判，也应是以祷告的心态去寻求上帝和他的旨意，解放神学也不例外。在认知层次，解放神学是在属灵操练、历史中具体爱的行动、对信仰和人类福祉的反省这三方面的互动中进行。在实践层次，作为信仰群体的一份子，解放神学家系统地审视在受苦和挣扎求存的场境中，所作的爱的践行。换句话说，所关注的是如何在关系网络中，坚立那些被边缘化却怀盼望的人的信仰。因此关键之所在，并非政治取向或概念建构，而是如何以批判和对话建立丰富的关系。①

解放神学是从拉丁美洲的具体历史时空做神学反省。神学必然是关乎上帝的谈论，是在上帝的圣言光照之下，对信徒临在世界之中的反省。此中关注的人是具双重身份的人：既是贫穷人又是信徒。

---

① Diego Irarrazaval, "Understanding Love: The Basic Paradigm in Latin-American Theology," in Liberation Theologies on Shifting Grounds: A Clash of Socio-economic and Cultural Paradigms, ed. by G. de Schrijver (Leuven: Leuven University Press, 1998), P. 112 - 113.

拉丁美洲解放神学的的重点不在方法论，乃在于它所意含的生活方式，即存有的形态和成为耶稣门徒的方式。因此属灵操练，或说按圣灵而行，是做神学的先决条件。这属灵操练和生活方式必然涉及在生活和具体行动中活出上帝的道。①

> 在这脉络中，所问的并非：我们如何在贫瘠的世界谈论上帝？却是：我们如何在一个“不是人”的世界（a world of non-persons）中宣告上帝是父？当我们告诉那些“不是人”他们是上帝的子女，背后带着什么意含？……换言之，今日在拉丁美洲问的问题是：面对无辜的人受苦，我们如何谈论上帝？②

拉丁美洲的处境是怎样的呢？让我们借助萨尔瓦多大主教罗马鲁（Oscar Romero）的讲章引介：“孩子早年便得自行觅食，青年人没有上进的机会，农民连基本所需都没有，劳工的权利被售卖净尽，失业者、被赶离家园的群众、年老的人感到无用。”③个中原因包括雇主剥削掉工人的权益，买起公会的领袖，权贵者利用千丝万缕的关系，遮盖薪金名册的资料，玩弄支出以自肥，人的尊严被叫价买卖，例如以性关系换取职业，大众传媒被压力和贿赂恣意毁誉，勒索、强夺、绑架横行，甚至出自官方默许和纵容。④

在1960年代，拉丁美洲解放神学以边缘化（marginalized）的人为关注，来进行神学思考，贫穷人遂得以进入神学议程之中。这可算为拉丁美洲解放神学的奠基期。1970年代至1980年代初，是拉丁美洲解放神学的发展期，这时期也引发其他第三世界的解放神学，把性别、种族、文化、生态和宗教对谈的诠释也加入议程之中。原先以践行和解放为重点的解放神学，因着加入这些课题丰富了自身。

---

① Gustavo Gutiérrez, “A Discussion of Gustavo Gutiérrez's Work (Lyons, 1985),” chap. in The Truth Shall Make You Free (Maryknoll: Orbis, 1990), P. 2–6. 此文是Gutiérrez's博士论文口试时的讲论和答辩。

② Gustavo Gutiérrez, “A Discussion of Gustavo Gutiérrez's Work (Lyons, 1985),” chap. in The Truth Shall Make You Free (Maryknoll: Orbis, 1990), P. 7–8。

③ James R. Brockman, Romero: A Life (Maryknoll: Orbis, 1989), P. 188.

④ 同上，P. 189。

1980年代末和1990年代遂成为解放神学再定位和多元化的时期，因应各地不同的情况，侧重各异。[①] 可是关注却始终如一：上帝与贫穷人。整体来说，早期拉丁美洲解放神学以社会-经济-政治为焦点，后期则把焦点转移到文化，例如阿根廷的解放神学。史加龙（Juan Carlos Scannone）称此为轴心的转移（axial shift），有别于从西方神学到解放神学的范式转移（paradigm shift）。这轴心的转移，并非非此则彼的转移，对文化的关注对并不排除对经济、社会、政治的关注。[②]

所谓“文化”是指贫穷人的文化，或说是普及文化、普及宗教和普及智慧，作为建构解放神学的领域。这普及性亦即“人民”的范畴，故又称解放神学为人民的神学（theology of the people）。顾特莱（Gustavo Gutiérrez）认为人民的神学是解放神学中的一支流。[③]本章将介绍这两方面的解放神学和伦理。

在介绍以先，让我们先澄清何谓“人民”。按杜塞尔（Enrique Dussel）的理解，“人民”在拉丁美洲的处境特指贫穷的人，尤其那些受压迫、被剥削、受苦的人。贫穷的人（西班牙文 *pueblo*，the poor）不能单单被视为某一社会阶层，例如工业或乡间的劳工，即局限于有收入者。他们包括了在边缘的、倚赖第一世界来存活的第三世界国家。他们也包括因着语言、种族、宗教等因素被边缘化的组别，甚至未能构成一阶层。贫穷的人是被压迫的人，是国家中的社会妨碍物（social block）。[④]简而言之，人民就是那些被核心（center）拒诸门外，在周边（periphery）的“不是人”。而且解放神学家渐渐发觉，马克思社会分析来处理贫穷，忽略了其他方面的歧视，

---

① Irarrazaval, “Understanding Love,” P. 118.

② Juan Carlos Scannone, “‘Axial Shift’ instead of ‘Paradigm Shift,’” in Liberation Theologies on Shifting Grounds: A Clash of Socio-Economic and Cultural Paradigms, ed. by G. de Schrijver (Leuven: Leuven University Press, 1998), P. 87-103.

③ Michael R. Candelaria, Popular Religion and Liberation: The Dilemma of Liberation Theology (Albany: State University of New York, 1990), P. 39-41.

④ Enrique Dussel, “Toward a Clarification of Terms,” in Theology by the People: Reflections on doing Theology in the Community, ed. by Samuel Amirtham and John S. Pobee (Geneva: World Council of Churches, 1986), P. 27-28.

故经过渐进反省，引致对贫穷的更深层理解。

顾特莱指出，在拉丁美洲呈现的事实，是“贫穷人闯入”（irruption of the poor）的历史事件。在过去，贫穷人一贯是在社会和教会中“缺席”的，然而在这时代却闯进来，在历史中留下不可磨灭的印记。过去他们备受忽略，没有机会表白所受的苦痛、唉哼、无望。现在他们已进到当眼处，成为这时代的主要标记，令人不能继续忽视他们的存在，也迫使教会不得不重新按福音审视和诠释这现象。①换句话说，在拉丁美洲，贫穷人——而非抽象的贫穷问题，已成为神学议程的首要议题。当然这也是许多第三世界国家的共同议题。

因篇幅所限，本章只能展释拉丁美洲解放神学和伦理。以下简称“拉丁美洲解放神学”为“解放神学”，简称“拉丁美洲解放伦理”为“解放伦理”。② 鉴于没有一位解放神学家全面铺陈解放伦理，因此本章从不同学者的论著，尝试整理一幅较全面的图画。按笔者的理解，不同的解放神学家各有独到之处，然而他们的共通点却多于个别之间的分歧。解放神学与解放伦理有如水乳交融，二者关系非常密切，故有学者以解放神学是“出自对社会之觉察和行动之意欲的伦理神学（ethical theology）”③。不过在众多解放神学家中，本章会以解放神学之父顾特莱的思想，作为主要的诠释对象。当顾特莱在某方面的思想未够深入，则附以其他人的反省。

---

① Gustavo Gutiérrez，A Theology of Liberation：History，Politics and Salvation，15th anniversary edition with a New Introduction，trans. and ed. by Sister Caridad Inda and John Eagleson（Maryknoll：Orbis，1988）. 此书是解放神学的经典著作。

② 有关拉丁美洲解放神学的书目甚多，简单综述者，参见 Philip Berryman，Liberation Theology：The Essential Facts about the Revolutionary Movement in Latin America and Beyond（Maryknoll：Orbis，1987）；介绍其整体发展者，参见 Edward L. Cleary，Crisis and Change：The Church in Latin America Today（Maryknoll：Orbis，1985）；介绍个别拉丁美洲国家的情况者，参见 Philip Berryman，The Religious Roots of Rebellion：Christians in Central American Revolutions（*Maryknoll*：*Orbis*，1984）；从真实个案理解者，参见 *Child of the Dark*：*the Diary of Carolina Maria de Jesus*，trans. by David St. Clair（New York：Mentor Book，1963）。中文书目主要有三：武金正，《解放神学：脉络中的诠释》（台北：光启出版社，1991）；张双利、陈祥勤，《解放神学》（台北：扬智文化，2000）；龚立仁，《解放神学与香港困境》（香港：香港基督徒学会，1999）。另可参见以“解放神学”为主题的《思》第21期（1992年9-10月）的主题文章。

③ The Latter Rain Page，“Liberation Theology，” available from http：//latter-rain. com/kingdom/libthe. htm.

二、解放伦理的方法论和前设

甲、解放伦理的方法论

解放伦理是从下而上的伦理，在方法论上有六项特色[①]：

（1）不一样的起始点：贫穷人。解放伦理的起始点并非从世界的条理或美丽说起，又或从圣经、教会传统开始，更不是以人类思维的理性本质入手。它的起始点是贫穷人，那些被边缘化、被社会忽略、被漠视的人。圣经所显示的上帝，是贫穷和被欺压的人的上帝，他站在他们的一方，与他们认同。这声称本身已是神学上的委身。

（2）不一样的提问者："不是人"（nonperson）。神学和伦理并非单单厘定立场，更当回应人的提问。在拉丁美洲的提问者是不被视为人的贫穷人。他们是社会视而不见、听而不闻的，只用作归类的"不是人"。解放神学和伦理的提问者不再是西方的非信徒，问的不是启蒙时代的哲学或科学问题。他们问的是何以信仰对数以百万计的"不是人"视而不顾?

（3）不一样的分析工具：社会科学和文化分析。传统神学运用哲学的分析工具，可是这工具拥护既得利益者，多于挑战他们的价值观。早期解放伦理采用社会科学的工具，尤其社会学和政治学，借以分析诸如跨国企业与贫穷人的关系。马克思（Karl Marx）、韦伯（Max Weber）、柏森（Talcott Parsons）、比格（Peter Berger）等人的理论皆可派上用场。后期解放神学更兼运用文化分析的工具，借以探讨贫穷人的历史文化遗产，例如借用吉斯顿（Anthony Giddens）等人的理论。

（4）不一样的分析：冲突/统一。若从下而上观此世界，则会发现这是一个充斥冲突的世界，主要的力量被极化了，彼此无法合作。

---

① Robert McAfee Brown，Theology in a New Key：Responding to Liberation Themes（Philadelphia：Westminster，1978），P. 60－73. 笔者把第六项"不一样的神学：第二行动"改作"不一样的伦理：第一行动"，以切合本文之主题。

因当下的处境和建制维护不公义的事情，倘若不采取任何立场，也等同靠拢当权派，认同压迫者。把信仰内心化、属灵化和个人化也如是。在压迫者和被压迫者之间，并不存在着中立的位置。不过在冲突之余，人民的神学重视国家的统一多于阶级冲突。

（5）不一样的参与模态：践行（praxis）。没有参与，不是真的神学。神学始于参与，也导致更新的参与。践行有别于实践（practice）。实践是单向的把理论应用于某些处境，践行却是双向的循环，在行动和理论之间来回。行动导致对理论的反省，理论导致对行动的反思，这是一个不止息的过程。践行并非把非时间性的真理（timeless truths）用于已完成的世界，却意味着认知和世界恒常有待完成。认知是参与转化和建构新世界的过程。

（6）不一样的伦理：第一行动（first act）。神学是对践行的批判性反省（critical reflection on praxis）；并非伦理行动跟随神学思考，却是神学反省紧随伦理行动。第一行动是投身，第二行动（second act）是因应第一行动事后作的神学反省，亦即对践行加以反思。顾特莱说："先默想（contemplate）和实践，然后才思想上帝。换言之，敬拜上帝和遵行他的旨意是思想上帝的必要条件。唯有以密契与实践作为基础，才能真确地和尊重地谈论上帝。在实践上，尤其在我们对待贫穷人之时，我们与主相遇，同时这相遇使我们与贫穷人团结一起，更有深度和意义。"①

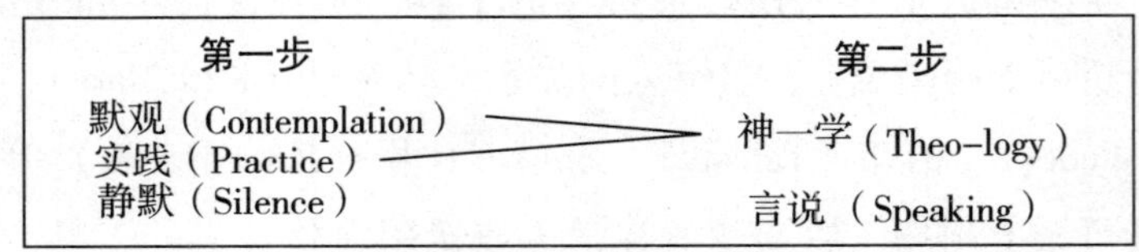

图 7.1 伦理实践与神学反思的关系②

故简而言之，解放伦理是取下而上的进路，从贫穷人的现象和经历开始，让当前的处境和需要厘定神学议程，借助社会科学和文

① Gustavo Gutiérrez, "Speaking about God," in *Concilium* 171 (Jan 1984), *Different Theologies*, *Common Responsibility*: *Babel or Pentecost*? Ed. by Claude Geffré, Gustavo Gutiérrez, Virgil Elizondo (Edinburgh: T & T Clark, 1984), P. 28.

② 同上。

化分析的工具，以践行作为取向，开展对神学和伦理的反思。

乙、解放伦理的诠释

在这六项特色之下，解放神学与伦理对社会现况，进行薛君度（Juan Luis Segundo）倡议的“怀疑的诠释”（hermeneutics of suspicion）。怀疑的诠释是对意识形态的批判，又是一种“循环的诠释”（hermeneutical circle）。它的进程如下：一、以自身去经历现实，引致对意识形态产生怀疑。二、把对意识形态的怀疑用于上层建筑，尤其神学。三、以新的途径经历神学现实，引致释经上的怀疑，也即质疑流行的圣经解释未有充分考虑重要资料。四、以新的元素引发新的诠释来重新理解信仰。①

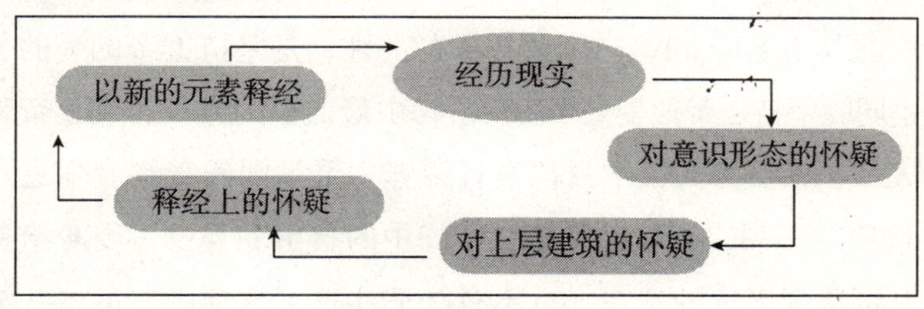

图 7.2　怀疑的诠释

换言之，神学与伦理的思考始自经历，从而对不符合经历的意识形态产生质疑，继而质疑整个世界观，并建构这世界观背后的神学框架和圣经诠释，最后按新的发现重构信仰。例如：怀疑的诠释可叫人质疑对贫穷人救济已足的信念，此信念促使采取不用付上政治代价的行动，却无视结构性的剥削，如此只不过是“口袋有余的同情”。② 犹有进者，以救济来诠释怜悯，是维护既得利益者的思考方式，圣经中的上帝并非救济的上帝，真正的怜悯应参予改革体制的行动，以保障贫穷人自食其力，并且不被剥削。

---

① Juan Luis Segundo, *The Liberation of Theology*, trans. by John Drury (Maryknoll: Orbis, 1985), P. 7–9. 对于信仰与意识形态的关系，可参 Juan Luis Segundo, *Faith and Ideologies*, trans. by John Drury (Maryknoll: Orbis, 1984)。

② 这例子取自龚立仁，《解放神学与香港困境》，P. 18。它也适用于拉丁美洲的处境。

史加龙详细分辨诠释的入手点和场地。诠释的场地是牧养活动和神学反省的优先领域（privileged sphere），而诠释的入手点则是被压迫者的呼喊，他们对愁苦、贫穷和压迫的叹息。诠释的入手点是先于诠释的场地的。诠释的场地是在普及文化之中，例如在艺术、宗教之地。这是基于两项原因：（1）牧养的服侍和神学的反省都是以历史和文化为场境；（2）救恩属历史过程不可或缺的因素，而人须以“辨识”（discernment）来洞察救恩在历史上的彰显。这辨识的原则有二：（1）在寻求公义中能达至合一者，（2）在社会中处于最易受伤害的位置的人。①

“偏爱贫穷人的选项”（preferential option for the poor）是解放神学的诠释钥匙（hermeneutical key）。顾特莱指出“偏爱”意味对一切的排外性加以否定，并且以贫穷人为优先的选择，亦即我们当与贫穷人团结一起（in solidarity）。解放神学的关注，是坚持上帝的爱的普遍性，也同时坚持上帝偏爱处于历史阶梯中最低层的人。若说上帝爱所有的人，包括贫穷人，不只把福音稀释，更等同残害福音信息。至于“选项”一词，则借以强调在抉择中的自由和委身。委身给贫穷人并非可选可不选的选项，也不意味那些选了这项的，可与贫穷人的世界保持距离。不过至终人须甘心情愿的委身于这选项。②

耶稣基督宣告贫穷的人是有福的，他自身也为我们成了贫穷。至终贫穷人的选项是耶稣宣讲的，是赐予我们的上帝的国。委身给贫穷人的基础，在于人所不配得的上帝的爱，和这爱对人所作的要求。这是以上帝为中心的先知性选项。贫穷人配得我们的偏爱，并不是他们比其他人更道德，或在宗教上更佳，却因为上帝是贫穷人的上帝，而这选项自始至终是上帝定规“在后的必要在前”的心意。③

史加龙认为人民的神学的诠释也是循环的诠译，在其中上帝的道，而非某一既定的文化智慧，具有优位性。在圣经与普及智慧之

---

① Candelaria，*Popular Religion and Liberation*，P. 52 - 53.

② Gutiérrez，*A Theology of Liberation*，15th anniversary edition，xxv-xxvii.

③ Gutiérrez，*A Theology of Liberation*，15th anniversary edition，xxv-xxvii. “在后的必要在前”出自耶稣之口，参见圣经马可福音第十章第三十一节等。

间有互动的诠释（hermeneutical reciprocity）：

> 这神学的首项结论是：人民的智慧必须被上帝的道评核和审断。然后，倘若人文科学提供的评核准则能通过福音的测试，则认定这些科学性准则，可以作为福音性辨识的中介。然而我们也不可忽略另一面——世上民族的普及智慧和文化，把上帝的道体现和置身于“此时此地”——福音性智慧（evangelical wisdom），虽然它们必须恒常在上帝的道和智慧的亮光下，作为辨识和洁净的对象。①

福音性智慧与普及智慧互动的可能性，是基于前者化身于（incarnated in）后者，并且审判和净化后者，把它转化为福音。后者则提供历史和文化，为前者赋予躯体。在此可见“循环”之不足，因为信仰具规范性，在循环中占优位，而且信仰超越一切理解。信仰处于诠译互动二极之间，即圣经和历史处境之间。它不能被约化为其中一极的前理解（preunderstanding），却作为循环运作的导引。有见及此，史加龙认为采用三维的辩证（他称为“类比的辩证”analectics）来形容诠释，较循环或辩证的诠释来得贴切。他所指的是一个向超越、没有缘由的和历史崭新性开放的辩证。故类比是建基于自身文化的符号，及以伦理——群体（ethical-communitarian）及伦理——宗教（ethical-religious）为导向。②

丙、解放伦理的前设

杜塞尔指出解放伦理的前设有四项③：（1）整全性（totality），（2）陌异性（alterity），（3）异化（alienation）和（4）解放（liber-

---

① Juan Carlos Scannone, “Popular Culture: Pastoral and Theological Considerations,” *Lumen Vitae*, 1977: 174 转引自 Candelaria, Popular Religion and Liberation, P. 53–54.

② Candelaria, *Popular Religion and Liberation*, P. 54–55.

③ Enrique D. Dussel, “An Ethics of Liberation: Fundamental Hypothesis,” in *Concilium*, v. 172, *The Ethics of Liberation-The Liberation of Ethics*, ed. by Dietmar Mieth and Jacques Pohier (Edinburgh: T & T Clark, 1984), P. 56–59.

ation)。此四项都是建基于勒维纳斯(Emmanuel Levinas)的理论。[①] 不过杜塞尔却指出,勒维纳斯只在现象学层次进行论证,却未曾推展至政治经济层次。杜塞尔的讨论可简述如下:

(1)整全性所针对的,是修正式(reformist)的伦理系统。在这等系统内的问题是:"在埃及中如何做好人?"并以规范、德行等作答。摩西却问:"离开埃及如何可能?"这问题意味着觉察自己处身于其内的整全性(totality),并在此整全性之外,存在着自己可以行走的"外域"。换言之,解放伦理的起始点是描述主体身处其内的系统,无论这主体是神学家作为理论主体,或是压迫者和被压迫者作为实践主体。

在圣经而言,这整全性系统就是"这世界"或"肉体"("肉体"有别于"身体")。"肉体的情欲"或说亚当的罪是指拜偶像、恋物主义之类。这是把"整全性"当作终极的、绝对的整全,从而拒绝在整全之外还有他者,以及上帝作为绝对的他者。该隐杀亚伯就是要否定亚伯之为他者,把他纳入自己操控的整全性之内。当今拉丁美洲的整全性系统包括社会中的资本主义、男性至上的性态度、教育上的意识形态等。

(2)陌异性所关注的,是在任何整全性以外的他者(the other)不断临在的事实和现实。他者的临在,是在理知上处理道德问题以先,必须加以澄清的。解放伦理并非一种"为人民的马克思主义"(a Marxism for the people),而是以形而上学作为它的根基,它是基于伦理作为第一哲学。而神学伦理学是基础神学的首要本质。

"他者"的出现,是在系统(肉体、整全性)的境观以外的,也是先验的,是具位格者要求和促进公义,所谓出现是指"他者"的显现(epiphany),而非单单客观现象(phenomenon)的呈现。"他者"在先知的称谓下是寡妇、孤儿、外人,其普遍的称谓是"贫穷人"。这些"他者"是在本体性存有(ontological being)之系统以外,以形而上的现实(metaphysical reality)冲击这系统。

---

① 参郑顺佳:〈基督教伦理基础:一个神学伦理学的进路〉,《中国神学研究院期刊》,第35期(2003年7月):P. 23-26的简介。

贫穷人构成系统的外部性（exteriority），从系统之内看是异体，却成为系统的“内在超越”（internal transcendence）。贫穷人是上帝显现的场所。耶稣与贫穷人认同（圣经马太福音二十五章）并非暗喻，而是逻辑的论说。上帝以有别于系统的“他者”（贫穷人）在肉体（系统）中启示他自己。贫穷人的形而上（和终末的）外部性，既是神学的，也是经济的。如此的定位，使他们处于解放伦理的关键历史性现实和知识论的范畴。

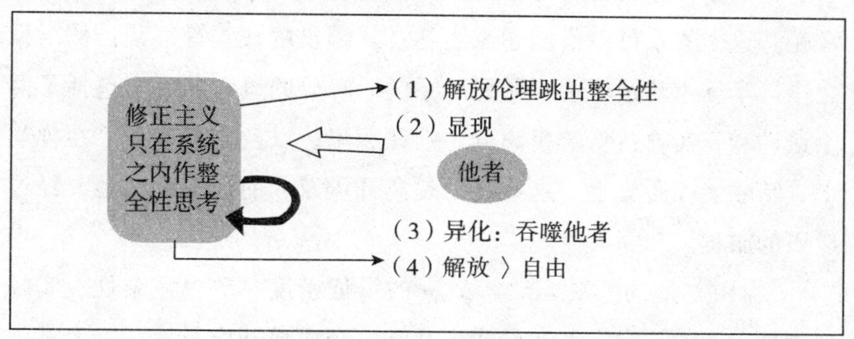

图 7.3　解放伦理的四项前设

（3）异化所描述的，是吞噬“他者”的事件。若以系统作为第一元素，“他者”作为第二元素，则异化是第三元素。形而上而言，把“他者”异化是使之成为“同一”（the same），成为系统的一个功能部分（functional part）。人类作为存活和自由主体，本应参与创意劳动，却变成出售自己，成为赚取工资的人，沦为资本主义的内在理知元素，也即倚赖资本的存有。本是自由的“他者”，却竟成为非自身之物（a thing other than oneself）。

正如耶稣成为非自身者，取了奴仆的样式，“他者”成为被压迫者，成为贫穷人，作为被肉体/世界制宰的外部和内部，这是一复杂的范畴。罪就是对他者的制宰。贫穷就是外部的尊严、权利、自由被剥夺，被转化为工具，以期欺压者达到制宰者、主、偶像、恋物者的目的。

如此的理解，意味着贫穷人并非所谓“应用”，可以弃置于伦理—社会之神学（ethico - social theology）的附录。反之，这理解把做神学的主体和实践上的主体，二者的先验性提了出来，成为基要的问题。在提问“可否相信?”以前，须先问“这问题自身的实际和历史条件是怎样的?”再者，提问者是从显赫权贵的角度，还是从奴仆的角度提出首个问题，尤其重要。换言之，对历史和社会的厘清是一切神学的首章，而不是本末倒置，仿佛把“救济：对未发展国家的援助”安置于附页中。简言之，神学工作者必须先审视自己立足的所在地。

（4）解放本身蕴涵着前项（previous term），且与这前项一定的关系。这个关系可以借问题来表达：从哪里解放？答案是：从牢狱之中。牢狱也就是压迫和罪恶的系统。解放的概念和现实包括了两个语词和一实在：从哪里离开，前往哪里，以及旅程本身。在神学上、暗喻上和历史上，这些词汇是离开埃及，前往应许之地，经过旷野的旅程。

“自由”的词汇缺乏“解放”的辩证密度、历史复杂性、实际清晰性。亚伯拉罕离开迦勒底人之地，摩西离开埃及地，二人都前往另一地，也可说为两地建立一种辩证关系，这是自由的概念所缺乏的。自由没有以将来的乌托邦之地为参照，建构必然的视域，彻底地质疑先前之地，因此自由充其量是一种修正式的道德。一切规范、法律、德行、价值和目的必须被置于两地之间的疑难，以致伦理的问题不是如何在现有秩序做个好人，而是如何从旧秩序转到新秩序的旅程。解放伦理是从对贫穷人的责任所发出的要求，重思整体的道德问题，让“终末之地”成为恒常审判的标准。

三、解放伦理的基础：爱

解放伦理是建基于上帝的爱。这爱既具普遍性，且具优先性（preferential）。这爱固然是白白的、不问缘由的（gratuitous），却也是带要求的（demanding）。[①]理解的爱或说爱的理解（understanding

① James B. Nickoloff, ed., Gustavo Gutiérrez: Essential Writings (London: SCM, 1996), P. 149.

love）不仅是感情上的，或是一种仁慈的态度，而是克服贫穷人的状况，反对把贫穷人归类为“不是人”、向他们施加压迫、制造痛苦。要真正爱贫穷人，就是知道他们是谁、他们为什么贫穷、为什么救济治标不治本，并且辨清贫穷人困在贫穷圈子的社会机制是什么。解放伦理包括发现和揭露那些使剥削合理化、规范化的意识，并以最合宜的方法去实践理智的、有辨识的，也是保罗传递下来的爱。[①]

顾特莱指出：

> 耶稣的福音宣告上帝爱贫穷人，只因他们贫穷，不必然或并非因为基本上他们是更佳的信徒，又或他们在道德上更为坚定。上帝爱他们只因他们贫穷、因他们饥饿、因他们被逼迫。唯有从这角度看，才能欣赏“属灵上贫穷”的丰富意义。后者是衍生的。论到上帝对贫穷人特别的爱，字义上、物质上的贫穷才是基要的。[②]

顾特莱认为人必须分辨首要与次要的事，不然便会对福音不忠，这尤见于八福。八福更重要的，不是关乎贫穷人的启示，而是揭示上帝是谁，以及他的国度是怎样的。八福揭示上帝是贫穷人的维护者、保护者、解放者。其次，以及从而衍生的，是展示贫穷人在上帝国度的优先角色。若太快把这福音信息灵意化，则可舒舒服服地面的上帝。我们太容易把上帝“人化”（humanize），把上帝变成爱那些良善的、有德行的人，正如我们也是如此。[③]

再者，

> 但倘若我们不畏缩地、勇敢地，按着字面意义来理解福音

---

① （阿根廷）包尼诺著，李亮辛、徐旭初译，〈拉丁美洲的解放神学〉《金陵神学志》第五期（1986年12月）：P. 69。注：包尼诺为José Míguez Bonino。

② Gustavo Gutiérrez，The Power of the Poor in History，trans. by Robert R. Barr（Maryknoll：Orbis，1983），P. 95.

③ Gustavo Gutiérrez，*The Power of the Poor in History*，trans. by Robert R. Barr（Maryknoll：Orbis，1983），P. 95. “八福”参看圣经马太福音第五章第三节至第十节。

的述句，我们所得出的是上帝爱贫穷人，首要的、基要的原因，只是因着他们贫穷，只因他们字义上和物质上贫穷。那么我们已不再拥有舒适的上帝。我们面对的是上帝启示的奥秘，是他的爱和公义国度的赐予。①

正视上帝的启示，不把它灵意化，不变相去掉最刺耳的东西，则人会发现所面对的，是那位推翻人一切思想范畴的上帝，一位不可被约化为人思想模式的上帝，一位基于我们在具体历史行动中，如何对待贫穷人来审判我们的上帝。这是以马太福音二十五章第四十节“作在我弟兄中最小的一个身上”为判断的准则。因此若要认识和爱上帝，人必须体察贫穷人的具体生活处境，并且参与转化那使他们如此的社会。这就是耶稣所实践的天国，使他落得暴力死亡的收场。作耶稣的门徒就是拥抱他生命的信息、对贫穷人的爱、对不公义的谴责、饼的分享、复活的盼望。②

在约伯与三友争辩（编者注：参看圣经约伯记）的过程中，顾特莱指出约伯开始脱离个人赏罚的视野，转移到以邻舍的需要为焦点。约伯不再只注目于他一己的个案，却问何以恶人富足。他发觉他并非唯一经历因不公义受苦的人，世上的贫穷人也如是。贫穷人并非上帝刑罚的人，却是上帝的朋友。上帝以自己为父，委身于贫穷人，以解放者、抗衡压迫者、反对剥削者来维护他们。这显明上帝对贫穷人有偏爱，关心他们的需要。③上帝那不问缘由的爱是上帝偏爱贫穷人的原因，也是他愿意见到他们得到公义对待的缘由。这公义的建立是重建契合的基础。④

对顾特莱而言，基督作为解放者的救赎角色，是上帝不问缘由的爱在历史中人格化，而且他不单是上帝不问缘由的爱闯入历史之

---

① Gustavo Gutiérrez, *The Power of the Poor in History*, trans. by Robert R. Barr (Maryknoll: Orbis, 1983),“八福”参看圣经马太福音第五章第三节至第十节，P. 95.

② 同上，P. 95 – 96.

③ Gustavo Gutiérrez, On Job: God-Talk and the Suffering of the Innocent, trans. by Matthew J. O' Connell (Maryknoll: Orbis, 1987), P. 31, P. 40 – 43.

④ Murray, “Liberation for Communion in the Soteriology of Gustavo Gutiérrez,” P. 56.

中，他的闯入更带着“马槽的气味”，因为耶稣基督是“上帝成为贫穷人”。

从马太福音二十五章第三十一节至第四十五节，可知爱的三方面：首先，得救是达至爱的丰满（fullness of love），进入三一上帝仁爱的圈子，以上帝的爱去爱。而所爱的邻舍，正如圣经中好撒玛利亚人的比喻，是接触受伤的人，使这人成为自己的邻舍。邻舍并非我在自己路上找到的人，而是我把自己置于其路途，是我主动寻找和接触的那一位。其次，仁爱是单单显于具体的行动，发生在人际网络之中的。上帝对人的仁爱，是披上肉身于父母、配偶、子女、朋友等人与人之间的爱。这仁爱行动，是人能力所能及，建立公义友爱的世界。最后，爱上帝必然借着爱邻舍去表达，以爱邻舍为中介。当人为邻舍送上饮食，在今日已是政治的行动了。①

从这三方面，可见爱邻舍不是个人性的慈善行为。反之，人既座落于经济、社会、文化和种族的座标上，因此今日的仁爱是“政治的仁爱”（political charity），给人一杯凉水就是政治行动，意味着转化只为小众谋求利益，却牺牲大众福祉的社会结构。②爱必须具体地座落在历史之中。

四、解放伦理的核心：全面的救恩

甲、压迫

巴西的莱奥纳尔多和郭奥特·博夫（Leonardo and Clovodis Boff）认为解放神学是一种“化学反应”，这种化学反应的公式如下：信仰＋压迫→解放神学。③因此解放神学和解放伦理，有赖信仰和压迫两元素的组合，方能成事。若没有压迫，就不用解放。

---

① Gutiérrez，A Theology of Liberation，15th anniversary edition，P. 113－115.

② 同上，P. 116.

③ 杨牧谷主编，《当代神学辞典》下册（台北：校园书房，1997），“解放神学 Liberation Theology”，P. 684。

杜塞尔为压迫建立诠释架构。他以结构性（structural）和意识形态（ideological）两轴来整理压迫的现实。纵轴涉及压迫的两维度：其一是经济，其二是建制和法律。前者指的是工作、财富、地土，压迫者的经济空间和被压迫者的经济依赖，所见到的是女性的劳役、工人的剥削、奴隶的苦工、殖民主义和新殖民主义、不同形式的帝国主义，以苛捐重税掠夺农民的土地。后者，即建制和法律，是指建制的组合和法律的整体，把压迫制度化和纳入管制，使之成为社会的秩序，例如不平等的劳工条例、隔离政策、殖民法律、民族特区、殖民地式的交易等等。①

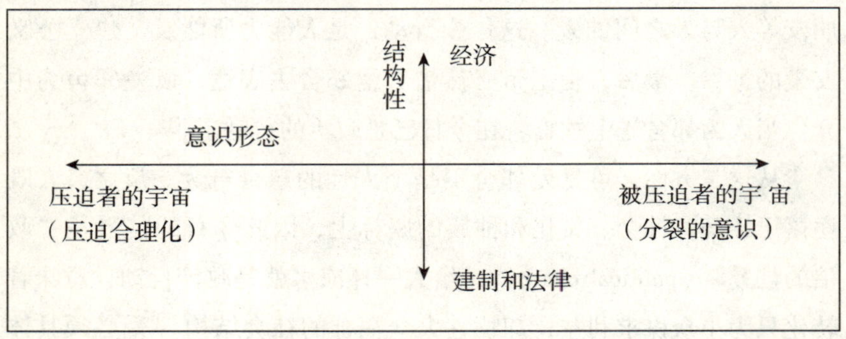

图 7.4　分析压迫现实的理论模型

图 7.4 中的横轴展示的是意识及其理智彰显的现象。这轴的一端是压迫者为自身创造的形像，以便把压迫理性化和中性化，例如贫穷人既懒惰又被动，女性既感情用事亦脆弱。因此这些人的文化表达、社会组织和经济模式都是次等的，是命定将要湮没的。因此制宰成了道德上的义务，为了被制宰者的好处和进步所当然作的，是对被压迫者的一项服务。此意识形态无所不在，语言、社会习惯和风俗无不受其影响，它自我承传，并在压迫者当中成为二本性（second nature）。当中多以理性解释居多，例如种族理论、生物学上的优劣，民族的心理，人类学理论，甚或经济和政治的理论。压迫

① José Míguez Bonino, "The Dimensions of Oppression," in Struggles for Solidarity: Liberation theologies in Tension, ed. by Lorine M. Getz and Ruy O. Costa (Minneapolis: Fortress, 1992), P. 31.

者所建构的“宇宙”，遂具整全性特色，成为唯一的宇宙。①

横轴的另一端是被压迫者的意识，与压迫者的宇宙和他们的自然秩序构成一辩证关系。一方面这秩序看似唯一可能的秩序，是被压迫者赖以沟通的唯一根基，是他们被社会化（socialize）进入的语言和知识世界，亦即那宇宙的理性。另一方面，被压迫者也经常同时被社会化进入另一不同的语言和象征，这是他们祖传下来的智慧，与压迫者的宇宙当然显得格格不入。被压迫者的意识遂常常处于分裂状态，在适应与无所适从、就范与叛乱之间徘徊。一般来说，这种矛盾不会在理智系统中得以表达，却多在流行艺术和音乐、弥赛亚式运动、人民的故事等现象反映出来。②

在神学上，贫穷人就是被压迫的人，在压迫者的宇宙以外的人。被压迫的人是约伯，他受苦并非因为他察觉犯了什么罪，却被罪异化了。这是因为智者致力为既定系统说话，尝试说服这被压迫者他是个罪人。如此他们维护了真正的罪人，辩称压迫者的无辜。当今的世界秩序是罪恶当道，压迫贫穷人，在经济上、文化上、性欲上、艺术上，借征服把帝国主义客体化的投射进入拉丁美洲、非洲和亚洲等国家。这就是对邻舍说“不”。③

罪就是对邻舍说“不”，这就是世界的罪，最基本的罪，是好撒玛利亚人比喻中祭司和利未人所说的“不”，是北美核心对印第安人、非洲人、亚洲人、劳工、农民和贱民说“不”，是父权主义家庭中对妇女说“不”，是欺压者的教育制度对孩子说“不”。对邻舍说“不”是杀害兄弟姐妹（fratricide），是纵欲。罪始自对邻舍说“不”，取了自我神圣化的形式，高抬自己作为敬拜的对象，引致拜偶像，即向造物主说“不”。若要像尼采说“上帝已死”，就必须先杀掉这些上帝在他们身上彰显的人。④

---

① José Míguez Bonino, “The Dimensions of Oppression,” in Struggles for Solidarity: Liberation theologies in Tension, ed. by Lorine M. Getz and Ruy O. Costa (Minneapolis: Fortress, 1992), P. 31.

② 同上，P. 31–32.

③ Enrique Dussel, “Domination—Liberation: A New Approach,” in Concilium 6: 10 (June 1974): P. 41–42.

④ 同上，P. 40–41。

乙、践行、解放与救恩

解放神学/伦理的核心，苏宾奴（Jon Sobrino）称之为“爱的理解”（拉丁文 *intellectus amoris*，understanding love）。这是理解体现于具体行动“爱世上的贫穷人，作为对爱的理解，类同上帝所启示的实在”①。爱的理解是以践行为特色，是对真理的理解，也是对人民在圣灵里的生活的理解。这有别于“信仰的理解”（拉丁文 *intellectus fidei*，understanding of faith），在精英分子当中建立和传达概念。②

爱的理解既体现于具体行动，具体行动是以践行为形式。践行的目标则是解放，而解放却以救恩为参照。顾特莱的伦理可算是目的论的伦理（teleological ethics）：与上帝契合和与邻舍团结作为其双重目的。它更是终末性伦理（eschatological ethics），展望终末时全然契合的应许，也期待在这历史之外的应许，借爱的命令在历史之中得以局部实现。③让我们以顾特莱的思想来阐释践行、解放、救恩的关系。

解放伦理的核心概念之一是“践行”（praxis）。亚里士多德提出践行作为道德-政治的活动（ethico-political activity），与理论互不相干。不过解放神学认为践行并非单单在政治世界中的好行为，而是解放的行动，使人民得自由，参予城邦的管治。践行与理论具辩证关系，它涉及转化人的觉察（awareness）和反省，引致政治上的改变。他们强调人的一生和历史中的意识成长（growth of consciousness），可见解放伦理借助黑格尔（G. W. F. Hegel）的概念，即被奴役的主体与主人在历史的斗争中，经历到意识的提升。④

---

① Jon Sobrino, *El principio misericordia*, （Sal Terrae：Santander, 1992），P. 49-50，P. 70-71，转引自 Irarrazaval，“Understanding Love，”P. 114.

② Irarrazaval，“Understanding Love，”P. 117.

③ Thomas L. Schubeck，*Liberation Ethics：Sources，Models，and Norms*（Minneapolis：Fortress，1993），P. 170. Schubeck 只说“在历史中实现”，并未清楚明言“在历史中局部（partial）实现”，因此有差之毫厘，谬以千里之嫌。顾特莱明言实现之局部性，并论到二者处于辩证的关系，也提到既济未济。参见 Gutiérrez，*A Theology of Liberation*，15th anniversary edition，P. 91-97，尤见 P. 92。

④ Schubeck，*Liberation Ethic*，P. 50.

解放神学家赞同黑格尔的理解，更认定在被压迫者与压迫者的斗争中，双方的意识也有所改变。加上马克思（Karl Marx）把行动注入其中，于是解放神学认为行动培育批判理论（critical theory），而批判理论又转过来引导行动，在解放性践行中此二者辩证地彼此相应（correlate dialectically）。[①]如下图示：

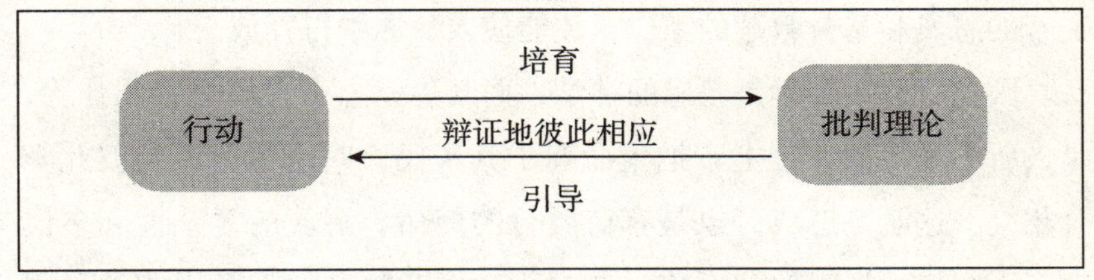

图 7.5 解放性践行中行动与理论的辩证互动

基于解放性践行的辩证互动，践行具有三方面涵义：（1）践行作为做神学的一个方法，即神学反省始自践行，也终于践行，亦即以践行来印证教导、律法和教义；（2）践行作为提升意识的过程，改变道德行动者；（3）践行意含着价值，逼使人抗拒某些压迫性行为和导向建构性改变。[②]让我们以下图标示：

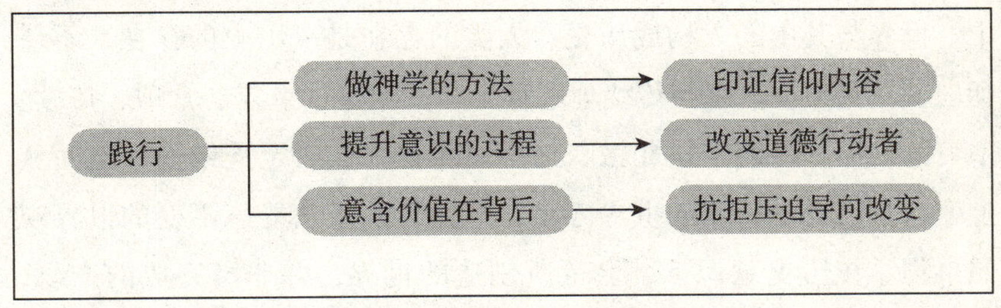

图 7.6 践行的道德意义

顾特莱倡议一个整合为一（integral whole）的三重的解放过程，其中包括在三个领域中彼此互相紧扣的践行：（1）政治和社会的解放：去除导致贫穷和不公义的当下因由（immediate cause），尤以社会结构为然，使人脱离那把人压得透不过气的虚假和悲剧性现实，为的是建立一个尊重贫弱者的社会；（2）人的解放：使人脱离自我

---

① Schubeck, *Liberation Ethic*, P. 50 – 51.

② Schubeck, *Liberation Ethic*, P. 59.

局限和桎梏，从内心的奴役得到释放，经历内心的转化，不再诉诸命运，却活出内在的自由，有尊严的自我发展，有意识地肩负塑造自身前途的责任，改变历史的进程；（3）自私和罪的解放：直指社会不公义和其他社会压迫的根源，胜过自私和罪，重建与上帝和他人的友好关系，在爱中相交契合。这是一切奴役最深的根源，唯有上帝的恩典和基督救赎的工作，才能使人从罪中得释放。①

因此，解放神学是救恩的神学，而救恩是上帝在历史中的作为，是人所不配得的，是上帝把生命赐予其子民，叫信徒与他及彼此契合相交。这既是恩典，也是有待履行的使命。解放的复杂性和多层次，不容许人把它约化至单一的层面。毕竟整全的人又岂能被局限于属灵的层次而已？解放神学对解放的理解，也是基于对人的理解，认定不能把人看作棋盘上的棋子，为的是符合某些策略性要求，或达至短期的效率。②

顾特莱的践行和解放概念，是以救恩论为参照，而救恩论也是解放伦理的目的。整体而言，解放神学家具强烈的历史局限（historicality）意识，意识到一切的实在，尤其人的实在，存在于时间之中。世界与其中的人构成历史，人类的存在是一历史的存在，不住朝向创新与改变。这与传统理解世界为一稳定、重复、常项、持续、不变的秩序，可谓南辕北辙。这历史意识并非否定连续性，然而从上帝与在历史中转变的世界考量，当然有别于从静态不变的世界观照事物。在历史意识下，上帝所创造的世界，并非已完成的产物，人类须运用其自由来参予和延续上帝的创造。③因此，解放神学确认上帝在历史中行事，包括施行救恩。

在历史意识的观点下，顾特莱并不认同他称为量化—外延（quantitative-extensive）的角度理解救恩。这角度关注“异教者的救

---

① Gustavo Gutiérrez, "The Task and Content of Liberation Theology," trans. Judith Condor, in *The Cambridge Companion to Liberation Theology*, P. 26 – 27; *A Theology of Liberation*, 15th anniversary edition, xxxviii, P. 24 – 25.

② Gutiérrez, *A Theology of Liberation*, 15th anniversary ed., xxxix-xl.

③ Roger Haight, *An Alternative Vision: An Interpretation of Liberation Theology* (Mahwah: Paulist, 1985), P. 84.

恩”，引至得救的人数、得救的可能、教会的角色等问题。这种理解产生道德主义和逃避世界的属灵操练，只有局限于上帝设立的恩典管道才能去除罪，达至来生。反之，他认为应取质化——内涵（qualitative-intensive）的角度，突破教会的樊篱，也否定救恩之纯粹超世（otherworldly）特性。①

顾特莱曾分别以解放、生命和契合三方面来解释救恩。不过他也把这三方面串连在一起，并说：“说到最后，得释放是赐予生命（to set free is to give life）——与上帝和他人契合——或采用布柏拉（Puebla）的词汇，解放为的是契合和参予（liberation for communion and participation）。”②他的解释是基于分辨两种自由：从中释放出来（freedom from）的自由与为之而活（freedom for）的自由。前者是指从罪恶、自私、不公义、基本需要的匮乏释放出来，这些都构成解放的条件。后者则指出得自由的目的：爱和感通。③ 换言之，从一切对人的压迫解放出来，为的是自由地去爱，彼此契合。

顾特莱指出：“救恩——人类与上帝的契合和彼此的契合——涵盖一切的人类实在（all human reality），转化它，及引领它进到它在基督里的丰盛。”④这“一切的人类实在”包括了“身体与心灵、个人与社会、位格与宇宙、时间与永恒。”⑤既是如此，面对当前的“罪作为个人性和社会性在历史内的实在”⑥，他明言：“解放神学是座落在今日的具体、历史和政治条件中的救恩神学。”⑦

不单如此，人是在解放的群体之中，参与被边缘化的人的转化性历史践行（transformative historical praxis）。对他而言，救恩是彼此

---

① Gutiérrez, *A Theology of Liberation*, 15th anniversary ed., P. 83-85.

② Gustavo Gutiérrez, *We Drink from Our Own Wells: The Spiritual Journey of a People*, trans. by Matthew J. O' Connell, forward by Henri Nouwen (Maryknoll: Orbis, 1984), P. 92.

③ Gustavo Gutiérrez, *We Drink from Our Own Wells: The Spiritual Journey of a People*, trans. by Matthew J. O' Connell, forward by Henri Nouwen (Maryknoll: Orbis, 1984), P. 92.

④ Gutiérrez, *A Theology of Liberation*, 15th anniversary ed., P. 85.

⑤ 同上。

⑥ 同上。

⑦ Gutiérrez, *The Power of the Poor in History*, trans. by Robert R. Barr (Maryknoll: Orbis, 1983), P. 63.

契合和与上帝契合，这契合是在历史之内开展的。面对当前的结构性不公义和社群性压迫，解放须要群体的践行（communal praxis），须要与贫穷人和为贫穷人（with and for the poor）团结一起（in solidarity）的解放性社会践行；而贫穷的群体可成为转化的施动者（agents），因为他们在死亡中肯定生命，参予建立新的社会。在此上帝对贫穷人的不问缘由的爱，与我们和贫穷人团结起来，一同寻求社会公义和重建相交契合，二者彼此紧紧结连。[①]

五、解放伦理的承托：属灵操练

顾特莱的属灵操练贯注生命存在的每一层次。首先，上帝是活人的上帝，他进到人类的历史中，成为驱除死亡的力量，并召唤医治和复和的力量。他声言"贫穷就是死亡"。这死亡贯穿不同层面，包括心智和文化，个人、民族和传统，使人在自己之地成为陌生人，被敌意、恐惧和操控围困。不过，属灵操练却使他们了解使他们成为受害者的结构，并知道上帝并不愿意见到人活在贫穷之中。属灵操练并不能被约化为政治运动，它比争取政治和经济权利广阔得多。它向一切死亡的力量宣战。[②] 换句话说，解放神学的属灵操练包括重新理解上帝如何临在于世界，并他对这世界的贫穷人的反应。

其次，属灵操练是以基督为中心的。基督徒是跟随耶稣的人。作门徒是借助于最个人化的会遇，从而建立弥赛亚的群体。再者，"跟随耶稣不是纯粹或基要的个人的事，却是集体的历程。上帝子民旅程的启动，是因着与主直接的会遇，及在群体中的会遇：'我们找到了基督。'"[③]出埃及的解放和立约事件，是群体性事件。跟随耶稣的道路，也是整个群体一同踏上的路，而非个人所走的"私家路"。[④]当然，整个群体所追随的，是耶稣基督。他所宣告的福音，

---

① Joyce Murray, "Liberation for Communion in the Soteriology of Gustavo Gutiérrez," *Theological Studies* 59: 1 (March 1998): 53.

② Henri Norwen, "Forward," in Gutiérrez, *We Drink from Our Own Wells*, xv – xvi.

③ Gutiérrez, *We Drink from Our Own Wells*, P. 42.

④ Murray, "Liberation for Communion in the Soteriology of Gustavo Gutiérrez," P. 57.

表明爱比死亡更坚强，憎恨、毁灭、剥削、压迫这一切的恶，只能被上帝的爱克胜。①

再次，属灵操练是拉丁美洲的基督徒群体，在每天具体的经历中体会的。他们面对逼迫和苦难，在其中见证永活和赐盼望的上帝。解放的属灵操练是从参与这些人的痛苦挣扎而出的，其中群体和归正的属灵特色，尤为显著。②

要实现不问缘由的爱，丝毫不容易，因此顾特莱形容我们须要"向邻舍归正"（conversion to the neighbor）。他说：

> 解放的属灵操练集中于向邻舍归正，那被压迫的人、那被剥削的社会阶层、那被鄙视的小数民族、那被制宰的国家。我们归正于上帝是带着归正于邻舍的意含。……归正是意味自身至极的转化；它是指思想上、感受上、以及生活上有如基督临在于被剥削和异化的人。归正是委身于解放贫穷人和被压迫的人，是清醒的、实际的、具体的委身。③

上帝选上了贫穷人，背后意味着两方面：拯救贫穷人和我们的归正。采用"归正"一词，示意特权分子真正转向的困难，因为要放下自己的利益，与被虐待、被忽略的贫穷人认同，站在他们的一方。④换言之，属灵操练并非狭义的突破内在（immanence）达至超越、突破物质或肉体，从而达至属灵的境界。作主门徒是跟随基督，"行在圣灵中"，落实于每天的实在。归正的过程影响社会-经济、政治、文化、环境，因为这一切都是归正发生的场所。倘若这些结构没有改变，则不可能有真正的归正。向邻舍、向社会公义、向历

---

① Nouwen，"Forward，" in Gutiérrez，*We Drink from Our Own Wells*，xvii-xviii.

② 同上文，页 xix。Nouwen 列出了五项特色：归正、不问缘由、喜乐、属灵童稚（spiritual childhood）和群体的属灵特色。归正是指成为与贫穷和被压迫者团结一起的过程之部分，不问缘由是指解放工作的气候，喜乐是指胜过了苦难，属灵童稚是指委身于贫穷人的条件，群体是在不公义的黑夜的共同经历中所产生的礼物。正文只讨论两项最主要的：归正和群体。

③ Gutiérrez，*A Theology of Liberation*，15th anniversary ed.，P. 118.

④ Nickoloff，ed.，*Gustavo Gutiérrez：Essential Writings*，P. 150.

史归正，是我们未尽全力的范围，因为未曾清晰看到认识上帝就是行公义。若然规避具体的人间历史，人仍未把自己置身于基督里。①

解放的属灵操练必须被活泼的、不问缘由的爱之感觉所充满。与上帝和与一切人的契合是一份礼物，人并非被动地接受这份礼物，而是主动、警觉地，忠于上帝旨意的领受。祷告是经历这不问缘由的爱的场景。上帝与历史息息相关，人必须“经过”人类才能达至上帝，在这“经过”的当儿，上帝解除人自我的一切，使人赤身露体，把人的爱普遍化，成为不问缘由的爱。拯救贫穷人和我们的归正这两动向，彼此需要对方，辩证地朝向在基督里的联合。与主联合并非与他人分隔，却是经过他人才达至联合。②

六、解放伦理的经济批判

经济作为对人类社会中财富的生产、分配、消费的批判性研究，是解放神学家尤其关注的课题。早年拉丁美洲国家极之贫困，在1980年代，它们虽然经历一段收入迅速增长的短暂时期，债务危机却接踵而来，40%的人口活在贫穷之中，其中近半处于极度贫穷的状况，收入并不足以购买最起码的营养食物。整体平均收入极低，贫富极度悬殊。贫穷持续已久，挥之不去，在道德上这是不可接受的事实。经济问题使近半被边缘化的人民不聊生，这是特权阶级操控公共行政和私人企业的结果。解放神学家并非处理现代经济理论的专门问题，却关心经济组织与人经历的关系，特别是贫穷人在上帝眼中的“无限价值”。对生命的珍重成为批判经济制度的准绳，这可算是他们的独特贡献。③

---

① Gutiérrez, *A Theology of Liberation*, 15th anniversary ed., P. 118.

② 同上，P. 118 - 119。

③ Valpy Fitzgerald, “The Economics of Liberation Theology,” in *The Cambridge Companion to Liberation Theology*, ed. by Christopher Rowland (Cambridge: Cambridge University Press, 1999), P. 218 - 219.

顾特莱指出，出埃及事件和弥赛亚事工串连解放与生命，可见上帝赋予生命，是生命的神，因此解放亦带着生命意志（will to life）。以色列的“至亲－救赎者”（希伯来语 go' el）串连公义和圣洁，可见上帝是圣洁的，是公义的神，因此以色列以行公义为其身份，而教会的本质在于保护贫穷人，叫人得自由。立约事件串连守约与爱，可见上帝的信实，是慈爱的神，因此人当以敬拜、祷告和公义来回应上帝。①

在拉丁美洲的处境中，贫穷成为神学反省的课题。基于上帝在历史中的作为，信徒必须作出选择，决定其终极信任的对象是上帝抑或玛门（即金钱）。选择后者的等同拜偶像，以金钱和权力为神，在财富中寻找安全感和自傲。偶像的神是谋杀的神，为了满足金钱的欲求，令尸横遍野、血流成河。其表现方式是对贫穷人施以压迫。拜偶像者被贪婪降服，致令教会不保护贫穷人，以求存而非服侍为目标。②经济是其中的关键。

资本主义下的发展主义（developmentalism），是早期解放神学家认为导致拉丁美洲经济困境的罪魁祸首。在1950年代，发展主义为拉丁美洲国家带来脱贫盼望，然而却适得其反。顾特莱早于1971年（英译本，1973年）认为原因在于：

> 国际性组织与那些控制世界经济的团体和政府，有着密切的联系。……因此统治阶层尤其小心，免得攻击庞大国际经济权力的旨趣，或其他与它们同一阵的联盟。尤有进者，所谓改变多是新的和暗中进行的措施，使强大的经济团体愈发增加权力。……因着富裕国家与贫困国家存在着这种关系，贫困国家愈来愈意识到它们的发展不足（underdevelopment），只不过是其他国家发展（development）的副产品而已。③

---

① Gustavo Gutiérrez, *The God of Life*, trans. by Matthew J. O' Connell (Maryknoll: Orbis, 1991), P. 3－47.

② Gustavo Gutiérrez, *The God of Life*, trans. by Matthew J. O' Connell (Maryknoll: Orbis, 1991), P. 48－64。

③ Gutiérrez, *A Theology of Liberation*, 15th anniversary ed., P. 17.

换言之，如弗兰克（André Gunder Frank）指出，先进的资本主义国家，为要使自身发展，促使及保持发展中国家之发展不足，因此“发展不足的发展”（the development of underdevelopment）成为一个银币的两面。倘若拉丁美洲仍然停留在资本主义的旧世界体系，必然如一池死水、发展无期。从它剥削劳工以聚积剩余价值来看，拉丁美洲国家是活在资本主义之中。它必须脱离这经济体系，免得如十六世纪的殖民地，只为外国市场带来财富。①

不单如此，借着国际商贸的不平等交易和跨国企业的优势，发达国家操控贫穷国家在投资、职业和文化上的决定。其实增加贫穷和文化上的制宰，已内蕴于现代世界经济机制之中。庞大的外债并非为帮助贫民脱贫，可是还债的担子却落在贫民的肩头上，例如重税和削减公共支出。占人口四分之三的南方，与北方国家处于极度不平等和不公义的关系。②

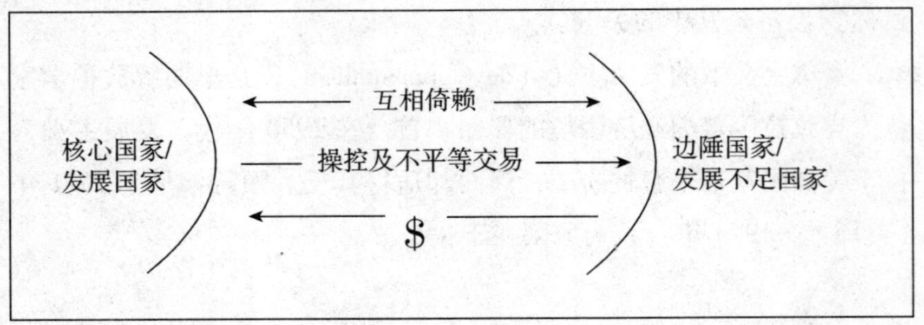

图 7.7　倚赖理论

弗兰克展述的倚赖理论（dependency theory），对解放神学家甚具吸引力，原因如上：（1）与正统经济理论相比，倚赖理论提供一个社会意识的意象；（2）此理论的进路配合拉丁美洲的民情；（3）这理论宣称具科学根据，因此已被赋予正确的“光环”，无论事实是否如此；（4）解放神学家一般都具反市场（anti-market）和认同社

① Authur F. McGovern, *Liberation Theology and Its Critics: Toward an Assessment* (Maryknoll: Orbis, 1989), P. 126–127.

② Fitzgerald, “The Economics of Liberation Theology,” P. 220.

会主义的倾向。①

不过顾特莱在十五年后（1988年）承认："早年我们广泛运用的倚赖理论……现在已是先天不足的工具，因为它忽略了个别国家的内在动力（internal dynamics），或贫穷世界的庞大维度。"②有好些解放神学家已转向其他分析，例如正视土地分配不均的问题，作为第三世界不平等现象的成因之一。拉丁美洲的经济本处于封建和商贸之间。本土人口是以封建的社会角色为交易的基础，社会流动性受本土人口和欧洲传统的结构规范。政府在商业领域中担当的核心角色，同时也带着商贸的特色。不少事业是以国家承包制经营，跨国公司也受到政府的诸多规限。③

问题并非谁善谁恶如斯简单，也包括贫穷国家自身的问题：贪污、勒索、抢夺等现象，把任何社群的发展能力榨取净尽。因此所需要的，是具道德性和宗教性的资本主义，带有怜恤的资本主义，具自律、牺牲、合作、信任、主动、诚实的自由营商环境，而非自私、贪婪、物质主义、过度个人主义充斥的资本主义。也许解放神学家的贡献，在于为失去道德前设的资本主义，敲响了警钟。④

解放神学提出的，是一个崭新的文明，以满足基本需要作为基础人权，例如营养、健康、教育、居住和受雇。任何真正的经济发展的模型，必须符合人类尊严的必要条件。这是人权而非救济，不能在富人桌下拾碎渣儿。⑤ 在神学上可称之为劳工"尊严化"的原则，以抗衡资本的累积。工作的目标不是制造私人财富，而是使人类更趋完备，作为新社会的依据。基督徒对财富文明（civilization of wealth）的回应并非逃离世界，而是更新和转化它，长线来说是要建立"新地土"（new land）。⑥

---

① Michael S. Johnson, "Liberation Theology and Economics: Like Oil and Water?" available from http://ntserver.shc.edu/www/Scholar/johnson/johnson.html.

② Gutiérrez, *A Theology of Liberation*, 15th anniversary ed., xxiv.

③ Johnson, "Liberation Theology and Economics."

④ Johnson, "Liberation Theology and Economics."

⑤ 圣经马太福音第十五章，二十一节至二十八节。

⑥ Fitzgerald, "The Economics of Liberation Theology," P. 221.

土地对当地农民土著而言，是经济、社会、政治、文化和属灵的实在，定义他们的本性和社群、物质和道德生活，故是他们生命存在。因此土地表达生命的伦理，维护土地是维护生命的基要伦理命令。而失业、饥饿、文盲不单是经济问题，更是不道德的伦理现实。这生命逻辑与制宰性经济体系不相两立，因为边缘化、失业、贫困和死亡，都可以被制宰性经济体系合理化。上帝作为生命之主赐丰盛生命，生命中的经济维度成为荣耀上帝的表达；反之，饥饿、困苦、压迫使上帝的荣耀昏暗。结构性的罪（structural sin）或罪恶的结构，以经济的不公义（economic injustice）有系统地违反民权，以市场经济遮蔽对生命和尊严的残害。①

解放神学家卡马亚（Dom Helder Cãmara）曾说：

当我给贫穷人食物，
他们称我为圣徒。
当我问："为何他们贫穷？"
他们称我为共产党徒。②

另一版本说得更直接：

当我周济贫穷人，
我被称为圣人，
当我为贫穷人宣讲公义，
我被称为共产党徒。③

解放神学常被误会，以为它把马克思思想奉若圭臬，强调经济关系和社会冲突，然而它是以"贫穷人"和"富有人"，而非资产

---

① Fitzgerald，"The Economics of Liberation Theology，P. 224.

② Jonathan Power，"Death of the Red Bishop"（Sept 8，1999），available from http：//www. transnational. org/forum/power09redbishop. html.

③ Jerry McGovern，"Dom Helder Camara-Brazil-1909 – 1999：A Reflection and Remembrance，" available from http：//www. omiusa. org/camara-mcgovern. htm.

阶级和无产阶级作为经济的行动者。它认定历史前进的推动力，是上帝与人的关系，并且注入末世的意义，与历史唯物论相距甚远。无可讳言，早期解放神学家的确借用了马克思的分析方法，以权力为财产（property）、串联贫穷与劳工控制（labor control）、以及市场经济与平等社会的内在矛盾。不过他们的经济观多源自早期“黑格尔式的马克思”思想，所关注的是异化（alienation）和剥削（exploitation），多于《资本论》的剩余价值（surplus value）和工业进步（industrial progress）。[①]

他们认为：资本主义不能满足拉丁美洲的基本需要，社会主义也未能提供令人满意的答案，因为社会主义国家未能持续地产生科技创意和政治自由。不过社会主义的理想较资本主义更切合“新地土”的经济理想。解放神学改变了社会运动、非政府组织和国际援助机构对经济政策的看法，例如外债和结构性调整。借着生命权利、结构性罪恶等概念，解放神学把对市场经济的先知性批判注入伦理论述，成为另类的基督教经济观，有别于传统的慈善事业和管家职分。[②]因此可以说，解放神学提出的，是与财富文明对立的生命文明，或说尊严文明。这以生命或尊严作为经济体系的内在价值，是神学反省导致的伦理结论，而非把马克思的一套经济分析拿来萧规曹随。

到了最近，解放神学更关注“新自由主义怪物”（the monster of neo-liberalism），这怪物指出谁掌管政治并不重要，关键在于经济。随着新自由主义而来的是西方式的个人主义和大众传媒推波助澜的消费主义。这怪物迫使解放神学家重新评估他们的经济分析。他们也对自由市场的资本主义之弥赛亚化进行批判，质疑自我调节的市场能达至大众的善的教条，并认为为了推行自由市场资本主义，一切牺牲皆在所不惜。这新自由主义的“福音”，披上最“理性”的经济体系的面谱，骨子里却以目的和途径为其理性效率的计算方法。若然把人的代价也计算进去，则不难发现其所谓理性是全然非理性

---

① Fitzgerald, “The Economics of Liberation Theology,” P. 226.

② Fitzgerald, “The Economics of Liberation Theology,” P. 222, P. 231 -232。

的，是拆毁人类和自然界的非理性过程。当然全球化问题也是他们反省的课题之一，尤其关注引致的生态危机。[①]

七、解放伦理的暴力观

解放神学家对暴力观点各异。[②]巴西主教卡马亚是个和平主义者，主张以非暴力形式反抗不公义，却尊重使用暴力抗争的人。哥伦比亚神父多尔斯（Camilo Torres）不单赞同暴力革命，更放弃神职人员的职务，加入游击队，并因而牺牲。当然他的例子只属凤毛麟角，绝非一般性现象。[③]然而其中的关键问题在于：是否有“合理的暴力”可供使用？或说正义的社会是否可经由暴力革命来建立？[④]

在拉丁美洲，暴力多以三个形式出现：（1）制度化的暴力（institutional violence）、（2）镇压的暴力（repressive violence）和（3）反抗的暴力或革命的暴力（counter-violence or revolutionary violence）。[⑤]制度化的暴力是由权力结构立法和执行的，尽管立法和执行的结构隶属不同组织。换言之，这是在合法机制下进行的暴力包括不人道的手段，把人置诸死地，比流血革命的暴力尤甚。[⑥]在这机制中，以1970年代的危地马拉为例，极度贫穷的50%人口只能获得

---

① Kater，“Whatever Happened to Liberation Theology? New Directions for Theological Reflection，” Anglican Theological Review 83：4（Fall 2001）：P. 741－745，P. 755－758.

② 暴力与权力有密切关系，权力与政治也有密切关系。有关解放神学/伦理的政治伦理，参见 José Míguez Bonino，*Toward a Christian Political Ethics*（Philadelphia：Fortress，1983）。有关解放神学/伦理的四种权力观，参见该书，P. 94－95。

③ Kater，“Whatever Happened to Liberation Theology? New Directions for Theological Reflection，” P. 739.

④ 参见刘清虔，〈爱与暴力之间——对拉丁美解放神学的思索〉《辅仁大学神学论集》第102号（1994年冬）：P. 533－534；Philip E. Berryman，“Latin American Liberation Theology，” in *Theology in the Americas*，ed. by Sergio Torres and John Eagleson（Maryknoll：Orbis，1976），P. 28－29。按拉丁美洲的情况把暴力三分，源自 Dom Helder Cãmara，*Spiral of Violence*（Denville：Dimension Books，1971）的分析。

⑤ 刘清虔，〈爱与暴力之间——对拉丁美解放神学的思索〉《辅仁大学神学论集》第102号（1994年冬）：P. 534－536。

⑥ Juan Luis Segundo，Faith and Ideologies，trans. by John Drury（Maryknoll：Orbis Books，1984），P. 282.

每天必需的56%热量，低于五岁的儿童，占死亡人数的一半。[①]镇压的暴力平日隐藏于制度化暴力之中，是掌权者维持统治权的工具，借以压迫异议声音。它所采用的暴力，“在程度上比其他的都大，在社会生态上产生的破坏更是铺天盖地，在‘理性的理由’的运用下更不仁道”[②]。革命的暴力是要摧毁前两项的暴力，夺取政权，积极地建立一个公义的社会秩序。这是一种迫不得已情况下所诉诸的暴力，其合理性来自制度化的暴力自身的不合理性。[③]

不少解放神学家都反对以暴易暴。例如罗马鲁在讲章中呼吁："停止这将要吞灭我们的一切暴力和杀戮。主教区的教会重申确定它的原则，反对以报复、憎恨和强暴的方法，来解决国家的问题。"[④]在另一场境他对统治者说："我要坦白地说，我的职责在于反对强暴的力量，并违反行动自由的事，例如烧毁汽车、以机枪向民居开火、占据为人民而设的办公室和地方。一个不可动摇的道德原则是：不可作恶以成善。"[⑤]

他明言他的立场："作为牧者，我有义务与一切受苦的人团结一起，并且致力维护人的尊严。"[⑥]这是他对视贫穷人为“不是人”的回应。在教会而言，他指出："倘若教会没有受到逼迫，却享受着地上事物的特权和支持——当心——它不会是耶稣基督的真教会。"[⑦]苏宾奴指出罗马鲁是真真正正爱他的人民，他的言行绝不牵涉个人利益。反之，因着爱，他把一切都相对化了，包括教会的组织架构，

---

① Berryman, The Religious Roots of Rebellion, P. 42.

② Segundo, Faith and Ideologies, P. 282.

③ 刘清虔，〈爱与暴力之间——对拉丁美解放神学的思索〉《辅仁大学神学论集》第102号（1994年冬）：P. 535－536。

④ Brockman, Romero, P. 158.

⑤ Brockman, Romero, P. 172。

⑥ Oscar Romero, The Violence of Love: the Pastoral Wisdom of Archbishop Oscar Romero, compiled and trans. James R. Brockman, Forward by Henri J. M. Nouwen (San Francisco: Harper and Row, 1988), P. 142.

⑦ Oscar Romero, The Violence of Love: the Pastoral Wisdom of Archbishop Oscar Romero, compiled and trans. James R. Brockman, Forward by Henri J. M. Nouwen (San Francisco: Harper and Row, 1988), P. 152。

也包括自己的生命。[①]然而因着他的非暴力抗争，公开谴责暴力，却落得令人难以置信的收场：在主持弥撒中被枪手击毙。

巴西主教卡马亚更是和平革命的倡议者，一如印度的甘地和美国的马丁·路德·金。[②]他说："只要我们翻开八福——基督徒讯息的精华——便可发现基督徒的选择是清晰不过的：我们基督徒是站在非暴力的一方的，这丝毫没有软弱或被动的意味。非暴力是激情地相信真理、公义和爱的力量，是可克胜战争、谋杀和仇恨的力量。"[③]

不过在1968年，经由九百多位司铎于美得琳（Medellín）签署的文献《拉丁美洲：暴力的大陆》指出：

> （在福音的亮光下），当被压迫的人民感觉迫不得已，必须为人民的解放动武，我们不能因而定他们的罪；不然便会制造新的不公义。若然拉丁美洲教会发出如此的定罪，则会再度成为"人民的鸦片"，也成为那些以剥削和压迫引致饥饿、无知和贫穷的人的帮凶。[④]

薛君度从信仰与意识形态的关系看暴力问题。他认为信仰是一切人类经验中赋予意义的深层维度。信仰由两项要素构成：（1）超越文件（transcendent data）的传递，这超越文件对价值体系的建立，具举足轻重的地位；（2）依附于由指涉性见证人（referential witness）组成的传统，这些见证人经历和获取超越文件。在这两要素之下，信仰是由历史见证人传递，构成一个可学习的系统，教人体

---

① Jon Sobrino, Archbishop Romero: Memories and Reflections, trans. Robert R. Barr (Maryknoll: Orbis, 1990), P. 27.

② Bernhard Moosbrugger and Gladys Weigner, A Voice of the Third World: Dom Helder Cãmara (New York: Paulist, 1972), P. 16.

③ Dom Helder Cãmara, Church and Colonialism (London: Sheed and Ward, 1969), P. 109 –110 转引自 Robert McAfee Brown, Religion and Violence: A Primer for White Americans (Stanford: Stanford Alumni Association, 1973), P. 52.

④ "Latin America: A Continent of Violence," in Between Honesty and Hope, by Peruvian Bishops' Commission for Social Action (Maryknoll: Orbis, 1970), P. 83 转引自 McAfee Brown, Religion and Violence, P. 45.

察和辨别超越文件，并从而构成意义结构。[①]

另一方面，薛君度早前定义意识形态（ideologies）如下："目标和途径的系统，成为任何人的选择或行动之必然背景。"[②]可见他并不取贬意的理解，却取中立的词义，视之为包涵途径和目的。后来他修正意识形态的含义："一切途径的系统，自然或人为也好，用于达至某些目的或目标。"[③]后期的定义把意识形态规限于途径的系统，而非如前期定义把途径和目的都囊括于其中。以下讨论会以他的后期定义为准。

薛君度认为很多人混淆了意识形态与信仰，把某些不人道的结果等同了意识形态所依的价值。例如：社会主义者视资本主义的价值为无止境的追求利润，这些利润归于少数特权份子。倒过来资本主义者视社会主义为经济铲平，压制创意和竞争。[④]二者都把对方丑化。他为意识形态所下的定义，包括四个层次：（1）确定某一社会的形式和结构最具实现信仰的价值，例如社会主义。这包括社会、经济、政治及文化的运作；（2）认识当今社会在这四方面的运作；（3）认定把目前的现实转化为理想社会的方法，并推测转变阶段的过程；（4）评估不同方法的可行性，并按某些准则选取最可行的方案。每个层次皆涉及分析工具。

简单地说，薛君度把信仰和意识形态都置于社会－文化的维度来看，并以信仰与意识形态的关系，比作价值结构与建立此价值体系的途径，或说是目的与达至目的的途径（end-means）之关系。因此意识形态对信仰的落实，是不可或缺的。没有意识形态的信仰是空洞无物。那么当按什么准则选取意识形态？他认为准则有二：（1）意识形态与所要实现的价值的一致性；（2）效用的定律和所身处的脉络的考量。[⑤]换言之，薛君度反对抽离了价值和脉络的考虑，为某些行动赋予"内在道德"（intrinsic morality），抽象的判定为善为恶。

---

① Segundo, Faith and Ideologies, P. 70－83.

② Segundo, Liberation of Theology, P. 102.

③ Segundo, Faith and Ideologies, P. 16.

④ Segundo, Faith and Ideologies, P. 251。

⑤ Segundo, Faith and Ideologies, P. 258。

抽离了价值和脉络的所谓“道德行动”，可见诸常见的两项假设：（1）基督教支持改革，反对革命，主张循序渐进，反对使用暴力；（2）政府会把穷人和被剥削者的不合理待遇纠正过来。这两项假设，都缺乏充足理据。暴力的发生必有其原委，群众不会无故走上街头。暴力手段是绝对不可行的吗？更根本的问题是：上帝是非暴力的吗？薛君度提出三点意见：（1）爱是以他人为中心的行动，暴力却是以他人为夺取的对象；（2）爱的彰显过程中亦有牵涉暴力的境况，例如：暴力带来破坏，神迹带来医治和解放，耶稣必须断裂暴力的桎梏；（3）爱也可以牵涉暴力，例如：耶稣放弃那些听不进去的群众，离他们而去，他也有动用肢体暴力去洁净圣殿。①

不过总的来说，薛君度认为耶稣是以爱来克胜暴力，借着上帝断裂暴力的捆绑。他并未清楚指明不应用暴力去对付暴力，但爱的坚持却是不可少。他指出人类存在本身，的确无法脱离某种暴力的生活方式。我们必须按生活中经历的暴力作出诚实的评价。当暴力存在于人类生活的各层面时，某种改革式暴力是有考虑价值的。②如此他以爱为思想的主导，却对暴力留下一点可游刃的空间。

八、结 论

解放伦理隶属目的论的伦理（teleological ethics），以全面的救恩为核心，以与上帝契合和与邻舍团结为其双重目的。这目的的实现在乎三方面的解放：政治和社会的解放、诉诸命运的解放、人自私和罪的解放。这三方面的解放，有赖行动与理论辩证地彼此相应的践行。

解放伦理是三种中介的整合：（1）社会分析的中介（socioana-

---

① 刘清虔，〈爱与暴力之间——对拉丁美解放神学的思索〉《辅仁大学神学论集》第102号（1994年冬）：P. 540－543。

② 刘清虔，〈爱与暴力之间——对拉丁美解放神学的思索〉《辅仁大学神学论集》第102号（1994年冬）：P. 543，P. 536。

lytic mediation）；（2）哲学 - 形而上学的中介（philosophico-metaphysical mediation）；（3）诠释 - 神学的中介（hermeneutico-theological mediation）。社会分析对社会现象和现象背后的结构，提供批判性知识，叫人透析现实的挑战，为神学反省提供原始资料（raw material）。哲学理性对现实、人类、历史和世界提供全面的理解。诠释 - 神学以圣经为基准，把理论与践行串连起来。就神学伦理学来说，这三种理性的整合，是达至道德理性的途径。在现实中践行，经由社会分析的解读，哲学理性的理解，和信仰或诠释 - 神学的反省，构成解放的伦理。①

解放伦理是从贫穷人角度，对神学和伦理作反省。它认定伦理和神学的反省，是在特定历史、社会、文化和地域脉络中进行的，而贫穷人是出自这脉络的提问者（interlocutor）。这是解放伦理和神学与西方伦理和神学争辩之所在。换言之，解放伦理学家否定纯粹理性的存在。②解放伦理是以"偏爱贫穷人的选项"为准则，基于上帝启示自身为爱贫穷人的上帝。解放伦理以属灵操练为其承托，在服侍贫穷人的当儿与主会遇，因而也是作基督门徒的伦理，按着圣灵而行。

从上文的解释，解放伦理的重点可归纳如下：

（1）它以解放神学的洞见和范畴为其核心。

（2）它的神学方法是从现实的状况为出发点，以至其反省能紧扣这现实。

（3）它把社会科学和人文科学，以及哲学和神学的理性，整合于其方法之中。

（4）它的伦理理论是置身于神学反省的合一性之中，故属于神学伦理学。

（5）它以践行的伦理连系伦理理论和属灵操练，以及教牧神学。

---

① Francisco Moreno Rejón, "Fundamental Moral Theory in the Theology of Liberation," in Mysterium Liberationis: Fundamental Concepts of Liberation Theology, ed. Ignacio Ellacuría and Jon Sobrino (Maryknoll: Orbis, 1993), P. 214.

② Peter J. Paris, "The Character of Liberation Ethics," in Struggles for Solidarity: Liberation Theologies in Tension, ed. Lorine M. Getz and Ruy O. Costa (Minneapolis: Fortress, 1992), P. 136.

(6) 它提供乌托邦式的先知伦理轮廓，深深植根于圣经的默示，坚持对更佳世界的盼望是具体可能的，而且实现这世界并不局限于信徒，一切有心人皆可加入。

(7) 仁爱具伦理上的基要性，对贫穷人具效用的爱和以他们之需要为己任占优先性，并且构成道德的准绳。①

解放神学和伦理的贡献，是毋庸置疑的。它不单挑战西方神学和伦理的规范性，也为第三世界开启了神学和伦理反省之门。它把上帝关怀贫穷人的主题，发挥得淋漓尽致。它提出神学工作者须意识到自己也会被意识形态扭曲，遂把自我批判引入神学建构。它指出理论建构和伦理行动的辩证关系，把理论和行动结合起来。它提出公义和社会关怀在信仰上的核心性，而非福音的引申或应用而已，故为作门徒的代价提供具体历史性。

不过解放神学和伦理也有其局限性。它倾向把一切关系二分：压迫者与受压迫者，或既得利益者与非既得利益者，可是在现实上，不单同一组人可兼为压迫者与受压迫者，就是两组人也可处于非常微妙的关系中，例如大学教授批改学生的作业，学生却评估教授的教学表现。权力关系并非单向。在平等权力与压迫/被压迫之间，还有不少空间，在这空间内，还有多种权力关系。例如中国人的父慈子孝、兄友弟恭并非平等权力，却不必然具压迫性。解放伦理是基于对抗性的范式，可是在中国文化中，纯粹对抗性未必可行，还须包括给面子。当然这已超出拉丁美州解放神学的范围，毕竟它是本土发展出来的神学和伦理。

九、阅读指引：基本参考资料

甲、解放神学历史背景简介

1. Cleary, Edward L. *Crisis and Change: The Church in Latin A-*

① Rejón, "Fundamental Moral Theory in the Theology of Liberation," P. 218.

merica Today（Maryknoll：Orbis，1985）.

乙、解放神学概览

1. Berryman, Philip. *Liberation Theology*: *The Essential Facts about the Revolutionary Movement in Latin America and Beyond*（Maryknoll：Orbis，1987）.

2. 张双利、陈祥勤：《解放神学》（台北：扬智文化事业股份有限公司，2000）。

丙、解放神学必读书

1. Gustavo Gutiérrez, *A Theology of Liberation*: *History*, *Politics and Salvation*, 15th anniversary edition with a New Introduction, trans. and ed. by Sister Caridad Inda and John Eagleson（Maryknoll：Orbis，1988）.

2. 武金正：《解放神学：脉络中的诠释》（台北：光启出版社，1991）。

丁、解放伦理

1. Thomas L. Schubeck, *Liberation Ethics*: *Sources*, *Models*, *and Norms*（Minneapolis：Fortress，1993）.

2. Antonio Moser and Bernardino Leers. *Moral Theology*: *Dead Ends and Alternatives*（Maryknoll：Orbis，1990）.

3. Josr Miguez Bonino, *Toword a Christian Political Ethics*（Philadelphia：Fortress Press，1983）.

第八章
侯活士：后现代叙事

一、引言：后现代重量级人物

侯活士[1]（Stanley Hauerwas）是当代神学伦理学不可忽视的重量级人物。让我们借助毕悯（John Berkman）的引介，为侯活士勾划一点轮廓。毕悯指出：

> 在踏入新纪元的当儿，侯活士可算是北美最重要的神学伦理学家。……无论行内人如何强烈认同他的观点，或反对他的进路，没有人可以忽略他。在当今活着的神学伦理学家中，侯活士的著作毫无疑问最丰富和最具涵盖性。他撰写或编辑的书籍，超过 30 本，学术文章更不止 350 份。他曾应邀到美加、英国和欧洲、中东、澳洲和日本多间大学和教会讲学。……
>
> 他的著作之广，实在难以想像。他曾站在发展叙事神学的前线。在“寻回德行”的神学伦理学中，他是举足轻重的人物。在基督教脉络中，他曾是单一的声音，高呼教会论的核心性有更新的必要。对于引至主流基督教衰落的适应主义，他是批判

---

① 目前列出侯活士著作最完备书目的，算是 Samuel Wells，*Transforming Fate into Destiny*：*The Theological Ethics of Stanley Hauerwas*（London：Paternoster，1998），P. 181 - 198。有关他的生平简述，见 William Cavanaugh，“Stan the Man：A Thoroughly Biased Account of a Completely Unobjective Person，” in *The Hauerwas Reader*，by Stanley Hauerwas，ed. John Berkman and Michael Cartwright（Durham and London：Duke University Press，2001），P. 17 - 32. 至于侯活士对自己学术之路的反省，参见 Stanley Hauerwas，*The Peaceable Kingdom*：*a Primer in Christian Ethics*（Notre Dame：University of Notre Dame Press，1983），xix-xxvi。

> 这种精神的先驱。对于政治自由主义，他是道德和神学批评者的先锋，也为“公众神学”开辟新的路径。很多人相信他对医学伦理的贡献尤其重要。……[①]

其影响力和重要性可见一斑。

德国教授奥理（Hans Ulrich）更声言：“侯活士有力的展示以教会主导的社会伦理，使人重新发现遗忘了的传统对主流基督教伦理的批判性冲击。他既为当今伦理论说的道德课题，订定了创新的神学修正，严肃正视侯活士的著作，已是欧洲伦理学家责无旁贷的了。”[②]他的重要性实在毋庸置疑。

本章尝试概览侯活士的神学伦理学。因着他思想的博大精深，本章不免挂一漏万，只能扼要介绍他的思想骨干。

二、批判近代的伦理学

侯活士对近代伦理学的两大理论——义务论（deontology）和目的论（teleology）——颇不以为然。他认为在科学的客观性理想影响下，伦理理论努力寻求客观的道德判断，意欲摆脱施动者（agent）的主观信仰、个人要求和自身的故事。正如科学试图依循一套无私的方法，伦理理论也要求道德判断必须依循非人性化的理性（impersonal rationality）。这就是现今康德主义者和效益主义者所颂扬的标准。[③]

如此的客观性伦理思维，引致人在道德行动或判断中，在逻辑

---

① John Berkman, “An Introduction to *The Hauerwas Reader*,” in *The Hauerwas Reader*, by Hauerwas, P. 3.

② “Advance praise for *The Hauerwas Reader*,” in *The Hauerwas Reader*, by Hauerwas, unnumbered page in the front.

③ Stanley Hauerwas, with David B. Burrell, “From System to Story,” in *Truthfulness and Tragedy: Further Investigations into Christian Ethics*, by Stanley Hauerwas, with Richard Bondi and David B. Burrell (Notre Dame: University of Notre Dame Press, 1977), P. 16. 侯活士对康德的批评，见陈尚仁:〈侯活士的社群伦理——兼论其对堕胎的看法〉《台湾神学论刊》第24期，(2002年)，P. 129。

上或概念上采纳某种基础性的道德原则、步骤或观点。这些逻辑特色可称为定然命令（categorical imperative）、理想观察者（ideal observer）、可普遍性（universalizability）或原本立场（original position）。意即道德若然要通过理性尺度的检证，则必须符合“一切人的观点”（everyone's point of view）。再者，现代伦理更被疑难（quandary）主导，成为衡量不同解答（solutions）的理性学问，面对冲突的选择之处境（conflict-of-choice situations），建立抉择步骤处理和解决这些疑难。①

侯活士认为以原则和规条作为道德反省的焦点，只是近代的产物，并非自古以来的金科玉律。规则给人的印象，是具备了客观和不偏不倚的性质，这印象实质上混淆了道德与法律。柏拉图和亚里士多德都认定规条是次于德行的，而德行才能引导人到其真正目的地，即人类的善（human good）。可惜今天的伦理却本末倒置，鲜讨论人的终极目的或善的人生（the good life），更遑论从而推衍规条了。义务论和效益主义，就是在这“一切人的观点”的共同基础上发展的，先确立单一的基本原则，从而支撑和排列规条或规则主导的义务，只是二者的基本原则不同而已。②换言之，这两种伦理理论都不是以终极的善、人类共同的善或善的人生作基础，或说它们都是空中楼阁，都被架空了，其基本原则并没有足够理据。

高举普遍性的原则和规条的伦理，欲把施动者的特殊性去除，也即把其生平以至其感受和信仰排斥于理性范围之外，把它们全都归入私人的领域。如此便无从讨论“作道德的自我”（being a moral self）的伦理课题。于是首要的伦理问题变成“我当怎样行”，而行动的处境或面对的困难则成为焦点，对自我的连续性（continuity of the self）却全然忽略了。仿佛平日的自我与道德毫不相干，直到须要作道德决定的那一刻。如此在平常的日子，人的自我可以随意进

① Hauerwas with Burrell, “From System to Story,” P. 17－18.

② Hauerwas, *The Peaceable Kingdom*, P. 20－21.

出道德的领域。难怪道德品格被排挤于道德反省之外。[①]

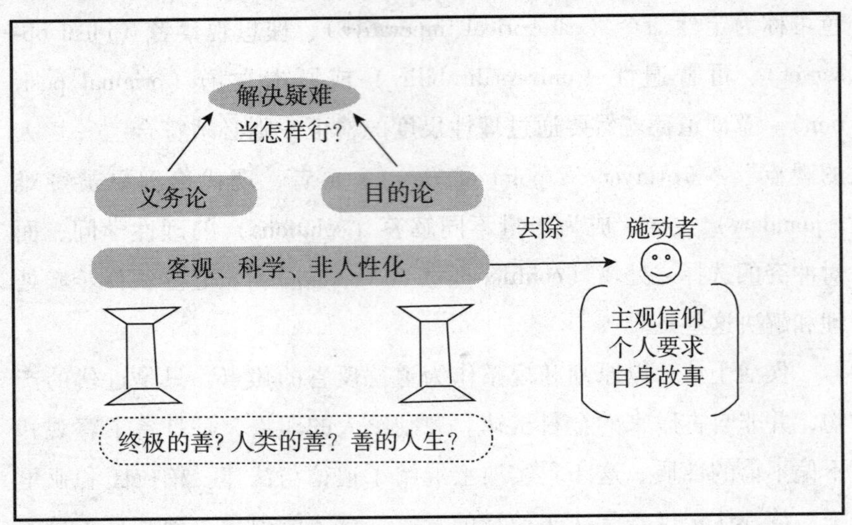

图 8.1　对近代伦理理论的批判

现今的“疑难伦理”过度集中于作决定（decision），尝试以普遍认可的规则来证立所作的决定。这样的思考方式，在现实上却把道德生活扭曲。其实在考虑如何做选择以前，当关心谁在做选择，意即我们当作怎样的人。德行应置于决定之前，品格当位于选择以先。[②]现代伦理可谓不辨先后，倒行逆施。

高度集中于作决定，背后所要强调的不外乎自由，正因为人有自由，才能为所作的道德抉择负责。而自由是能以从我们的投身抽离，也即超脱我们过往的历史，如此才算得上真正具备自由。可是如此却混淆了历史性的两方面。一方面，历史性可指历史的产物，例如血型和家庭等，这些是我们无法抹掉的。另一方面历史性可指能以注释和形塑我们的历史。我们常常有一假象，以为作决定之时若知道更多资料，则可作更佳的决定。同时现代的谎言告诉我们，

---

① Emmanuel Katongole, *Beyond Universal Reason*: *The Relation between Religion and Ethics in the Work of Stanley Hauerwas*（Notre Dame: University of Notre Dame Press, 2000）, P. 36 – 37.

② Stanley Hauerwas, “Reconciling the Practice of Reason: Casuistry in a Christian Context,” in *Christian Existence Today*: *Essays on Church*, *World and Living in Between*（Durham: Labyrinth Press, 1988）, P. 69 – 70.

自由是人不会被过去所作的决定左右的。我们以为对自己和对事物的意识愈广，则自由愈大。可是事实未必如是，往往所知道的越多，越容易犯下大错。[①]

归根究底，问题在于我们把自由串连于行动，而非连于品格。侯活士认可毕格曼（Bergmann）的看法，认为自由是我们能以认同自己的选择是出自自己的，并认定自己能以把握自己的生命。意即自由的本质在于身份，而非在于选择。[②] 换言之，自由是认定自己不是被某些不明的力量驱使作选择或行动的。同理，也不是因着所把握的资料不足，因此当时的选择并不属于自己。自由的关键并非在追逐普遍性，好能逃避自我的特殊性。反之，自由是能以认定当时的决定或行动是属于当时特殊的自我，或说是能以拥有自己所作的决定（ability to own one's decisions）。如此人方才能真正地负起责任，而非推卸责任，说道："做决定时，我不在状态。"

强调规则和自由牵涉对整个伦理学科的理解。正如侯活士引用麦金泰尔（John MacIntyre）的观点，指出分析哲学和存在哲学家，都认为道德施动性（moral agency）是自我能以去除某些特殊偶发的事态，从纯然普遍和抽象的观点对事情下判断，因此伦理理论的使命是要寻找没有历史偶发性的基础。康德可说是在这任命下，把道德植根于自由的必然性，摆脱一切的偶然性和任意性，欲达至最起码的共同标准，以理性作基础，而非宗教或形而上的信念，或人类经验的分析为基础，借以保证道德的自主性。遂引致一个超越的"我"（transcendental "I"），能以超越自己的品格；一个非位格化的"我"（impersonal "I"），非历史性（ahistorical）的我，能以超越自己的历史。若然如此，何以进行道德训练，使人成为道德的人呢？[③] 退一步来说，甚至我们当成为怎么样的人，也无从厘定答案。[④]

反过来说，这纯粹实践理性既是内在于人性，是人所共有，于

---

① Hauerwas, *The Peaceful Kingdom*, P. 36–37.

② 同上，P. 37–38.

③ 同上，P. 10–11，P. 39.

④ Hauerwas with Burrell, "From System to Story," P. 19.

是一切道德判断必须依循这理性，因为它是达至共同道德的基础。若有人拒绝依从这理性，就得施行强制，因为这理性是合乎人性的。[①] 不然人类的共同道德基础便会受到破坏。讽刺的是，启蒙理性本欲使人脱离强制，现在却反过来成了人的桎梏，强迫人接受这种非位格化和非历史化的理性。

撇除人观的问题，“疑难伦理”更没有充分关注对疑难的描述。往往伦理理论只着眼于解决疑难，却忽略接受描述疑难背后的假设。这些描述从何而来？它们是怎样被运用的？为这些描述赋予真实性的群体是如何运作的？这些问题都没有得到充分分析和反省。例如在描述背后往往假设了事实与价值的区分。然而威廉斯（Bernard Williams）却指出，这区分并非内在于我们的道德语言中。人的道德概念是“浓厚”（thick）的，假设了事实和价值的统合，例如奸诈、应许、强暴、勇敢等词汇。侯活士认为我们如何运用这些概念，在乎我们所处的世界，也即在乎我们为当时的处境、人物和行动，赋予怎么样的价值。[②]

承接对哲学伦理的批判，侯活士进而对基督教伦理口诛笔伐。他指出由于普遍化、非特殊化的要求，或说“概括性原理”，或实存的“道德的观点”，成为道德判断的准则，于是任何的宗教信仰，都只能被赋予道德上次要地位。毕竟它是道德判断有待去除的偶发性东西。于是好些传统把道德生活的宗教维度，安置在“更高”的道德层次，又或安顿于道德的动机之中，而非在日常道德生活之内。此举不单把基督教信仰的道德力量倒空了，更扭曲了道德经验的本质——人的特殊性。人的特殊性信念被社会定为隶属“私人”的领域，没有社会角色可言。宗教信仰只不过是宗教意见而已。[③]

在这铺天盖地的意识形态下，神学家尝试寻索宗教的“本质”，着意去除特殊性。以往护教人士站在教会及其传统之内，努力与外

① Hauerwas, *The Peaceful Kingdom*, P. 12.

② Hauerwas, “Reconciling the Practice of Reason: Casuistry in a Christian Context,” 70, 85-86 n. 4. 侯活士在这章解释门诺会信徒如何处理金钱纠纷的想像个案，为另类伦理思考提供极佳的例子。见 P. 74-82。

③ Hauerwas, *The Peaceful Kingdom*, P. 12.

界建立关系。现在的大气候是教会人士站在教会及其传统之外，努力与外界沟通。这大气候的转变，意味着两方面的假设：（1）出自神学框架的东西，是大众没有兴趣知道的；（2）神学反省的结果，只不过是印证在神学以外也可得悉的东西，甚至以非神学性语言表达或会更清晰。例如神学家所作的医学伦理与非神学家所作的所差无几。这现象显示，神学家认为神学不会成为伦理反省的负累，他们与别人能以同样的专业性，作医学伦理的反省。[①] 于是广泛的结果是：在宗教的名义下，重申流行的人文主义。[②]

侯活士对当今神学伦理学的局面，甚欲进行改革，遂列出改革基督教社会伦理宣言的十条目，兹引述如下：

（1）认定基督教信仰对教会生命的叙事结构，是厘定福音的社会意义的必要因素。

（2）每一社会伦理，无论是关乎确立社会组织的基本原则及/或具体的政策选取，都牵涉一叙事。

（3）社会伦理的真确性（truthfulness）之基要测试，在于能够对我们的存在提供充足的解读。

（4）被真确叙事塑造的群体，必须能以提供技艺（skills），把命运转化成归宿，以致面对那非预期的，尤其那以陌生人的形式出现的，可以被这群体视为礼物来拥抱之。

（5）教会的基要社会使命是作它自己——即作为被故事形塑的子民，这故事为他们提供面对此存在危机的技艺，并使他们能信靠上帝救赎的应许。

（6）若要进行基督教社会伦理的建构，必须采取以下的角度：

---

① Stanley Hauerwas, "On Keeping Theological Ethics Theological," in *From Christ to the World: Introductory Readings in Christian Ethics*, ed. Wayne G. Boulton, Thomas D. Kennedy and Allen Verhey (Grand Rapids: Eerdmans, 1994), P. 131 - 312.

② Hauerwas, *The Peaceful Kingdom*, P. 12 - 13. 侯活士认为好些基督教伦理学家，把伦理从信仰内容抽离，图使基督教显得适切。基督教的特殊信仰内容，被约化为满足人类对意义的需要，或说成为费尔巴克（Ludwig Feuerbach）所言，成为人类盼望的投射。（同上页）龚立人认为对近代伦理的批判，也是对某些基督教伦理的批判。他推荐阅读以下文章：Eilert Herms, "Virtue: A Neglected Concept in Protestant Ethics," *Scottish Journal of Theology* 35: 6 (December 1982): P. 481 - 495。在此谢谢龚博士的意见。

没有操控国家或世界历史的野心，以及满足于活在“不受控制”之中。

(7) 基督教社会伦理有赖在教会中培育领导，而这领导必须对群体中不同的恩赐，投以信任和依靠。

(8) 教会是社会伦理，而非拥有社会伦理，意即我们必须重新把握共同行为（common behavior）的社会意义，例如建立恩慈、友谊和家庭的行动。

(9) 当我们尝试操控社会，我们这些在美国的基督徒，太容易接受自由主义作为合乎基督教故事的社会策略。

(10) 教会的存在并非为了民主或其他社会组织的形式，提供文化气候，反倒在每个国家中成为另类的政治选项，见证那些被基督故事塑造的人，可能过的那种社会生活。[①]

他一生的努力，可说是为这十条目作诠释。本章也可算是为部分的条目作简介。

三、基督教伦理学的本质

甲、景观与道德品格

侯活士对基督教伦理的观点，系于他对伦理学本质的理解。梅度（Iris Murdoch）[②] 指出景观（vision）对道德生活的重要性，遂为侯活士提供断症的概念工具。现代人假设人有全然理性和自由的可

① Stanley Hauerwas, “A Story-Formed Community: Reflections on Watership Down,” chap. in A Community of Character: Toward a Christian Social Ethic (Notre Dame: University of Notre Dame Press, 1981), P. 9 – 12.

② 梅度是当代著名的小说家，同时亦有哲学著述。她采取无神论立场，对人性和价值有深刻的体会。她曾在牛津的 St. Anne's College 教授哲学，并在 1963 年成该为学院的荣誉会员（Honorary Fellow）。她的小说包括 *Under the Net*, *The Bell*, *An Unofficial Rose*, *The Red and Green*, *Bruno's Dream*, *A Fairly Honourable Defeat*, *A Word Child*, *The Sea*, *Nuns and Soldiers* 等。她的哲学著作包括 *The Sovereignty of Good* (London: ARK paperbacks, 1985), *Metaphysics as a Guide to Morals* (New York: Penguin Press, 1993) 等。

能性。当代哲学伦理学也倾向肯定这看法。在中立性的面具下，道德生活被约化为选择而已。不过梅度坦言，人若忽略罪的现实，则无从透析人性。人并非孤立的、自由的选择者，人的本性恒常因着虚幻的诱惑被扭曲。人的选择其实极其有限，人的生命被机缘和死亡所规限，人充满焦虑，且被自我占据了思想，只能制造面纱来掩盖毫无意义的存在。因此创造幻象（illusion）正是人的本性，[①]因为人的普遍状况是“无法承载现实”（inability to bear reality）。[②]

当然情况更为复杂，因为一方面人有能力一瞥真理，却又无法拥有真和美，因为若然要拥有它们作为慰藉，则会去掉它们最珍贵作为他者（otherness）的一面。现代道德哲学不单不能使人从自我迷恋中得释放，反倒使人对自我的关注增加和使之合法化，开出更多自我反省的药方。难道自我的知识真的可使人得自由？它只会使人陷溺于更深的个体意义（individual significance）的幻象之中。现代道德哲学家未能理解道德行为的关键在于景观。他们误以为所有的道德施动者都寓居于同一事实世界，而分歧只在行动和选择的道德类型，可是真相却非如此。人的道德是超乎依循可普遍化的规则，更包括人的经历、寓言、信念、意象、概念和内心的独白。不同的人看见不同的世界，他们的观点是被极度个别性的经历塑造的。伦理岂能被约化为理性论证的研究，如康德把伦理简约至一项公式呢？[③]

景观的概念把伦理从自我中心的诚恳（sincerity）概念，转移到他者中心的真理概念。道德真理并非自我所“创造”的，而是自我所“发现”的。道德的善之源是在一个“超越的”对象中，意即在一己的意志之外。道德任务是公平的和公义的看见和回应这对象，不容让自己的需要、偏见、意欲左右这看见和回应。再者，特殊性更是道德维度和道德意识不可或缺的，绝不可为建立不偏不倚、非

① Stanley Hauerwas, “The Significance of Vision: Toward an Aesthetic Ethic,” chap. in Vision and Virtue: Essays in Christian Ethical Reflection (Notre Dame: University of Notre Dame, 1981), P. 30 - 32.

② Katongole, Beyond Universal Reason, P. 77.

③ Hauerwas, “The Significance of Vision,” P. 32 - 35。

人性化和客观的观点，牺牲了人的特殊性。道德任务不是寻索可普遍化的理由或行动原则，而是对特殊的个体和处境作真实和仁爱的洞察。人若注目于那超越的，以至忘却自我，才能成为具德行的人。①

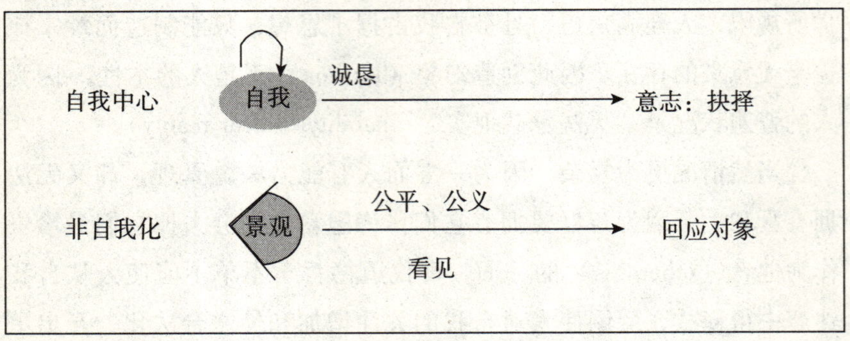

图 8.2　景观与普遍化道德

爱与自由的关系异常密切，爱的能力是自由的必备条件。自由并非凭己意行，而是有纪律地胜过自我，好使景观清晰化，自由是没有恐惧的存在，并能体察何谓真实。自由的必要德行是谦卑，恒常的去掉自我，意即自由并非专注自我，反倒是注目于他者。因此道德生活的成就，有赖目光的专注多于意志的运用，以公义和爱注目于个别的现实。人成为善是因着训练，认可所爱的对象，以公平和公道专注于它。故道德属清心多于外在选择的范围。景观的转化有赖坚忍和艰辛的努力，道德生活并非作一个又一个的正确选择，而是扩阔景观和使它清晰。②

为何景观清晰是如斯重要？因为景观清晰是对付个人幻象的良方妙药，而道德使命可理解为“非自我化”（unselfing）的任务。行动之善很在乎专注于对象的习惯之个人质素（the quality of our habitual objects of attention），毕竟我们只能在我们所见的世界中行事。专注的功夫也就是建立价值的结构，塑造人成为某种人。故此在作选择的关键时刻，关乎选择的重要事项——道德品格的塑造——早已

① Katongole，Beyond Universal Reason，P. 74.
② Hauerwas，“The Significance of Vision，”P. 40 -42.

过去。而景观和品格（character）构成辩证的关系，品格调校景观，景观也倒过来塑造品格。①

虽然侯活士认可梅度的洞见，却不致萧规曹随。他认定信徒的生命既被罪俘虏，却也有着盼望支撑，并与此相应的，是上帝从无创造（拉丁文 *creatio ex nihilo*）的信念，这信念为世界和人在世界中的位置提供目的性景观（teleological vision）。换言之，人作为被造物，其生命具目的性，这目的却非人自身所创造。梅度缺乏创造的景观，遂把必然性和偶发性颠倒过来。她认为我们可从特殊性中见到必然性。侯活士却认为不必如此，我们可正视偶发性为偶发性，亦即视它们为被造物。偶发的事物并非毫无意义，反倒因着创造视它们为赐予的“礼物”，为要成就赞美创造主的目的。把偶发之物置于更大的目的之下，并不会去除它们的他者性（otherness），却能叫人享受其偶发性，因为上帝是如此欣赏其被造物。一切被造物的目的都是敬拜上帝，如此的目的只会在一个不停重述的叙事中展现。这重述必须具开放性，因为创造的目的是终末性的，创造不单为过去的某一起始点命名，更是上帝持续地眷顾管理他所造的世界。②

乙、神学与伦理

随着侯活士对梅度的赞誉和批判，我们已踏进了他的神学伦理学范围。在他而言，神学与伦理是密不可分的。教义并非单单理论而已，却是与全幅生命产生相互作用。二者本来就没有本体上和实践上的独立性，信念和行为二者曾经是无法分割的。教会作为一群体，是被召来体现另类秩序，作为上帝在世界施行救赎目的的记号。综览教会历史，侯活士认为神学与伦理本来就是紧紧相扣的。在阿奎那（Thomas Aquinas）的神学中，伦理作为回归上帝的旅程，是置

---

① Katongole, Beyond Universal Reason, P. 79 – 81.

② Stanley Hauerwas, “Murdochian Muddles: Can We Get Through Them If God Does Not Exist?” chap. in Wilderness Wanderings: Probing Twentieth-Century Theology and Philosophy (Oxford: Westview Press, 1997), P. 157 – 165.

于上帝论之中。阿奎那所理解的道德生活，是以德行为首来塑造信徒生命的。[①]

不过，因着现代性的出现，伦理寻索稳固的理性根基，康德（Immanuel Kant）以此来回应宗教改革带来的多个权威问题，却使伦理与宗教分家。面对这局面，巴特（Karl Barth）提出伦理作为教义的一部分，而他的《教会教义学》是道德本体论（moral ontology），展示人作为施动者之行动处境，并假设解决道德问题的关键，在于为所处的道德空间作正确的神学描述。"善"或"定然命令"等概念过分抽象，道德指引必须来自上帝在基督耶稣里的谕令。侯活士认为后巴特的神学和伦理，必须系于教会的实践，方能为神学提供可理解性，换言之，神学必须重拾塑造信徒生命的使命。基督教论说的说服力，在于持守神学与伦理的合一性。[②]

神学与伦理的合一性，是当代好些神学家的议题。侯活士非常欣赏詹逊（Robert Jenson）"拒绝让神学成为'理论'，却坚持若然我们对上帝的论述出错，则我们的生命也无可避免的出错。……当我们挣扎，尝试准确的讲述上帝时，我们已在做'伦理'了。"[③]侯活士也引用麦坚顿（James McClendon）的例子，指出后者认为若然人相信宇宙是上帝所掌管的，则会对这世界产生不同的图画。因此我们用不着控制世界，并且相信不用靠赖战争和强暴，世界的历史也可以配合上帝国度的秩序。[④]

当然并非所有的神学伦理学都是可接纳的。例如莱恩奥·尼布尔（Reinhold Niebuhr）的实在论（realism）为美国的政治手法提供合法的意识形态，多于忠心阐释圣经中的政治神学。他以心理分析

---

① Stanley Hauerwas, "On Doctrine and Ethics," in The Cambridge Companion to Christian Doctrine, ed. Colin E. Gunton (Cambridge: Cambridge University Press, 1997), P. 21 -29.

② 同上，P. 29 -36.

③ Stanley Hauerwas, "Only Theology Overcomes Ethics; Or, What 'Ethicists' Must Learn from Jenson," in Trinity, Time, and Church: A Response to the Theology of Robert W. Jenson, ed. Colin E. Gunton (Grand Rapids: Eerdmans, 2000), P. 255.

④ Stanley Hauerwas, "Reading James McClendonTakes Practice: Lessons in the Craft of Theology," chap. in Wilderness Wanderings, P. 173.

看人内心的罪恶，作为社会关系的理论基础，认为人无可避免地扩张权势。在此世界这罪恶的状况是无法克服的，宗教只能提供局部控制自我主义的理想，其有效性限于规限个人的动机。他把这欲权理论与政治社团之间的冲突相结合，遂提供社群争竞的现实观。社团比个人更致力谋权，因此，必须利用强大的中央政府来平衡不同社团的权力，并且借助投票来确保没有任何团能以专权。民主社会只须要最起码的德行，以法律和投票确保自我管治。主导社群生活的不再是道德，而是各社团的旨趣或自利。如此尼布尔确立了：（1）宗教与政治的分割；（2）冲突的本体论；（3）以权力的平衡来处理冲突。因此他心目中的权力只会对个人具破坏性，而权力集中的社会也得到了暴力的专营权。政治也就成为建立宪法结构来玩弄权力的科技。①

尼布尔的问题，并不是独立的事件，倒却是当今常见的现象。过去的护道家是站在教会和其传统之内，寻索与外界建立关系。护教只属次要的等次，不会容让外界的问题决定神学的议程。可是现今却刚好相反，神学家站在教会传统之外，抽取部分传统以迎合外界的口味，尝试厘定基督教的本质，好去除既尴尬且特殊的层面。这策略导致神学家以为神学框架内的东西，对外界仿如嚼蜡无味，必须以非神学性语言才能清晰表述，又或神学是用作印证从其他途径可得悉的事情。例如当今医学伦理的文章，根本看不出神学家与非神学家有何分别。莱恩奥·尼布尔如是，李察尼·尼布尔（H. Richard Niebuhr）、蓝塞（Paul Ramsey）、顾泰申（James Gustafson）②等人亦然。那么神学谚语（theological idioms）还有什么地位可言？

---

① Stanley Hauerwas with Michael Broadway, "The Irony of Reinhold Niebuhr: The Ideological Character of 'Christian Realism,'" chap. in Wilderness Wanderings, P. 48-61.

② 参见 Stanley Hauerwas, "On Keeping Theological Ethics Theological," From Christ to the World: Introductory Readings in Christian Ethics, ed. Wayne G. Boulton, Thomas D. Kennedy and Allen Verhey (Grand Rapids: Eerdmans, 1994), P. 135-141; "History as Fate: How Justification by Faith Became Anthropology (and History) in America," "God as Participant: Time and History in the Work of James Gustafson," "How Christian Ethics Became Medical Ethics: The Case of Paul Ramsey," chaps. in Wilderness Wanderings, P. 32-47, P. 62-81, P. 124-140。

再者，既然缺乏神学群体的挑战，哲学伦理学也变得百毒不侵。[①]神学家自毁长城，造成了当今的局面。

对侯活士来说，神学本就是实践性活动，为的是展示基督教信仰如何透析自我和世界。关乎创造和救赎的神学宣称，本身已是伦理的宣称，因为它们为我们所当作的，在方法论上提供位置。因此，伦理是神学工作的一面向，展释内蕴于神学中的实践性。神学伦理学并非关乎"观念"，却是服事群体的一种反省。伦理并非始于神学的终结，却位于神学的起始。天主教神学多假设神学肇始于以自然神学为根基的基础神学，建立于系统神学，终结于伦理学。如此基于自然律的神学，实质把耶稣对具体伦理分析的直接适切性，排拒于门外。[②]

当神学注目于抽象的概念如"道成肉身的本质"，耶稣的生平就全属偶然。神学抽象化使神学概念异化。当自然—恩典、创造—救赎成为神学反省的基要条件（primary data），却抽离了它们的叙事，它们便被赋予自身的生命，同时也被扭曲了。若道德的质料内容，即某些行为的是非对错，是从自然或本性推衍出来，便与基督的言行没有必然关系。那么基督教信仰在最佳状态，也只不过是扮演动机的角色。历史的维度已丧失殆尽。[③]

因此，我们得回到先前论及的景观概念，侯活士认为对现实的景观是经由特殊传统的文化-语言体系传达的。这不单提供知觉的技能，甚至道德想像力也是语言的能力。语言的正确运用有待训练而得。并非每个有理解力的人，无论抱持什么观点，都可把握道德的善。反之，若要成为道德的人，必须被造成为某一特殊的人，具备特殊的品格，内中涉及语言景观的转化。这转化有如学徒跟随师傅学习手艺。甚至我们汲取经验，例如看见、感受、知道、惧怕、欲求等，全系于他人，也在乎仿效他人。因此他人的权威（authori-

---

① Stanley Hauerwas, "On Keeping Theological Ethics Theological," P. 131-141.

② Hauerwas, The Peaceable Kingdom, P. 54-55.

③ 同上，P. 58-59。

ty）是不可少的。[①]

此说意味着对启蒙和后启蒙权威观之批判。有见于宗教战争和建制独断的冲突，康德欲摆脱盲目的顺从，挣脱权威的束缚，却把权威的概念扭曲了，把它当成与理性不相两立的东西。然而权威却是理性的必要条件，也是实现自由的必要条件。侯活士认为问题并非在权威与自律（autonomy）的对立，而是确定哪个权威。就是批判也不能没有权威的依据。若说根本没有道德权威，则对传播媒界、商业广告、同侪压力的"权威"作掩耳盗铃而已。若然不明确认定这些是权威，则容易流于被它们玩弄和制宰而不自知。[②]

道德有如技艺，善是内在于这门手艺之中。意即不能从外间提供善的标准。所谓目的与途经的架构也随即解体。技艺的性质和内在于它的善只能从技艺自身发现和表明。换言之，这些都必须借着参予这技艺来得悉。其次，道德仿似技艺也包括技艺的历史性。学习一门手艺是进入一段历史之中，包括承认优质标准的权威，并师傅对自己的判断。同时也把自己的态度、选择、偏好和品味调校至大师的权威，因为他们的作品表现卓越。又次，技艺（以及道德）背后带着非民主的、特权阶级的假设，因为有经验者才能够看得正。这有别于科技专材或管理效率，后二者都在于理性决定和效率计算，为的是达成外在的善，与个人的品格培育无关。[③]

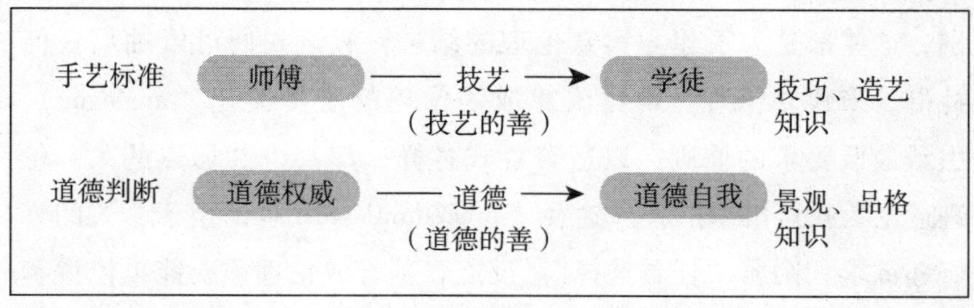

图 8.3 道德有如技艺

学习技艺所要求的顺从，不是权威主义的，也非盲目顺从。它

① Katonegole, Beyond Universal Reason, P. 94 - 95.
② 同上，P. 95 - 96.
③ 同上，P. 97 - 98.

是基于师徒的动态和辩证关系。学徒不单能把握最高标准，更可推展至更高的水平，开展新的层次。这可算为一种“内在的超越”把批判性探求和客观性推前一步。这与自由主义下的教育，单单鼓励学生“自己找答案”，“自己决定”，可谓南辕北辙，因为他们没有可凭借来作决定的东西。因此若要成为道德的人，若要把握真和善的知识，必须“被造”成为某一类人。在此之下，人不能单凭观看就能看见，却须转化景观，才能真确地“看见”现实。道德知识与道德品格，景观与属哪类人，彼此关系密切。因此重点不在于抽离和客观知识的传递，却在于在道德施动者的形塑过程中，知识所扮演的特定角色，即吸收知识有如在师徒制下学习技艺。①

总言之，侯活士认为基督教伦理若要产生的独特贡献，必须从上帝、耶稣、罪恶、救赎等信念，以及这些信念的道德含义开始。不过，得慎防这些信念流于存在的描述或初步的形而上学，成为道德生活的另一哲学分析。基督教信仰必须以教会作其理解背境，以免使它成为另一“信念系统”。基督徒的起始并非在于信念的殊别，却是建立创发性的社群，与耶稣相遇而成形的群体，与世界有别的社群。从这群体历代以来的敬拜，我们方才了解所信的上帝是怎么样的。②

当今伦理把重点放在法律、权利、原则、难题、事实与价值之别，这些都是为了建立大众伦理的结果，假设我们可以抽离任何社群，来建立伦理。难怪法律成为伦理的主要类比（analogue），引致最低要求的原则，以适合各式各样，却甚少共通点的人。伦理遂沦为排难解纷的程序途径（procedural means），至于个人的喜好和欲求，则属“任君选择”。反之，基督教伦理须要能以论说善是什么，以及一个承载德行，训练人步向善的传统，和一个忠于某种生活方式的群体。这群体的人必须体现其中的故事和礼仪，以及对上帝的敬拜，培养谦卑的技巧，挑战傲慢，使人不单成善，

---

① Katonegole, Beyond Universal Reason, P. 99 - 101.

② Hauerwas, “On Keeping Theological Ethics Theological,” P. 143.

也成为圣洁。①

总的来说，侯活士的神学主导他的神学伦理学。他拒绝接纳“系统”的神学，因为如此会把人从福音的实在性，转移至系统的观念性。他认为神学的理智功夫并不是为自身而作，却应为教会与信徒的言行而作。这绝不等于放弃真理与存有的问题，这些问题却应在忠于福音的大前提下讨论，而非在自由主义的前设下，披上基督教的外衣。伦理的核心并非使人变得好些，也非改良社会问题，却是使教会更忠于福音，使福音的真理能展示于未信的人面前。②

他确认基督教信念的实践性推动力，以及它们印证基督教真理的角色。于此，基督教伦理所提供的，是与众不同的生活方式。真理与实践是不可分割的。神学伦理学所关注的，包括景观的澄清。看得正是先于行得正。景观的澄清也成为对文化的神学批判，揭露虚幻和假象的景观，使人对上帝国度的景观模糊不清。基督教伦理的重点并不在于遵从命令或遵守规则，却在生命的途程，品格的培养。基督教伦理是从一特殊立场作的功夫，而非对善的一般性劝喻，它是具体而特定的召命，是按上帝在基督里所作的，开展另一生活方式的可能性。③

四、品格、德行和叙事

侯活士的早期作品，多集中于品格、德行和景观。这三方面可归入施动者的观点。从施动者的观点看行动，亦即从他们的品格、信仰、历史、盼望来审察，而非从中立的观察者的角度审视。行动与施动者具螺旋形的关系，意即行动确证施动者属哪类人，同时亦塑造这人成为怎么样的人。简言之，施动者使行动成形，行动形塑

---

① Hauerwas, “On Keeping Theological Ethics Theological, P. 143 - 144。

② Jonathan R. Wilson, “From Theology of Culture to Theological Ethics: The Hartt-Hauerwas Connection,” Jounral of Religious Ethics 23: 1 (Spring 1995): P. 153.

③ 同上，P. 155 - 156。

施动者（agents form actions，actions form agents）。[①]让我们先解释施动者的品格。

甲、品格

侯活士对施动者的反省，一方面是针对非决定论（indeterminism），另一方面是针对决定论（determinism）。非决定论假设人的本性是非决定性的（indeterminate）。这是因为人是自由的，有自由意志。那推动自我去行动的自我力量（power of the self）不会受过去所作的事影响，不然就会对非决定的本性构成限制。于此，这不受限制的推动自我的能力，构成了人的真我。[②]

侯活士认为非决定论的困难有三：（1）若然如此，则每个行动都可以一分为二，即实在所作的（what I actually did）和所意愿的（what I willed）。可是在现实上，散步时二者却往往分不开，是否每一步都是先意愿后举步呢？再者，哪部分的外在行动（右脚向后发力、左脚提起三毫米、左脚放下等）才串连于内在意愿的呢？（2）若以内在的因来解释外在的果，每个因理应可独立展述，可是我们却无法独立地表述产生此果之因，例如散步时为看到右腿在动才知道已意愿右腿跨前。可见意志与行动并非单单具偶发性关系。（3）我们难以解释那使行动发生的内在事件，如何算是属于我的行动，以致我需要为它负责的呢？因为在自我之内发生的事件，不必然都是我所意愿的。[③]

在那边，决定论和行为主义（behaviorism）反对有内在或超越的自我。自我只不过是倾向（dispositions）与行动的复杂混合体，结合而成品格。人的倾向构成了行动的充分条件。物理和社会因素或

---

① Samuel Wells，Transformning Fate into Destiny：The Theological Ethics of Stanley Hauerwas，（Cumbria：Paternoster Press，1998），P. 20.

② Stanley Hauerwas，Character and Christian Life：A Study in Thelogical Ethics，with a new introduction by the author（San Antonio：Trinity University Press，1985），P. 21. 本书为侯活士的论文，出版于1975年。

③ 同上，P. 23-24。内容经笔者略加整理和阐释。

倾向可成为行动的解释。这类理论不必然否定选择，只是否定人可在存在的前设条件以外作选择。侯活士认为此等理论无法对人作为自决存有（self-determining being）提出充分解释。①

其实决定论和非决定论都以一形而上的因果论（metaphysics of causation）为前设，认为事件与事件之间具备因果的关系；并且设定施动者—因果性（agency-causality）的架构，假设人必须被推动才能有所行动（moved to act）。可是我们用不着设定行动之因，因为人之为人，具有有效因的能力（power of efficient causation）产生行动。就算人主要是遗传和环境的产物，也不损人的自决。简言之，行动与施动者具内在关系，施动者定义和决定自身的活动，用不着在施动性背后追溯行为之因。②

在这边，除了否定非决定论的假设，把行动与意愿二分，即把行动与品格分割，侯活士同时也向自由意志的概念开火。这概念暗示自我的内在行动（意志）与外在行动（施动者实在行出来的），二者也是分割的。不单如此，自由意志的论证与品格的概念，更是难以共融。品格被视为自我超越之限制，于是看品格为外在且偶然的东西，尤其相对于道德上真正的内在和实质的自我而言。品格的培养变成没有必要，品格甚至是有待克服的东西，因为它影响自由意志的发挥。另一方面，自由意志所强调的，却只是抉择时的一刻。③

侯活士强调品格，他说：

> 并非我们生命中的偶然特色，可与“真正的我们”分辨出来；反之，品格是代表那使我们成为既定的道德施动者（determinative moral agents）的东西。我们的品格……是借我们的信念和行动而获得的施动形式（the form of our agency）。品格的观念

---

① Stanley Hauerwas, Character and Christian Life: A Study in Thelogical Ethics, with a new introduction by the author (San Antonio: Trinity University Press, 1985), P. 25。本书为侯活士的论文，出版于1975年。

② 同上，P. 25－27。

③ Wells, Transforming Fate into Destiny, P. 22.

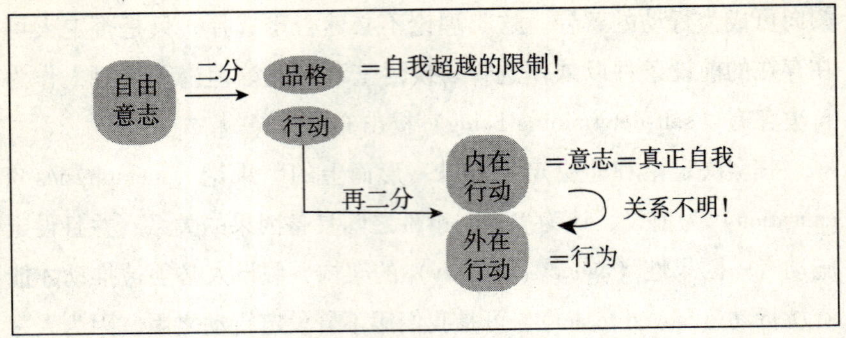

图 8.4　对自由意志的批判

涉及自我可被命定（determined），而实在上自我必须被命定去行动（determined to act），在其命定中（in its determinations）却不失去自身。用不着在我们的施动能力之外，以某因由来解释我们的行为。……意志、动机、意图、理由都不是促使人或推动人行动之因，而是人行动时所体现的东西。①

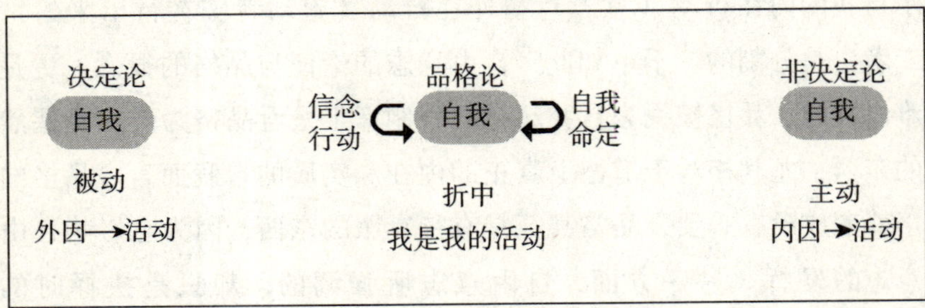

图 8.5　品格作为决定论和非决定论的折中

决定论的自我是被动的，为行为归究外因；非决定论的自我则是主动的，为行为追溯内因。侯活士在这二极之间，寻索折中的出路，以品格认定我拥有我的活动，品格也成为不自觉的个性特点（involuntary traits）。就后者而言，我是遗传和环境的产品，就前者而言，即我作为自我活动（self-activity），则我是自我创造（self-cre-

① Hauerwas, Character and Christian Life, P. 21.

ating）和自我命定（self-determining）的。[①]

基督教伦理对道德上的成长，往往着墨不多。路德强调在上帝面前人是罪人，须要全然仰赖上帝的恩典。若寻求道德成长，容易产生以自己的善行赚取义，而非单单靠赖上帝恩典称义之嫌。可是侯活士指出这立场背后蕴含着政治的意含，即它只不过是对当时流行的道德文化照单全收。往往作基督徒不外乎行为适中、行事得体而已。[②]然而品格的培养，却是成圣不可或缺的。

品格意味着自我是成长的主体。品格并非单一叙事的结果。在现实上，自我是由多个不同的角色和故事构成。道德成长涉及我们多个故事之间的恒常对谈，以致我们所过的生活，能符合我们生命存在的品格或质素（character of our existence）。基督徒尝试建立的品格，是与一个特殊的叙事相呼应，这个叙事能训练自我，使自我足以与生命存在正面交锋，用不着凭借虚幻和自欺来遮掩。如此基督徒进入学习的课程，使其生命依循上帝的道路。[③]

乙、德行

在古典时期，伦理的目的是建立优质人民（good people），在中古时期，则以神学角度重释善，以之为达至目的之途径，而在古典德行中加上信、望、爱。伦理的目的为要建立优良品格，亦即拥有德行。可是在今天，我们无法为善达至任何共识，善的内容只好交付个人选择。有见及此，麦金泰尔呼吁回到古典—中古的进路：借

---

① Wells, Transforming Fate into Destiny, P. 22. Wells 借用四因说来解释侯活士的自我和施动性。他指出质料因（material cause）是被动的自我；有效因（efficient cause）是自我作为施动者，即主动意义下的自我；形式因（formal cause）是施动者的品格；而最后因（final cause）则是具品格的群体。见 P. 24 - 31。如此更见清晰。

② Wells, Transforming Fate into Destiny, P. 44。

③ Stanley Hauerwas, "Character, Narrative, and Growth in the Christian Life," chap. in A Community of Character: Toward a Constructive Christian Social Ethic (Notre Dame: University of Notre Dame Press, 1981), P. 132 - 133. 侯活士以他自己与父亲接触的一件事，展示纵然学会不少伦理理论和批判思考，却可以在品格上原地踏步，对父亲的情意欠敏锐，也不懂得恰当地回应。参见 P. 145 - 146。

着实践德行来建立品格。①

侯活士借助出差（trip）与旅程（journey）的区分，来分辨近代道德哲学与德行伦理之别。出差没有给人留下深刻持久的印象，只给人很快过去的感觉。可是旅程却迥然不同，它并不如出差般来去匆匆。诚然它也是由一地点到另一地点，不过在旅程中的人却因着经历和见识，得以成长。近代的道德哲学把道德生活视为一连串的出差，而不是旅程。倘若未能达到目的，就视那次出差的任务失败。每次的任务，可看作解决道德疑难。不过对亚里士多德来说，太多疑难只不过显示人的败坏。对于一个善人，他会渐次少作决定，因为他认识善并以喜乐的心行善，花在考量上的功夫不多。这是因为他在考量的实践上渐见纯熟，很快便体会当怎样行，或说当怎样行，已成为他生命中的一部分。这样看来，德行可说是人在道德生活中获得的倾向（dispositions）。②

对亚里士多德来说，德行是一连串的卓越，使我们能以辨别路途，为自我提供稳定性，以致快乐常伴生命。对于具道德的人，所关注的不单是能否到达目的地，而是旅程本身的意义。出差的人需要工具和技能，唯独旅程中的人需要德行。德行并非达至目的的方法而已，旅程所需的德行，更是内在于目的（intrinsic to the end）。难怪我们往往需要回望才知道我们所到之处，以及我们已成为怎么样的人。③

当然，伦理不是属于某一领域的东西，却关乎苏格拉底的问题："人当怎样行？"因此德行属道德生活的全幅图画，而非单单义务的狭窄领域。德行与品格更是密不可分。不过，德行语言并非无往而不利，因为义务的领域还是不住地出现，例如以义务为道德的起码标准，德行则是加诸其上的超义务；或以德行补足义务的欠缺；又

---

① Wells, Transforming Fate into Destiny, P. 32.

② Stanley Hauerwas and Charles Pinches, "The Virtues of Happiness," chap. in Christians among the Virtues: Theological Conversations with Ancient and Modern Ethics (Notre Dame: University of Notre Dame Press, 1997), P. 19.

③ 同上，P. 19-20.

或把德行置于启蒙自由主义下来理解。①

不过就是麦金泰尔反对启蒙运动的思想家，并呼吁回到希腊的德行，也未能把德行纳入正轨。因为柏拉图和亚里士多德的德行观，是建基于暴力和排外的政治，故与基督教的政治观不相共融。例如希腊的德行是关乎英雄的形象，其目标是在冲突中胜过敌人，以暴力维护城市（希腊文 *polis*），因而被市民赋予尊荣。反之，基督教的仁爱（拉丁文 *caritas*）强调人与上帝之间的相互性（mutuality），人与同侪之间亦然。希腊德行是建基于冲突和征服，基督教德行却立足于真正的和平和群体性。纵然“德行”是共同的字汇，可是背后的英雄主义与回应上帝的爱、战争与和平，实在有天壤之别。②

德行具历史性，而持久性（constancy）是其中之一面。侯活士尤其看重习惯（habit），认为习惯极具关键性。习惯关乎品格发展的途径，训练和重复使人在生命初期已学习简单的习惯。人绝大部分的行动，都不是经由理性的决定产生，却是由习惯而出。习惯提供非认知性，却可学习得来的维度，如此为智障人士开启了参予的层次，故他的德行伦理可免落入精英主义。③

基督教的道德生活，并非从某些概括的善的观念而来，也非从分析发挥人性的技巧或卓越而来，而是建基于对耶稣基督的忠心，为他而活，为他而死。德行有待座落在耶稣基督的叙事，亚里士多德却把德行置于城市的脉络之中，侯活士认为这脉络有的是理想，可惜却缺乏历史。④

丙、叙事

侯活士自言对品格的强调，引致他认定叙事对品格发展的重要

---

① Stanley Hauerwas and Charles Pinches, “The Renewal of Virtue and the Peace of Christ,” chap. in Christians among the Virtues, P. 56－60. 文中提及的三个例子，分别是 Philippa Foot，William Frankena 和 Edmund Pincoffs 提出的理论。

② 同上，P. 62－68.

③ Wells, *Transforming Fate into Destiny*, P. 34－35.

④ Hauerwas and Pinches, “The Virtues of Happiness,” P. 29.

性。若要了解某人的行动，必须把那事件置于叙事历史的脉络之中，这历史不单是施动者个人的历史，也是事情发生的来龙去脉。行动可被理解，是因着它具历史的性质。我们都是从我们所活出的叙事理解自己的生命，因此叙事的形式是理解行动的途径。更何况人先活出其故事，方才讲述这故事。意识不只是一种觉察力，更是把行动置于可理解的叙事之中的能力。西方以“自省的自我”（introspective self）作为意识的典范，正显示它未能懂得欣赏品格的本性和意义。①

伦理所处理的是行动的原因，并把原因转为合乎行动的形式。可是一般的推理是从命题式前提推至命题式结论。亚里士多德却提出，实践性三段论式应以行动为结论，而非另一命题。若然如此，则实践智慧算不上是一门科学，因为它处理特殊的行动，而非重复的模式。它也算不上是门手艺，因为行动与制造物件有别。于此，故事却可成为推理的功能，叙事的形式可作为一种理性的形式，提供技巧来分辨善人恶人。②

故事前后连贯、逐步展现，剧情一般都具备这些特色。剧情把行动、事件和处境联系起来，这联系既非逻辑性，亦非单时序性。故事的发展把读者带动并且聚焦到一点。它尝试把内蕴的外显，却不依从逻辑规则来推论。情节的串连，对行为和感情的展示，构造了人物的性格。随着剧情的发展，我们能以辨认不同的构合（configurations），也能为不同的人物区分高下优劣。从反复的行动方式，我们可预期他们的表现，人物或品格遂构成分析性工具，也提供进一步发展的基线（baseline），相应却相异于逻辑的推论。对人物的好些期待，有如语言，语言的语法提供日后回应的标识。性格之于故事，有如语言之于生活形态（form of life）。可见叙事作为理性的形式，对伦理尤其适切，因为它能为人类的状况提供洞见。③

再者，故事牵涉具浓度的人际关系模式，促使人问：“接着怎么

---

① Stanley Hauerwas, “Introduction,” in *Character and Christian Life*, xxi-xxii.

② Hauerwas, with Burrell, “From System to Story,” P. 27.

③ 同上，P. 28－30。

样?”这是因为叙事把非必要的、偶发的事件串连起来。突发事件和偶然性本来就是故事的元素，连串事件的偶发性关系把故事推向结论。历史性叙事并不证明事件的必然性，却为所发生的事情提供可理解性，因为把它们的意义串连起来。叙事的形式是叫人看见、转化、以致某程度上重新表达现实（re-expressing reality）的途经。故事的吸引力，不在于剧情，却在于事件与人物的交错和串连，构成的思维质素（quality of mind）。[①]

然而我们所撰写的自传，却未必反映真实的自我故事。事实上我们鲜有意识地审视我们所作的事或我们是谁。我们选择避开参与某些世事，特意不去把握测试我们表现的技能，也特意避免审查我们某些投身的事项，并且知道如此逃避审察的结果，是让自己的利益作主导。正如斯比亚（Albert Speer）的自传[②]显示，他的表里一致（integrity）和诚恳（sincerity）并未能使他幸免于邪恶的诱惑。他出身优良，这背景与他参与纳粹的工作，显得格格不入。然而他拒绝抽离他所投身的系统，采纳别的道德基础，来省察自己所作的一切。虽然他知道犹太人被奴役有如奴隶，也亲眼见过不人道的情况，他却特意使自己不在意发生在他们身上的事。他使自己的道德倍受污染，闭上自己的眼睛，以免自己必须离开当时走的路。能够成为希特勒的建筑师，享受权力的滋味，这诱惑实在太大了。[③]

每个人都需要建立某种身份和合一性，使我们多个面向的历史，能具备一贯性，好能构成唯独属于自己的自我观。自我欺骗（self-deception）往往伴随这合一性的需要，甚至人有系统地瞒骗自己，好塑造自己的身份。讽刺的是，越是表里一致的人，越容易自我欺骗。并非我们不意识到我们所作的是什么，只是我们没有意识到我们所作的事的意含。自我欺骗的人所缺乏的，不是表里一致或诚恳，而是正视身处现实的勇气和技能。自我欺骗是在生活中，不肯认定

---

① Hauerwas, with Burrell, “Story and Theology,” in *Truthfulness and Tragedy*, P. 75 – 76.

② Albert Speer, *Inside the Third Reich* (New York: Avon Books, 1970).

③ Stanley Hauerwas with David Burrell, “Self-Deception and Autobiography: Reflections on Speer's Inside the Third Reich,” in *Truthfulness and Tragedy*, P. 82, P. 88 – 92.

一个足以挑战我们的故事，让这故事批判并承托着我们。我们的决定，系于我们的景观，而景观的运作则被品格、自我历史和习惯左右。我们的自我欺骗，就在于我们如何为自我的身份定位。①

侯活士认为审视我们所采纳的故事，比评断论点重要得多。因着采纳不同的故事，我们成了不同的人。评价故事的标准有四项：该故事（1）是否有能力使我们从毁灭性中释放出来，或说使我们串连自我和世界，包括订定计划改变它；（2）能否在我们目前的扭曲状态中，赋予我们看得见的途径，意即察验意识形态对人的故事的形塑；（3）有否提供空间使我们用不着使用暴力；（4）是否能保留悲剧意识：叫意义超越权势；当文化与悲剧脱轨，我们就会用大众接纳的方式重述我们的失败，如此便堕入了自我欺骗的陷阱。例如医疗系统本就是悲剧性行业，所需要的是关顾，我们却把关顾与医治混淆。②意即科技无法医治的，便要被逐出医疗系统。

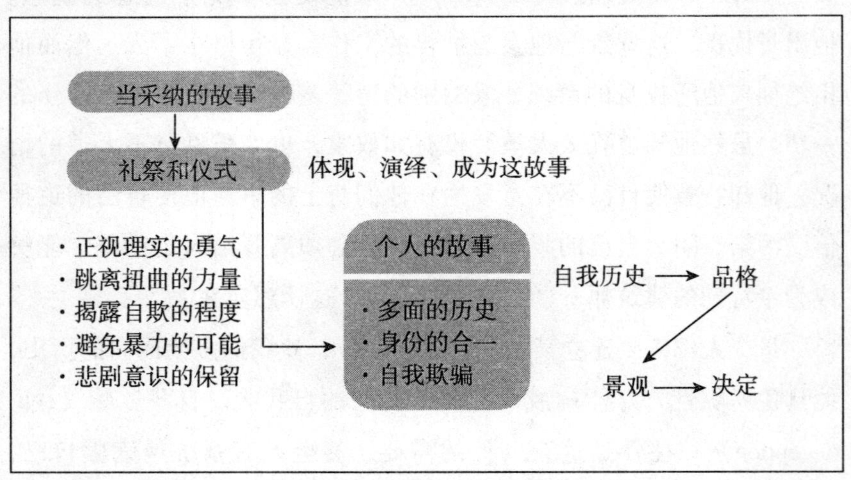

图 8.6　故事、品格、景观、决定之间的关系

我们需要让自己采纳并被采纳于某特殊故事，好使这故事提供崭新的角度，透析自己和世界。合宜的故事并不叫我们免除自我欺骗，因为自欺是人作为存有的实存状况，却叫我们能以估计我们自

① Stanley Hauerwas with David Burrell, "Self-Deception and Autobiography: Reflections on Speer's Inside the Third Reich," in *Truthfulness and Tragedy*, P. 83–88。

② Hauerwas, with Burrell, "From System to Story," P. 35–38.

欺到哪一地步。这故事又得提供建制性技能，以礼制和仪式等体现这故事，例如禁吃猪肉、参加圣殿礼仪，好让人不单能讲述这个故事，也能成为这个故事。①

侯活士把这故事连于宗教信仰。他认为宗教信仰更具故事的特性。单以真或假来定断宗教信仰，实在扭曲了信仰的本质。上帝的存在或耶稣的复活并非单一的事项，却须置于以色列和耶稣的故事之内，以配合故事中的上帝观，而故事也显出神学信念的实践性。福音提供一种存有方式（a way of being）的故事，从而塑造人生命的真实性。理论可助人了解世界，人却用不着改变世界。故事促使人借着改变自己，从而面对和改变世界。伦理并非去反照世界，却是要改变世界。故事并非要去除宗教信念的认知意义，却是叫人正确地把握宗教信念涉及何种认知。②

人是会改变的，可以变好也可以变坏。基督教的故事能以涵盖人的成长和失败。何以道德成长的人也会在道德上惨败？基督教的故事指出成长并不足以解释一切。罪是无处不在的，人无法成长到一地步能脱离罪。反之，信徒愈忠心，对罪愈敏锐。人愈接近上帝，就愈觉察自身疏离割裂、残缺不全。因此成长并不足以描述信徒的道德旅程。人必须正视自我故事的全体，包括可耻的元素。正视自我的故事，基督教的述语名为归正（conversion），能教人洞识那牢不可破的自我欺骗。③

总言之，品格是侯活士早期思想中的重要概念工具。它针对决定论的纯粹被动自我，和非决定论的纯粹主动自我，提出折中及整合二者的概念。品格更为自我与其行动建立合一性。人是由多个角色和故事构成，品格的成长，在于在多个故事之间对谈，并以某特定叙事作参照，使人能坦荡地面对自己。

德行是人生旅程不可或缺的生命质素。它并非旅程的工具而已，更是内在于旅程的目的地，并且能叫人成长。德行有赖习惯的建立，

---

① Hauerwas with Burrell, "Self-Deception and Autobiography," P. 94-98.

② Hauerwas, with Burrell, "Story and Theology," P. 73-74.

③ Wells, *Transforming Fate into Destiny*, P. 44-45.

在现实上，日常生活的行动多出自习惯，而非每事作伦理考量和决定。当然德行必须具体地座落于耶稣基督的叙事中，若然把它抽象化，它会很容易变质，成为服务普遍理性的工具，又或被安置于英雄式的脉络。

侯活士的故事转向，并非因着文化的要求，也非基于对人类经验的分析，却是基于福音的性质。不过单单讲述或重述故事尚且不足，还须提问某故事的内容，它对意识形态的破解力，对自我欺骗的透析，以及能否包涵现实的悲剧意识。这叙事转向，并非植根于历史相对主义，也非基于唯信论，却是借着神学伦理学，重现（re-present）福音的故事，以及描绘它的意含。这是侯活士为真理争辩和确立基督教信仰的方法。①

就真理观而论，内在于圣经叙事的神学信仰之真理，并不在相应于形而上或本体性架构，乃在于塑造了怎么样的生命。对于互相争竞的叙事，所当问的并非与那真实的自身相应与否，而是该叙事有否赋予我们能力，适切的和真确的形塑我们的存在。基督教的叙事既可作为经典的作品，让信徒演绎，又何须与次一等的作品妥协，去寻求共同的基础呢?②可见侯活士采纳了履行性真理理论（performance theory of truth）的立场，认为教会是真理的体现，也是真理印证之所在。

五、教会群体与政治

侯活士采用“叙事”的词汇，不单指一种文学体裁，更指某一传统的伦理方法，在基督教而言，即指按圣经来规管成员的品格。那么是谁讲述这故事呢？答案可在传统的对谈性（conversational）中找到，即把教会历史以及不同文体纳入叙事之中。换言之，正典使教会活在张力之中，因为它并没有把不同的文本铲平。分歧和差异

---

① Wilson，“From Theology of Culture to Theological Ethics，” P. 159－160.

② Terrence P. Reynolds，“A Conversation Worth Having：Hauerwas and Gustafson on Substance in Theological Ethics，” *Journal of Religious Ethics* 28：3（Fall 2000），P. 406.

更是传统的必要成分。那么为何是这些文本？在避免基础主义（foundationalism）和循环论证（circularity）的大前提下，侯活士指出我们并没有中立的立足点，可判别多元的不相共融的真理。他只能从河流的中游开始，指出这传统已接纳如此的文本为正典。当问的问题反倒是：这群体是否认定这些文本具权威性（描述性问题）？应否继续过去的立场（怎么样的群体的问题）？①

可见侯活士把叙事座落于传统与群体之中。他明言："叙事并不指涉，人方才指涉。"（Narrative does not refer but rather people do）② 我们不能把圣经叙事孤立起来，一如不能把字词从句子中抽离，或把句子从文章抽出来。孤立的字和句是没有具体意义的。叙事本具社会的层面。并非字词指涉，而是运用字词的人。一个特殊语言群体中的讲者，必须依靠这群体的权威成员，作为指涉性表述的基础。如此便得以连于群体的成员，及至整个传统的成员，遂得以连于比自己更大的经历。若讲者宣讲的是上帝的道，则圣灵先使这群体能以正确聆听这道。③

从诠释学角度观之，侯活士所作的，是把诠释的焦点，从文本转移到诠释与聆听诠释的人。不是文本，乃是人，方才构成叙事的载体。借用那斯（Nicholas Lash）的话：我们论及"圣"经，并非经文本身是"圣"的，而是指把经文实践出来的一群人。侯活士认定圣经基要注释的形式，是在于信仰群体的生命、活动和组织。我们无法脱离社会或"政治"群体来理解上帝的本性和圣经的权威。文本创造的世界，要求读者寓居于其中，继而要求读者接受圣经的权威。文本的意义是在生活形式中建立的，而非客观抽离的理论性阅读。这生活形式不是个体的，而是群体的。④

因此强调叙事，并非从某些不明立场拥护人经历的叙事质素，

---

① Wells, *Transforming Fate into Destiny*, P. 63 - 65.

② Hauerwas, "The Church as God's New Language," chap. in *Christian Existence Today*, P. 59.

③ 同上，P. 59 - 60。有关侯活士论圣经的道德权威，参见 Stanley Hauerwas, "The Moral Authority of Scripture: The Politics and Ethics of Remembering," chap. in *A Community of Character*, P. 53 - 71。

④ Wells, *Transforming Fate into Destiny*, P. 74 - 75.

却是指出三个相关问题的答案：（1）在哪里讲述故事？在教会。（2）如何讲述故事？忠于圣经。（3）谁来讲述故事？借讲者整个教会都在述说。这故事并非自我指涉，却创立可延续这故事的群体。教会是测试这叙事的必然脉络，它必须恒常保持开放，因为人太容易把这故事驯化。这故事的可理解性，全系于教会的生命。教会作为讲述故事的群体，同时也是这故事中的一个人物。若要能以正确的叙述信徒的经历以至世界的故事，教会更处于本体上必须性的位置，因为它能提供最决定性的实在论的理解。①

侯活士认为教会是上帝在世上行事的主要途径。当然教会也恒常需要悔改和更新，不过它赖以批判和更新的资源，是内在于它的故事，而非先于它的、从别处而来的知识论。对他来说，教会论既是知识论，也是政治观。有学者对侯活士如此看重教会，感到不以为然，认为教会的实践往往包括滥用权力，例如使小女孩穿上洁白的衣裳，象征基督的新娘子，只不过是维护男性作为代表基督的霸权主义。②

然而威斯（Samuel Wells）却认为这指控不能成立。他引用一个六世纪基督徒遭迫害的故事，指出母女穿上新娘袍子，见证将到他乡与基督履行婚约。她们面对君王，毫无惧色、不卑不亢、从容就义的感人故事，在教会传统中名留青史。穿上新娘袍子并非象征向霸权屈服，反倒标示不与强权妥协。③

基督教伦理应以耶稣作起始点，若拿基督论作起始，容易侧重宇宙性或本体性的基督，使耶稣的生平沦为次要，又或只具补充性质，以致终末性信息被稀释了。耶稣教训的重点并非在于他自己的地位，而是上帝的国度。认识耶稣就是跟随他，他来为要转化世人，使人配成为新时代群体的一员。他以他自己的生命和生活，展示这国度的标准。福音书的故事不单展示他的生命，更以此来为我们的

---

① Hauerwas, "The Church as God's New Language," P. 61.

② Gloria Albrecht, "Review, In Good Company: The Church as Polis," Scottish Journal of Theology 50: 2 (1997): P. 226 - 227 . 转引自 Wells, *Transforming Fate into Destiny*, P. 72.

③ Wells, *Transforming Fate into Destiny*, P. 71 - 73.

生命定位。若不成为他的跟随者，是无从认识他的。基督教伦理并非以原则、律法或价值为首要，却以耶稣的生命为核心。①

信徒学效耶稣，是要成为实践德行的社群成员，而非在每事上抄袭。我们被召要像耶稣，而非要成为耶稣（We are called on to be *like* Jesus，not to *be* Jesus）。例如耶稣在旷野受试探，首项试探有如以色列恒常欲求确定它是蒙拣选的，耶稣拒绝以食物来证明上帝的管治，因为生命不单是食物而已；次项试探欲以强权暴力带来和平，耶稣却选择以敬拜真神和以爱管治；末项试探强逼上帝出手，订定上帝介入历史的时间和方式，耶稣却委身于成就上帝的旨意。学效耶稣就是步上舍己之途，谦卑顺服上帝。耶稣所展示的，是非强制性的生命能力。②

学效耶稣并非目的自身，而是把自己置于天国之内，成为天国的一部分，正如耶稣是上帝昔日和今日执掌王权的记号和形式。天国并非信徒对理想社会的观念，或强调上帝永恒主权的途径，却是上帝如何借着耶稣的生平，死亡和复活，掌权和建立他的管治。每当耶稣的生命显示上帝有效的能力，创造一群转化的子民，可在暴力充斥的世界中和平度日，则可见天国临在。教会从耶稣身上，理解上帝的皇权和能力并非强制性，却是乐意赦罪和对人有怜悯的权柄。③

教会是寻求学效上帝的群体，有份于上帝对世界的处理，从而参予上帝的生命。人必需加入一群体，实践耶稣的德行，才能学习像耶稣。那么教会当如何在世上实践学效基督的召命？首先教会得重拾其诚信和身份，委身于学效基督；其次，教会须看自身为临在于世界的教会，并且“教会的首要社会伦理任务是作教会——仆人

---

① Stanley Hauerwas，“Jesus and the Social Embodiment of the Peaceable Kingdom（1983），” in *The Hauerwas Reader*，by Hauerwas，P. 117－121. 此文本出自 Stanley Hauerwas，“Jesus：The Presence of the Ethical Kingdom，” chap. in *The Peaceable Kingdom*，P. 72－95，后经广泛修改，使之更清晰。本章采用前者，即较清晰的版本。

② Hauerwas，“Jesus and theSocial Embodiment of the Peaceable Kingdom（1983），” P. 121－127.

③ 同上，P. 127－131。

的群体。……教会并不拥有一套社会伦理，教会就是社会伦理。”[①] 意即教会是讲述、演绎和聆听以色列和耶稣故事的场所。讲述这故事的先决条件，是教会首先成为和平和真理的群体，信徒和世界才能真确地听到这故事。[②]

龚立人指出侯活士的关注，是如何以基督故事诠释社会与政治。[③] 这意味着教会不能容让世界为它订定议程，告诉它是什么构成社会伦理。教会以和平和公义自订议程，深知自己身处不公义和暴力充斥的世界，并以忍耐关顾有需要的人。教会借着指向上帝国度的现实，协助世人理解世界的意义。教会得帮助世界真确地看到自身，换言之，教会首要的社会伦理，是对事情的理解，而非匆匆决定作什么。福音是政治性的福音，而所指的是天国的政治，揭露世上一切强制和虚谎政治之不足，并指出权力之源在于服事而非制宰。[④]可见侯活士的社会伦理不是避世的，乃是积极进取的，不过却拒绝玩权力游戏。

侯活士认为坚拒暴力是政治生活的起始点，也构成选择性参与社会事务的基础。基督徒没有责任从上而下改变社会。伦理是目的性（teleological）的，以故事的结束为向导，而非厘定事情的结果，使之有效的（effective）后果论式（consequential）的伦理。教会与文化的合一，是终末性的（eschatological），而非从权力理解，却应视之为上帝的赐予，当然这赐予绝非强把静态规范（static norm）加诸行动。[⑤]

上帝的国度就是和平的国度，不过和平与懦弱绝非同义词。耶稣显示的平安，并非相安无事的平安，却是真理的平安。因此基

① Hauerwas, *The Peaceable Kingdom*, P. 99. 这是侯活士的教会论的重点，也是他的名言，英文原著如下："The first social ethical task of the church is to be the church-the servant community. . . . ［T］he church does not have a social ethic; the church is a social ethic."

② Hauerwas, *The Peaceable Kingdom*, P. 99 – 100。

③ 龚立人：〈侯活士的神学政治与香港〉《柯布、潘能博、侯活士与当代华人处境》，赖品超、郭鸿标、龚立人著，邓绍光编（香港：信义宗神学院，1999），P. 114 – 15。参P. 117 – 125 对香港政治的反省。

④ 同上，P. 100 – 102。

⑤ 同上，P. 107 – 115。

督徒群体会发生冲突和犯错。问题不在于如何避免冲突，乃在怎样处理冲突。值得认识的真理既令人不安，也能叫人满足。教会必须与罪人对质，却当知道它的平安是倚赖蒙赦免的群体。平安并非建立在忘记过去的过错，却是在赦免的历史中，拥抱这些过错。①

上帝的国度并没有提供任何管治理论或模型，只蕴含“国度的价值”（kingdom values），可是“国度的价值”也不等同于自由、尊严、平等。无疑基督徒有责任在社会上促进这些价值，却须谨记这些不必然是基督徒的价值。为什么如此二分呢？因为当它们被抽象化，脱离了耶稣宣讲的天国，成为社会策略的准绳，便太容易产生自身的意义和生命，不再受基督教信仰所规范，甚至可以成为暴力的借口。因着缺乏耶稣的生命和死亡之国度的具体性，实质内容也容易被取代。在天国下的自由为的是服事，在天国下的平等是在上帝面前的平等，它们既非强制性，也非自我诠释的。②因此它们万万不可脱离耶稣的叙事。不然，自由可以成为放纵。

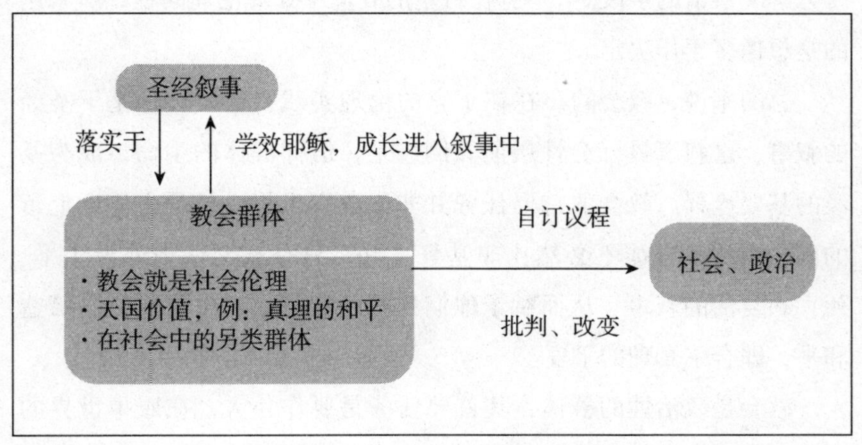

图 8.7　教会的社会伦理

① Stanley Hauerwas, “Peacemaking: The Virtue of the Church,” chap. in *Christian Existence Today*, P. 92 – 94.

② Hauerwas, *The Peaceable Kingdom*, P. 111 – 113.

既然伦理的重点落在群体所参照的叙事，那么是否用不着是非判别（casuistry）呢？侯活士的答案是否定的，因为是非判别并非单单在道德原则的系统内判别疑难个案，却是某传统借以自我测试，检验其实践是否与其基本习惯和信仰一致。在传统之内的成员，可算是“成长进入故事之中”（grow into the story），而是非判别不外乎群体对其经历的反省，对其叙事作想像性的测试，看看有否忽略或未被认可的意含。是非判别并不限于个案，却是以成员的生活习惯，与他人活出的优良和具德行的生活，作想像性的比试。①

品格、叙事、群体构成的神学伦理学，所需要的是想像力。想像与道德往往被两极化，以为想像可如脱僵野马，任意奔驰；道德却是循规道矩，谋求社会福祉。然而二者却非背道而驰。任何想像都受限于创作的媒介，不会是无穷的可能性。道德生活的创意，并非规避习惯的约束，却是因着展示对上帝的管治，把实然的转化为应然的。道德需要想像，因为拒绝容让世界的必然性不受挑战。上帝的国度提供想像的可能性，因为它质疑人所倚赖的安全感，和以暴力解决事情的手段。② 毕竟在特定的处境中处理伦理问题，所采用的是想像多于作决定。

总的来说，教会的存在在于它的伦理实践，这实践是基于圣经的叙事，这叙事具社会性层面。倒过来，信仰群体的生命，成为圣经的基要诠释。教会的首要任务并非去改变世界，却是去见证上帝的国。当然基督徒不必然比非基督徒好，只是教会认识耶稣生平、死亡和复活的叙事，从而赋予他们独特的德行，其中首要的是缔造和平，即合乎真理的平安。

教会是政治性的群体，其首要任务是要作仆人，在服事世界的同时，却不可被世界为它订定议程。它首先不是要作什么，却是要让世界看到自己的真面目，揭露强权和虚谎。教会处事是以耶稣叙

---

① Hauerwas, *The Peaceable Kingdom*, P. 119 – 121。

② Stanley Hauerwas with Philip Foubert, “On Keeping Theological Ethics Imaginative,” chap. in *Against the Nations*: *War and Survival in a Liberal Society* (Notre Dame: University of Notre Dame Press, 1992), P. 51 – 60.

事的终末性为依归，而非视乎产生后果有效与否。教会作为天国的政治，须要想像力和创意，把实然的转化为应然的，挑战世界认为是必然的事物。

六、结 论

侯活士的神学伦理学，可借以下五点作总结[①]：

（1）神圣的上帝借族长、摩西和出埃及、以色列、耶稣和圣灵降临和教会启示他自己。上帝掌权，借着创造、眷佑和要来的终末管治，并在耶稣基督的死亡和复活展示他国度的性质。然而罪入侵世界，以致被造界已非原初所造的面貌。

（2）自然界、人心中的道德律、人类的渴求，并不对上帝的本性构成自明的展示。神圣的故事，即以色列、耶稣和教会的故事，方才是上帝自我揭示的场所。上帝借着人的偶发性（human contingency）启示他自己。因此当从这偶发性来理解上帝本性和人回应的性质。

（3）基督徒被召作圣洁子民、彼此相交、学效这位上帝的本性。教会的召命是学效天父的完全。基督教伦理形塑人对上帝启示的回应。而人的回应就是教会，那作为圣洁的子民和历史的群体。传统的伦理过于着重原则，忽视应用原则的人。这无疑是本末倒置。若行动引致形塑善人，则此行动方可算为善。而善人就是那些学效上帝复和和服事之本性的人。这些人需要一个教导他们神圣故事的群体，一个以非暴力显明对上帝的信心的群体。基督是引入和平之国度者，教会论则构成对基督论的知识论。

教会的社会性目标并不在于制造一个更公义的国家，而是借着体现神圣故事来见证一种真确的生活方式。教会的政治是制造正确的冲突，而非掩盖暴力。它的政治是基于实践饶恕。上帝的本性，而非启蒙的理性，才是伦理反省的核心。如此被启蒙理性拒之门外

---

① Wells, *Transforming Fate into Destiny*, P. 126 – 130.

的，例如智商低、智力缺陷、婴孩等皆可包括在内。

（4）伦理的问题应聚焦于人被召成为怎么样的人。这建立的过程，构成对人品格的塑造。当人或群体对逆境作回应，品格遂突显出来。人恒常面对自我欺骗的诱惑，唯有上帝的真确故事能使信徒真确面对自己的故事，并以之塑造自己的品格。

（5）教会致力反映上帝在其故事所启示的本性。有见及此，教会按着它对德行的理解，设立特殊的习惯和操持，有如学徒的训练。和平国度的德行，还包括忍耐这盼望的德行。在社会追求急功近利的当儿，教会作为忍耐的群体，当看重敬拜和养儿育女的活动。

侯活士的伦理，走出传统伦理的死胡同，对启蒙理性主导下的伦理，作出不留情面的批判，同时也开出一番新气象。首先，诚如根腾（Colin Gunton）指出，德行对人类的核心性，是侯活士给予我们的无价宝。现代道德哲学和神学的人观，是个人主义下赤裸裸的、选择的意志（naked, choosing will），构成了存在主义和消费主义的无根的我。侯活士提醒我们，人作为被造物，是在时间内的存有，因此叙事形态，是内在于人的存有。人的生命并非由连串的点组成，人的位格（personhood）也不是由连串的行动构成，乃是由品格组构，内中包涵着成长和改变。①

其次，道德施动者从来就不是存在于孤立中。现代的政治性自由主义认为自我的实现，在于人能与其过去的历史划清界线，与社群的脐带切断联系，自由、自主、理性、独立地作每一个道德抉择。侯活士反倒指出，若然如此，人便会失去其身份，而非赚得其身份。人的身份，在于他串连自己的历史，每个道德抉择，都在他生命中占一席位。②

又次，采用客观的观点来理解道德生活并不合法。在现实上，

① Colin Gunton, "The Church as a School of Virtue? Human Formation in Trinitarian Framework," in *Faithfulness and Fortitude: In Conversation with the Theological Ethics of Stanley Hauerwas*, ed. Mark Thiessen Nation and Samuel Wells (Edinburgh: T & T Clark, 2000), P. 211, P. 220.

② Brad J. Kallenberg, "Positioning MacIntyre within Christian Ethics," in *Virtues and Practicws in the Christian Tradition: Ethics after MacIntyre*, ed. Nancy Murphy, Brad J. Kallenberg and Mark Thiessen Nation (Garrisburg: Trinity Press International, 1997), P. 59.

人得先参与社群生活，有如学习手艺般修习德行，借着道德师傅的传授和训练，才能明白道德是什么。道德言说的困难，不在于无法理解那位保证客观道德的上帝，却在要求"客观性"的前设。道德思考，应取群体形式的伦理理性。因此伦理必须由形容词所规限，因为它必然是特殊历史、神学、政治下的群体伦理。[①]

再者，真确的景观并非自然而然的出现，而是历史和社群的产物。人因着拥抱群体的核心叙事，在群体之内进行品格的形塑，而不是受着个人主义式的理性训练。自由主义的叙事视自由为自主和解放，基督教故事则视自由为忠心活出主导故事的能力。道德真理并不以普遍性理论传与个人，却在特殊的群体中得以体现和传递。主导故事的真理价值在于塑造品格、提供诠释架构和建立景观，叫人能活出这故事。例如奥古斯丁拥抱基督教的故事，因为它为他的生命赋予理路，一方面他活出福音，另一方面他也成为主导故事的延伸。[②]

可见侯活士把伦理落实到品格、景观、叙事、德行和群体的层次，更以教会的具体性回应现代和后现代的挑战。他不避嫌，更无惧被标签为小众（sectarian）心态，挑战普遍性的思考模式和真理标准，的确为学术界开出新气象，也为基督教神学伦理学另辟蹊径，免得如雷因霍·尼布尔般，以基督教为幌子，为自由主义提供理据，失却先知的本色。侯活士的贡献是无可置疑的。

侯活士的启示观与他的反基础主义的知识论，后者即他的教会论，是彼此相呼应的。虽然他从上帝的先在性起始，然而却因过于倚重语言和社会，落入了人本中心（anthropocentrism）的陷井。无疑他撇弃了哲学和经历为本的基础主义进路，却采纳了文化－语言的实践进路。他认为若然再度持守上帝恩典和先在性，却忽略文化和语言，会陷入自由主义的基础主义（liberal foundationalism）之中。

---

① Brad J. Kallenberg, "Positioning MacIntyre within Christian Ethics," in *Virtues and Practicws in the Christian Tradition*: *Ethics after MacIntyre*, ed. Nancy Murphy, Brad J. Kallenberg and Mark Thiessen Nation (Garrisburg: Trinity Press International, 1997), P. 59－60。

② 同上，P. 60－61。

可是当他过度着重启示的社会性和语用学的媒介，却轻忽了启示者的主权和能力，便容易堕入社会、语用和人本中心的真理观。毕竟真理的全体脉络，应由上帝命定，而非由文化或语言所规范。[①]

说清楚一点，在启示的问题上，他紧扣教会的实践和语言，以致有人本中心的倾向。真理看似受制于信徒群体。无疑他正视叙事、道成肉身、特殊性和承载，却有调低真理的他者性（otherness）和上帝主权的先在性（sovereign prevenience）之嫌。上帝在信仰群体中的临在和行动，主导着信仰群体，而非颠倒过来。[②]

侯活士和巴特二人都反对启蒙思想，以理性和科学方式解释信仰，以之为唯一具普遍性的共通语言。自由主义之父士莱马克（Friedrich Schleiermacher）如是，保守主义的麦度维（Josh McDowell）亦然。启蒙思想令人误信若能以相同语汇与近代交谈，复活就会变得可信，唯有普遍被接受的东西才可以发出真理的宣称，而普遍性必须在理性、合理、铺天盖地和大众同意的原则下才成立。反之，侯活士指出真理之为真理，因为它是被体现的真理（embodied truth）。真理是在教会叙事之中，是具体特殊的。信徒生命作为真理的体现，展示它为真理。基督教伦理也就是教会对真理的体现，而真理也能跨越教会的墙，进到世界之中，成为“普遍性”的真理。[③]

借用林贝克（George Lindbeck）的分类，侯活士的教会社群，是一个能以彰显基督临在的社群，是以圣经叙事为参照，塑造景观的文化—语言（cultural-linguistic）社群，同时又是具品格和德行，以缔造和平为特色的经验—表现（experiential-expressive）社群。不过问题在于这经验—表现的社群的见证和经历，也是充满含混性，甚至可以与其叙事相违，亦可沦为政党利用的棋子。侯活士尝试同

---

① Wells, *Transforming Fate into Destiny*, P. 80. George Hunsinger 指出侯活士的思想属 George Lindbeck 的后自由主义者之类型。

② Wells, *Transforming Fate into Destiny*, P. 83。

③ Lancelot S. Tong, "Ethics as Narrative: Universality in Particularity,"《建道神学院百周年纪念论文集》,《教牧期刊》, 第8期,《建道学刊》, 第13期合刊（1999年12月）: P. 178－181。

时拥抱的文化—语言和经验—表达的模型，在现实上是否可行呢?①

侯活士既接受林贝克的文化——语言模型，亦意味一并接受林贝克背后的前设。文化——语言模型“容许”每个文化——语言文本吸纳（absorb）整个世界，亦即以其文本作为视窗，观照整个世界。不过这“容许”是外来的，是社会学等赋予的，并把基督教信仰纳入文化——语言的类别。于是基督教信仰被禁止作为吸纳整个世界的文本，因为社会学等赋予它的“容许”和把它做的分类，是不容它吸纳的。因此侯活士接受林贝克的理论，可谓后果堪虞。②

林贝克欲解决的问题，是在芸芸文化和宗教中，如何建立积极关系，却又不至于把众文化和宗教齐一化或加以铲平。他的文化——语言模型却引来相对主义的问题。每个文化——语言的文本，是以唯信氏（fideistic）或小众（sectarian）的模样出现。在这模型下，基督教信仰诚然需要更多的元素，才能经验整个世界。他所采用的知识社会学（sociology of knowledge）的观点，使信徒无法建立具超越性的基督教世界观，从上帝启示的角度理解世界的事物，因为知识社会学认定有不同的现世的世界观。实存上，不同的世界观当如何必须相交接？神学上，真理和世界观仍是多，却没有一体化。所以信徒不可能作认真的信徒。③ 这不单是基督教的问题而已。

林贝克的文化——语言模型，实质上是沟通的失败。若我们视基督徒的生命存在为语言，则可期待它可以反过来对我们说话，或使我们所描述的与我们进行对话，也期望它能促成语用者参与所遇见的实在。可是这模型却令人失望。④ 侯活士的叙事，能突破林贝克的局限，把语用者与语言的能动性和交互性带出。不过语用者仍被困于其文化——语言之中，无法与其他文化——语言的语用者对话。

---

① 龚立人曾稍稍题到这点，现加以讨论，亦谨此致谢。对林贝克的批判，见杨庆球：《俗世寻真：基督教与现代哲学》（香港：宣道出版社，2002），P. 80－84。

② Craig Thompson，“George Lindbeck's ‘The Nature of Doctrine’: Sympton or Cure?” in *Karl Barth: A Future for Postmodern Theology*? Ed. by Geoff Thompson and Christian Mostert（Hindmarsh: Australian Theological Forun，2000），P. 243.

③ Thompson，George Lindbeck's ‘The Nature of Doctrine’: Sympton or Cure?” P. 243－244.

④ 同上，P. 245.

侯活士是否真能避免相对主义？虽然他提出好些比较叙事的准则，不过相信其他宗教以至意识形态，也会声言各自的叙事能满足这些准则的要求。再者，这些准则又从何而来？如何得以证立？这些都未见侯活士详细交待。仿佛他提出数项准则，就乐观地相信已经完成任务，其实讨论方才开始。例如：他提出叙事能否在我们目前扭曲的状态，赋予我们“看见”的能力。可是各宗教及意识形态，对能“看见”现实也有不同的理解。

侯活士的目标，是要寻索基督临在的社群具体性。巴特把具体性置于耶稣基督作为道成肉身的真理那里，侯活士则把具体性座落于教会的道德生命之中，并以之来抗衡现代性的假设，认为教会的道德生命，就其存在来说是偶发的。巴特强调这具体性是“从上而来”（from above）的特殊性，侯活士则则强调这具体性“从下而出”（from below）的特殊性。[①]理论上此二者可说是相辅相承，因为神学必须座落于历史性和社会性之中，同时信仰群体恒常是上帝作为的结果。耶稣基督是具体的真理，是一切真理的基础。这真理却以“已济未济”的方式，体现于信仰群体之中。信仰的对象与信仰的主体本是不即不离的，基督论的具体性与圣灵论的具体性也是不能分割的，因为圣灵是基督的灵。

七、阅读指引

甲、生平、思想概略和读本

Stanley Hauerwas, *The Hauerwas Reader*, ed. John Berkman and Michael Cartwright (Durham and London: Duke University Press, 2001).

---

① Joseph L. Mangina, “Bearing the Marks of Jesus: The Church in the Economy of Salvation in Barth and Hauerwas,” *Scottish Journal of Theology* 52: 3 (1999), P. 283 - 284.

乙、原著研读

Stanley Hauerwas, *The Peaceable Kingdom: a Primer in Christian Ethics* (Notre Dame: University of Notre Dame Press, 1983).

丙、论侯活士伦理思想的二手资料

1. Samuel Wells, *Transforming Fate into Destiny: The Theological Ethics of Stanley Hauerwas* (London: Paternoster, 1998).

2. 龚立人：〈侯活士的神学政治与香港〉《柯布、潘能博、侯活士与当代华人处境》，赖品超、郭鸿标、龚立人著，邓绍光编（香港：信义宗神学院，1999），P. 93－127。

第九章
结论：好撒玛利亚人

对奥古斯丁来说,人的福乐就是得着真理，即在爱中与上帝联合所产生的喜乐。伦理是以仁爱之爱来爱上帝，其反面就是以欲求之爱来爱短暂之物。实践仁爱本身就是道德生命的本质。人当以爱上帝为首，爱邻舍是从爱上帝衍生的。在恩典辅助下的德行，能为爱赋予正确的理序。人的意志虽然是自由的，却不是释放的，需要上帝的恩典来医治意志的软弱。以仁爱之爱来爱上帝是天上之城的伦理，不过社会的伦理则以地上的平安为指标，人须维护社会的和谐和公义。按理想，地上的平安是由爱来建立，可是地上之城异于天上之城，少不免须运用暴力，来维持社会的秩序。

对于阿奎那而言，过道德生活是自然不过的事，因为万物都欲求满足自身的完备。人虽然有限，却欲求无穷的善，寻求终极的福乐，即上帝。人有理智的功能，其实践理智判别善恶和颁布训令，良知是知善知恶的先天习性，知道当孝敬父母等基本道德原则。良心的思量把大原则落实到具体个案之中，此二者属纯粹认知性的判断，是正直理智的运作。依循理性行事，是人的自然倾向。具道德的行动，是在人的理智指使、意志推动下产生的行动。意志和理智彼此相涵，彼此推动对方。阿奎那因着人须负上道德的责任，可说他认为意志是自由的。不过人的情感和习性，在意志的行动中，占举足轻重的位置。感性欲求可以驾驭理性，使行动容易出错。人作为道德主体，须兼顾理性和感情的行为动机。

作为后天修习的性向，习性使人容易朝向某一方向行事。本性德行与超本性德行，都在乎上帝的恩典，具德行的活动，都是从圣灵所赐的新生命而来。因着人处于败坏的本性状态，人不单需要恩典，修习超本性德行，也需要恩典，医治本性德行。人既是群居的动物，邦国的目的是维护共同的善。不过人为法与神谕法却有别，它们分别以邦国暂时的安宁和永恒的福乐为目的。简言之，阿奎那的伦理观，认定人的道德生活，是人在恩典下培养的生命质素或德行，使人回归上帝，追寻永恒福乐的旅程。

路德的伦理，可说是针对当时功德论之弊。他的伦理学，始于他的十架神学，即上帝间接和隐藏的启示，在反面、软弱、羞辱中启示自己。与之相应的信心，是对经验、证据和理性的推断，投下不信任票。人当唯独信靠上帝的应许。如此的信，击打人的骄傲和自恃。人唯独因信称义，因信称义构成信徒气质、情操和道德的基础。人的罪性已透入人所作的一切，包括人注目于效益的悔改。善行是信心的后果，而非颠倒过来。信把人带到上帝那里，经历上帝的接纳和爱，爱继而把人带到邻舍那里，自由和自发地爱邻舍。

纵然如此，人的自由意志，只是自我意志（self-will），是受撒但捆绑的意志。人必须把自己交付上帝的手中，全然靠赖上帝的恩典，任凭上帝使用，才能脱离自我中心的捆锁，自由地讨上帝的喜悦，恪尽信徒皆祭司的职分。无论属上帝或属世上的国度，都是上帝所管治，因此邦国并不在教廷之下。属灵的国度是由福音治理，属地的国度则由法律和理性来强制，并以外在公义和平安来规限邪恶。因此路德的伦理是以信为核心，以邻舍为导向的自由伦理。

加尔文的伦理，与路德的一脉相承，同样反对天主教的功德观念。不过他的伦理观，却是基于与基督联合的重生和称义之伦理意含而来，而此中的伦理意含又为律法所主导。第一和第二法版都是上帝的律法，自然的与启示的都是一体。律法有民事、属灵和教诲三项功用，末项更是律法的主要，为信徒赋予规范性价值。一切宗教和道德活动是以尊崇和荣耀上帝为目的，真正的敬虔必然终于道德。加尔文的伦理，可从三方面理解：顺从上帝的心意、学效基督、自由行事。内中包括被爱推动、喜乐的顺从，舍己、背十架和默想来生，并在律法之外、自愿担负律法和适中地运用两可的事物之自由。这三方面都是基于与基督联合而来。

在社会政治方面，加尔文认为邦国的目的是建立公义和外在道德，维护自由和平。他沿用两个国度的区分，人同时既在属灵、也在政治的管辖之下，二者构成平行的国度，却不可混淆，得划清界线，免得一方干预另一方。政府不宜插手教会的事，却应约束破坏教会的事，故政教关系是在截然二分与彼此融合之间落墨。他并不视政治为压制性秩序，却正面地视为行政或任命的领域，着重官员的义务多于权利。人民当顺从掌权者，唯有差役和官员才可合法地抵抗残暴的当权者。

解放伦理所面对的，不是宗教改革的神学和伦理重建，而是拉丁美洲整体民众的贫穷现像。解放神学家提出另类的伦理思考，从贫穷人作为“不是人”（nonpersons）起始，以社会科学的分析工具和冲突的角度，并践行（praxis）的模态进行反省。解放神学和伦理的诠释是怀疑的诠释，从实在的经历对释经以及神学质疑，例如把福音灵意化。诠释的钥匙是“偏爱贫穷人的选项”（preferential option for the poor）。爱则是解放伦理的基础，这爱的理解（understanding love）与信仰的理解（understanding faith）相对，前者不仅是感情上的或救济的行动，而是了解贫穷人是谁和为什么贫穷，即追溯导致贫穷的机制和运作。经过理解，不难达至以下的结论：今日爱邻舍的仁爱是“政治的仁爱”（political love），这爱必须具体地座落在历史之中。

对贫穷人的压迫，往往借经济、建制和法律来施行，并使被压迫者处于意识形态分裂的状态中，把他们异化，而罪就是对邻舍说“不”。爱的理解见诸具体的践行，即行动与批判理论的辨证关系。解放的践行是整全的，包括了政治和社会、人的自我捆锁和自私及罪三方面。救恩是解放，也是生命，亦是契合。在不公义的社会中，须要群体的践行来成就。属灵操练是维持解放践行的得力泉源。它包括理解上帝如何临在于世界，并他对贫穷的反应，以基督为中心，向邻舍归正，参与受逼迫苦难的人，从而体会永活和赐盼望的上帝。解放伦理关注财富的文明，大体上也反对以暴易暴的手法。在它手中，伦理从抽象的原则和反省，落实到具体被压迫的人之中。因此解放伦理，可谓与贫穷人同坐一条船，按爱的理解，实践解放的伦理。

若说解放神学从贫穷人的角度反省信仰和伦理，批判西方神学的议程，则侯活士从基督教角度对近代伦理的客观普遍性思维进行批判，认为这伦理错把规则高抬过于人的善，把伦理化约为疑难的处理，忽略了道德行动背后的道德主体。他指出景观对人道德生活的重要性，因为人对道德空间的描述或理解，端乎他的景观。人的景观取决于其神学，故神学与伦理本是银币的一体两面。当然人作为施动者（agent），其行动与品格是互为影响的。品格的培养，是信徒成圣不可少的。品格意味着我们是多个不同的角色和故事构成的成长主体，基督徒品格的建立，是以基督的叙事相应的。品格的塑造，在于德行的建立，而德行的建立，又系于养成某些习惯。

不单德行具历史性，行动亦然，因为行动必须在施动者的个人历史和事情发生的来龙去脉来理解。因此施动者的叙事，是理解行动的途径。每个人都须要建立自己的身份和合一性，可是却容易因此以自我欺骗来组构其自我观。有见及此，我们需要一个能以帮助我们透析自己和世界的叙事。以色列和耶稣的叙事，能以涵盖人的成败得失，叫人正视自己的自欺。这叙事的证实，并这叙事的载体，在于寓居于其中的信徒群体，把这事付诸实行。教会学效耶稣，是以缔造和平、坚拒暴力为核心，但这和平是真理的平安。教会就是社会伦理，讲述和演绎以色列和基督故事的场所，积极和进取的参与社会和政治，揭露虚谎，却拒绝玩权力游戏，因此教会须要想像力，把实然转化为应然。侯活士的伦理，可说是按耶稣基督的事，缔造和平的伦理。

让笔者借用圣经中好撒玛利亚人的故事（圣经路加福音第十章29－37节）的反思，来综合以上的课题。因这故事与上文的对话（圣经路加福音第十章25－28节）有密切关系，故把经文一并列出：

有一个律法师起来试探耶稣，说："夫子，我该做什么才可以承受永生？"（第25节）

耶稣对他说：“律法上写的是什么？你念的是怎样呢？”（第 26 节）

他回答说：“你要尽心、尽性、尽力、尽意爱主你的神；又要爱邻舍如同自己。”（第 27 节）

耶稣说：“你回答的是。你这样行，就必得永生。”（第 28 节）

那人要显明自己有理，就对耶稣说：“谁是我的邻舍呢？”（第 29 节）

耶稣回答说：“有一个人从耶路撒冷下耶利哥去，落在强盗手中。他们剥去他的衣裳，把他打个半死，就丢下他走了。（第 30 节）

偶然有一个祭司从这条路下来，看见他就从那边过去了。（第 31 节）

又有一个利未人来到这地方，看见他，也照样从那边过去了。（第 32 节）

惟有一个撒马利亚人行路来到那里，看见他就动了慈心，（第 33 节）

上前用油和酒倒在他的伤处，包裹好了，扶他骑上自己的牲口，带到店里去照应他。（第 34 节）

第二天拿出二钱银子来，交给店主，说：‘你且照应他，此外所费用的，我回来必还你。（第 35 节）

你想，这三个人哪一个是落在强盗手中的邻舍呢？”（第 36 节）

他说：“是怜悯他的。”耶稣说：“你去照样行吧。”（第 37 节）

（一）爱邻舍是具体的行动

让我们专注第 29 至 37 节。第 29 节可算为故事揭开新的一页。既然他问耶稣一个问题，而他已早知答案，因此他必须显示他所作的有道理。于是他随后提问：“谁是我的邻舍呢？”这问题背后假设了另一面：既然有所谓邻舍，自然有非邻舍。那么邻舍和非邻舍的分界在哪里？我在哪里划下界线，定下责任之尽头？这问题遂引入了故事的中心：俗称“好撒玛利亚人”的故事。

第30节说到“有一个人”，这是一个什么人？故事并没有交待，也许说故事特意不交待，意即可以是任何一个人。当然对于犹太的听众，这人既从耶路撒冷出发，听众下意识地会视为犹太人。这人“从耶路撒冷下耶利哥去”，两地相距约十七里，海拔差距共3，300呎，须经过荒山野地，蜿蜒弯曲的山路，其中还有不少洞穴，易于躲藏，是强盗经常出没的地方。一般人都是成群结队的上路，除非有非常紧急的事情。

耶稣先形容这个人的情况：落在强盗手中，紧接的是三个动词，来描绘这个人的遭遇：剥去（stripped）、打（laying blows）、丢下（leaving）半死的他。“剥去”是指夺去一切，使这人身无分文；“打”可想像结果是遍体鳞伤，血淋淋的模样；“丢下”意味着这人奄奄一息，等候死亡的来临。

第31节的“偶然”（by chance）即巧合、刚好的意思，或说并非预先作好安排，没有丝毫的计划。其用意是指这路并不安宁，甚少人路过。我们可以如此意译：“好不容易，才等到有一个人经过，而这人是个祭司。”提到祭司，少不免令听众产生希望，指望祭司作榜样。可能这祭司在耶路撒冷的圣殿供职，现在可放假回家。按考据有好些祭司的家，都是在耶利哥的，于是成为有缘人，在此时作同路人，经过此处，见到这人。不过按记载，“他就从那边过去了”。看来二人有缘却无份。

可能他以为这人已经死了，不欲被死人沾污，以致按当时的宗教礼俗，成为不洁。当然埋葬死人并非祭司的责任。不过更可能的是：他害怕找出这人并未死去，那时要收拾残局，恐怕不易脱身。于是出了一招：“闪”，闪到另一边。他并没有停下来，也没有花时间检查这人的状况，看看自己是否帮得上忙。随之而来的是利未人。利未人的社会地位仅次于祭司，仍属于特权阶级，备受尊重。原因可能和祭司相同。

耶稣对律法师，以祭司和利未人为例子，指出他们面对人命关天的情形，竟然可以毫不动心，即或动心，竟然可以“靠边站”，对宗教特权分子背后的意识形态，无疑作出严厉批判。缺乏实质行动的口号，没有付代价的宗教活动，对他人疾苦无动于衷，又怎能与所宣讲的内容：爱上帝和爱邻舍相合呢？这些人只能够用“人格分裂”来维护信念。如此的意识形态批判，在今天来说，蕴含了社会层次的向度。

祭司和利未人步过舞台，制造了某种期待。听众可能期待接下来出现的，是以色列的平民百姓，从达官贵人到凡夫俗子，是自然不过的事。岂料在句子之起首，竟然是“撒玛利亚人”，是他们瞧不起，嗤之以鼻的异类。当时犹太人与撒玛利亚人的关系并不和睦，不过纵然如此，撒玛利亚人和犹太人在同一地区出现，并不希奇。对犹太听众，撒玛利亚人在舞台出现，有如高官和商贾出场后，接着出现的，竟然是个乞丐，真是意料之外。意思是邻舍的出现，可以令人始料不及。

其实从祭司到利未人以至撒玛利亚人，路加福音都特意用相同的字汇来描述：“看见他”。相同的字汇，强调三个人所看到的，是全然相同的东西。恰是这相同点，才突显了反应的差异。接下来从第 33 至 35 节，是一段美丽的描写，先说动了慈心（showing mercy，第 37 节上），而非先想到遵守某条律法。

从动了慈悲的心，继而产生行动。故事用了连串动词，一个紧接一个，作紧扣的描述：（1）上前、（2）用油和酒倒在伤处、（3）包裹伤口、（4）扶上牲口、（5）带到店里、（6）照应、（7）拿银子、（8）交给店主、（9）应允店主。

让我们对这九项行动加点注解：“上前”与“从那边过去”相对。“用油和酒倒在伤处”应指用橄榄油和酒来急救，橄榄油用来减轻痛楚，酒用作消毒。“包裹伤口”当然包括保护伤口，免受进一步的损伤。“扶上牲口”即用自己的牲口来运载这受伤的人，这就意味自己要步行，若牲口原先背负货物，还得自己背。把这人“带到店里”，即为他寻找养伤之地。鉴于当时旅店的照应十分差，这人还亲自“照应”他，也即自己也要度过一个难以安眠的晚上。

当然这撒玛利亚人也有自己的事要办，但却没有视这伤者为负累，把他抛来抛去，从一个部门转到另一个部门，却是为这身无分文的人预缴费用，让他可以安心休养。“二钱”的金额，在当时绝对不少，足以应付二十四天房租和食用的开支。他还开了一张期票，若然不够，他日回来会补足。可谓为人为到底，如此的服务态度，今时今日到那里找呢？就算是经济低迷，大力刺激的日子，相信也难以寻见。

连串的行动，显示这撒玛利亚人已作了一切可以作的了。若我们问：他用了什么帮忙：可以细心算一算，他用了眼（看见）、耳（听到呻吟声）、口（承诺）、手（抹油涂酒）、脚（行）、腰（腰力扶上牲口）、计程车（牲口）、金钱（二钱）。不过最重要的，还是他的心。他并不是单单自掏腰包奉献，更不是边帮助人边践踏人，或是高高在上地去帮助人。

第33至35节，短短的三节，寥寥数笔，就划出一幅异常美丽的图画，真挚感人。爱，说出来是很容易的，甚至爱的承诺也可以轻易出口。可是从心底里的爱到具体的行动，却有如漫漫长路，甚或千仞鸿沟。若没有具体行动，又岂是真爱？只是廉价的“感觉”（feel）而已。

耶稣讲这故事，所讲的是具体对邻舍的爱，而不是抽象的、伟大的、对所有人的爱。这份爱是对这个个体的具体需要，作出具体的回应。它所涉及的，是“落手落脚”的爱，如西谚说：“是会弄污双手的（it will get your hands dirty）。”这撒玛利亚人会自忖：满身鲜血，真兀突，还会弄污我的衣服，难以洗净，又没有带洗衣粉，还会被人误会，误以为是我弄成他这样子的。可能这人会反咬我一口，说是我打伤他的，要求赔偿。又或碰到他的仇家，更会惹祸上身。瞧完热闹就算了，何必自找麻烦？爱邻舍，当然要小心不被利用，但又要落手落脚，要付代价。

（二）爱邻舍是成为别人的邻舍

讲述完了故事，耶稣问律法师一个问题。耶稣问：“你想，这三个人，哪一个是落在强盗手中的邻舍呢？”（第 36 节）这问题十分精彩。若我们先看看先前这律法师问的是什么问题，就更懂欣赏其中的玄妙。律法师问：“谁是我的邻舍呢？”（第 29 节）若比较这两个问题，不难察觉耶稣把律法师的问题转变了。不单是转变了，更是颠倒过来。律法师问的是个定义的问题，要求耶稣为邻舍下定义。从另一个角度看，这是一个“逗打”的问题，开战的问题，与耶稣擂台比武，一较高下，实则请君入瓮。无论耶稣怎样定义，必然产生问题。

当然我们可以说，耶稣巧妙的避过一场争辩，真的是高手。不过倘若只于此，我们只从当中学到一些技巧而已。耶稣的问题有更深的含意。耶稣问题背后指出的是：关键不是在于定义邻舍，我们无法定义邻舍，我们只能作他人的邻舍。[1] 按原文，耶稣的问题是“你想，这三个人，哪一个成为（have become）落在强盗手中的邻舍呢？”（第 36 节）是怜悯和爱心的回应，使人成为他人的邻舍，而不是同种族、同乡、同声同气、同一看法、统一口径、讲我喜欢听的话，以这些准则来定义我的邻舍，不然我就是在局限我的责任，借助为“邻舍”下定义，提供大条道理，叫我可以“闪开”，见死不救。

如此耶稣把人的邻舍景观重新定位。我们无法定义邻舍，我们只能作他人的邻舍。为什么呢？因为若我们尝试定义邻舍，我们自会从自己的立场出发，订定哪些是我们责任的范围。律法师能够指出“爱邻舍如同自己”这道理，可是却未能把握到其中的精义。耶稣却把整个方向扭转，不是从我出发，而是从对方出发，从有需要的人出发。不是我去问对方是谁，是我的邻舍吗？而是对方的需要向我发出提问：你有慈悲怜悯吗？还是见死不救，事不关己，己不劳心？你作为道德主体，有否尽你的道德义务？还是你所关心的，是有没有“凑数”，甚至有没有机会表现自己，为自己增值？若明白

---

① 参 Paul Ramsey，Basic Christian Ethics（London：SCM，1950），93. Ramsey 指出这比喻讲的是对邻舍的爱（neighbor-love），却没有触及邻舍本身。它要求寻问者作邻舍（neighborliness）。

爱的真谛，便不会问“谁是我的邻舍”这问题了。

律法师怎样回答耶稣的问题呢？他说：“是怜悯他的。”他避免用“撒玛利亚人”的称呼，可见犹太人对撒玛利亚人的歧视。不过耶稣特意凸显这撒玛利亚人动慈心、有行动、包扎伤口、送他到旅店疗养。这些正是律法的精义，正如第27节的总结：爱邻舍如同自己。律法师的答案，顺理成章应作“是那个撒玛利亚人”。因为耶稣并没有提供那撒玛利亚人的名字，看来他没有别的选择。

不过他的答案却是：“是怜悯他的。”他巧妙地避开了那令他连提也不愿提的名称。讽刺的是，正在藐视的同时，他反倒道出作邻舍的精义。他所避开的，恰好显示他所需要的，也是他所缺乏的。什么是作他人邻舍的条件呢？只有两个字：怜悯，当然是有行动的怜悯。这无疑需要品格的栽培。从起恻隐之心，到有行动的怜悯，绝对不是自然出现的东西。耶稣这个比喻，正好成为培养生命素质的事。

（三）爱邻舍如同爱自己

律法师已把握到重点，可是仍有待拆毁他的偏见和歧视。若我们追问下去，这是一个怎么样的怜悯呢？按第37节记载，“耶稣说：你去照样行吧。”答案看来很简单，却也绝不简单。若我们把路加福音第十章25－37节这段经文分作两小段：第25至28节和第29至37节，相信可以留意到两小段经文在结构上颇为相近，二者都是从律法师的动机开始，二者都是引致律法师问耶稣一个问题，面对这问题，耶稣两度的回答都是反守为攻，反问律法师。律法师两次都答对了。耶稣两度对律法师的答案加以肯定，并且加上注解，要他按他的答案去行。当然整段也首尾呼应，第25节以行道的问题开始，第37节以行道的要求结束。

25 节至 28 节	29 节至 37 节
律法师问耶稣：行的问题	律法师问耶稣：谁（邻舍）的问题
耶稣问律法师：反问	耶稣问律法师：爱的故事，倒置问题
律法师回答：双重的爱的答案	律法师回答：爱的答案
耶稣肯定律法师的答案，并要求他去行	耶稣肯定律法师的答案，并要求他去行

表 9.1　路加福音段经文的平衡结构

律法师讲出律法的精粹是爱，并且为爱赋予对象，提出爱上帝和爱邻舍。可惜讽刺的是，他不以耶稣为邻舍，反倒以他为敌人，要打倒耶稣而后称快。反过来耶稣在两段经文的记载中，都没有落井下石，却为这律法师留有余地。他并不因见到别人出丑而高兴，不因抢白别人而沾沾自喜。耶稣本人的行动，正为“作邻舍”提供解说，两度给这律法师机会。再者，耶稣所关心的，是律法师的怜悯心肠。若然缺乏怜悯心肠，纵然博览群书，身处高位，经验丰富，又有何益？不知者不罪，知法犯法，岂非罪加一等？

或从另一角度看，律法师问的是：“谁是我的邻舍？”耶稣的答案可以视为一个反问：“谁不是我的邻舍？”为什么你认为这人不是你的邻舍？是你的歧视吗？是你自以为自己了不起吗？是你妒忌他吗？是你认为只有你才是对的吗？是你认为对方“没料到”吗？是你认为对方没有品味吗？是你认为对方与你性格不合吗？还是你认为对方“样衰”吗？所以你就胆敢判定对方不是你的邻舍，而是与你无关，或是你的竞争对手，是你要打击的对象？也许我们应该问的，不是：“谁是我的邻舍？”却应问：“我这样待他，配得上作他的邻舍吗？”

再换另一个角度看，第 30 节的“有一个人”，虽然可以是任何一个人，这人若然是朋友又如何？是否爱朋友理所当然的比爱仇敌容易？事实上，二者同样困难。为什么呢？因为爱邻舍本就是为对方是邻舍而爱他，因为对方有需要而回应，而不是因为对方是谁。这与对方的身份、地位、才干、学识、恩赐、友善等等无关。若说爱朋友容易些，只不过是爱对方对我的友善而已，或说爱对方可能对我之回馈，而不是爱对方之为对方。若然因为因着对自己的好处而爱对方，这不是耶稣在这里讲的爱邻舍。真正的爱邻舍是去除一切利益的爱。

因此人可以爱仇敌，不期待什么回报，正如《悲惨世界》（les Miserable）的主角，经历过真正的爱，神职人员不计较他偷去了六套银器，还把仅余下来的银烛台送给他，以爱来买赎他的灵魂。如此上帝把他近二十年的仇恨化解，使他的心从此被一股爱火焚烧，他就义无反顾地去爱。故律法的理序是爱上帝，爱邻舍。首先经历上帝的爱，然后以爱来回应上帝的爱，才能舍己地去爱，没有私心地去爱，去爱那些往往是不可爱的邻舍。

让我们又再换另一角度看。也许有人问：爱邻舍如同自己，是不是要把我的爱平均分配，50%给自己，50%给邻舍？这样的逻辑听来十分合理。可是上帝的爱，又岂能被我们的逻辑，我们的斤斤计较所局限呢？它所要求的，是凌空一跃，从自己跳到对方那里。这是路德所说“披戴邻舍”（to put on our neighbor），不以自己为中心，却以对方为中心。这是何以可能的呢？有人说基督教太理想。这不是理想，而是宗教改革的重大突破。当人不用为自己积聚功德，不用表现自己有多好，当人体会上帝已赦免他，已全然接纳他，他就不用再作什么来使自己变得更好，来配得救恩、被接纳，当人不再注目自己，方才能以腾出空间，无欲又无求的，以无私的心去爱邻舍。

具体地说：当我十分紧张自己的面子、或必定要“露脸”、或要别人对我恭维拥戴，我便没有自由去爱，我要顾及自己的面子，要顾及自己是对的，因此我会和我的青少年孩子冲突、我会无法容忍那这不同意我观点的人、我会对批评我的人记仇。我没有爱的自由。我被自己的“自我”捆绑。我不断地要证明自己“醒目”、不错、“有料”、与人关系好，我便没有空间去爱。因为我连自己也不懂得爱。我只是被那自我中心的“我”，被这要把我拖入无底深潭的“我”主导自己。任何对这自我中心的“我”有威胁，我便会“反弹”，兵戎相见。我也许会不形于色，但这并不代表我真的懂得自爱。

当我深深经历上帝爱我，肯定上帝对我有情有义，对我不离不弃，我便不用为自己的面子“死撑”，也不用妒忌别人的表现比我好，比我更成功，我便不用践踏人来抬高自己，不用怕失去面子，导致别人不接纳我，因为深知上帝已接纳了我，并且深深爱着我。我可以真正懂得自爱，不受面子捆绑。对方的指责若是对的，我可以坦然承认，不用掩饰和反击。子女的挑战，错的事我有自由去承认，对的事我有自由去坚持。这样我才有自由去爱邻舍，不用照顾自己的面子、好处、利益，去盘算、去争取、去反击、甚至去攻击，或担心对自己受亏损，因而失去爱邻舍的自由。如此才能真正的因对方而爱他。因为在爱里才有真自由。

当某些剥削和非人化的制度，使邻舍被迫作困兽斗，爱邻舍促使我们质疑和批判他们身处的建制，为他们争取人之为人的基本尊严，建立公义，维护自由与和平。爱邻舍是无边无际的，只受限于我们想象的极限。爱邻舍的想象和行动，可视作自由地运用两可的事物。我们所需要的是辨识、公义、勇敢、节制和信心、仁爱、盼望，孕育我们的道德情操和意志，建立我们的道德主体。

愿我们的社会更加公义和仁爱。

本书原由三联书店（香港）有限公司以书名《天理人情》出版，现经由原出版公司授权北京沙漠江河文化发展有限公司在中国内地出版发行。